U0826879

编委会名单

主　编：景海峰

副主编：相南翔

编　委：庄锡华　钱超英　沈金浩　曹清华　梁　源

关志钢　问永宁

深圳大学建校30周年（1983–2013）文学院学术文选

荔园论学集

文艺学与比较文学卷

深圳大学文学院 编

北京大学出版社
PEKING UNIVERSITY PRESS

图书在版编目(CIP)数据

荔园论学集·文艺学与比较文学卷/深圳大学文学院编.—北京:北京大学出版社,2013.7

ISBN 978-7-301-22730-5

Ⅰ.①荔… Ⅱ.①深… Ⅲ.①社会科学-文集 ②文艺学-文集 ③比较文学-文集 Ⅳ.①C53 ②I-53

中国版本图书馆 CIP 数据核字(2013)第 140679 号

书　　　名:荔园论学集·文艺学与比较文学卷
著作责任者:深圳大学文学院　编
责 任 编 辑:魏冬峰
标 准 书 号:ISBN 978-7-301-22730-5/I·2647
出 版 发 行:北京大学出版社
地　　　址:北京市海淀区成府路 205 号　100871
网　　　址:http://www.pup.cn
新 浪 微 博:@北京大学出版社
电 子 信 箱:weidf02@sina.com
电　　　话:邮购部 62752015　发行部 62750672　编辑部 62750673
　　　　　　出版部 62754962
印　刷　者:北京大学印刷厂
经　销　者:新华书店
　　　　　　965 毫米×1300 毫米　16 开本　18 印张　245 千字
　　　　　　2013 年 7 月第 1 版　2013 年 7 月第 1 次印刷
定　　　价:39.00 元

未经许可,不得以任何方式复制或抄袭本书之部分或全部内容。

版权所有,侵权必究

举报电话:010-62752024　电子信箱:fd@pup.pku.edu.cn

目　　录

艺术:按美的规律创造

胡经之

文学艺术,应该是美的创造,需按美的规律进行。但我们常见到的,却往往不是。平庸随处可见,丑陋也屡见不鲜。“应然”和“本然”,在实践中时常对立。不按照美的规律进行的所谓“创作”,比比皆是,艺术垃圾日益增多,这本不足奇。那么,当文学艺术正在日益走向商品化的时代,还要来奢谈美的规律,岂非多此一举,不合时宜?不,正是在交换价值规律的作用范围日显广泛之时,文学艺术就更不应迷失自己的创造本性,更不能违背美的规律。只有按照美的规律的创造,才会出现艺术精品。

一

文学艺术,作为一种社会现象,本身就是由多维度、多因素、多方面构成的复杂存在。

对文学艺术的认识,可以从不同角度、用不同的方法来进行。在不同的历史条件下,突出的重心也并不一样。

我们很早就认识到,文学艺术是思想教育的工具。我们常说,文学艺术是思想性和艺术性结合的产物,但思想性处在首位,乃第一位,而艺术性只是手段,为的是更好地突出思想性。“言之不文,行而不远。”这种认识,反映了文学艺术的实际:在历史发展长河中,各种意识形态曾综合在一起,审美文学和道德文章并不区分;审美和实用也不分离,实用艺术和美的艺术结合在一起。因此,在这样的文学艺术中,功利价值(政治、道德)和审美价值密不可分,实用价值和审美价值结为一体。这种功能价值(功利或实用)和审美价值结合在一起的文学艺术,今后也不会消失。对这些文学艺术来说,思想性第一,艺术性第二,或者,实用性第一,艺术性第二,应该是普遍规律。

但是,当文学艺术从其他意识形态中分离出来,成为一种独立的、特殊的意识形态的时候,我们对文学艺术的认识就不能那样简单和单纯了。

作为一种独立的、特殊的意识形态(审美意识形态),文学艺术中的艺术性,是否仅仅只是技巧、手法的总和?是否也和内容有关?文学艺术的内容是否只归结为思想性?人们从那些再现性艺术作品中发现,我们常说的思想,是要转化为形象的,思想就寄寓在生动的人物、情节、场面等形象之中。这些形象是否真实再现了生活本身,是文学艺术能否成功的关键。于是,真实性又曾被看成了文学艺术创造的中心。

但是,文学艺术是否就是生活的再现?特别是那些主要表现人的心灵的文学艺术,都能归结为生活的再现吗?何况,那些再现,都要经过作家、艺术家的心灵。人的内心生活,思想、感情、想象、意愿、理想,等等,都能在文学艺术中得到表现。因此,文学艺术的创造,又被看成自我表现,是作家、艺术家的主体性的张扬。

那么,文学艺术是否只是主体的自我表现?从反映论的角度说,人的精神活动都是存在的反映。文学艺术这一意识形态,是否也是对社会存在的一种创造性的反映?这也恐难否定。恩格斯说得好:“推动人去从事活动的一切,都要通过人的头脑,甚至吃喝也是由于通过头脑感觉到饥渴引起的,并且是由于同样通过感觉到饱足而停止。外部世界对人的影响表现在人的头脑中,反映在人的头脑中,成为感觉、思想、动机、意志,总之成为‘理想的意图’,并且通过这种形态变成‘理想的力量’。”[①]人类的反映活动,是主客体相互作用的产物。只有

① 《马克思恩格斯全集》第4卷,北京:人民出版社,1979年,第228页。

当主体和客体处在相互作用的对象性关系中,才有反映的发生。正如皮亚杰所说:“认识既不是起因于一个有自我意识的主体,也不是起因于业已形成的(从主体的角度来看)、会把自己烙印在主体之上的客体;认识起因于主客体之间的相互作用,这些作用发生在主体和客体之间的中途,因而既包括主体又包含客体。”①文学艺术既是再现又是表现,既反映了客体,又反映了主体,也反映了主体和客体的关系,不过重心不同而已。再现着重反映的是主客体关系中的客体,而表现则着重反映了主客观关系中的主体。文学艺术中的再现和表现紧密结合在一起,浑然一体,反映了主体和客体的相互关系。

其实,人类的精神活动,有两类最基本的活动,一是认识活动,一是意向活动。文学艺术对社会存在的反映,就是认识活动和意向活动的相互渗透、作用的动态过程。在这过程中客体不断被内化,主体不断向外化,因而,反映出了人的生活的活生生的状态和过程。如果我们不是把反映过程仅仅归结为认识过程,而是也包含了意向过程(情感、意志、理想等参与其中),那么,我们又回到了一个古老而朴素的真理:文学艺术是生活的反映。但我们依据的是实践论基础上的能动反映论。这里的“反映”,已是由审美理想、审美观念参与其中的审美反映。而那“生活”,也有了更具体的阐释。正如马克思所说:“意识在任何时候,都只能是被意识到了的存在,而人们的存在就是他的实际生活过程。”②这实际生活过程,按照中国最朴素的说法其实就是人生。人生,就是人的生命活动过程及其结果,有着丰富的内涵,它“包括了一个广阔范围的多样性活动和对世界的实际关系”③。

在人生的各种各样活动中,在人对世界的实际关系中,实践活动及实践关系,是一切活动和关系的基础。在此基础上,人类又产生和发展了一种特殊的活动:审美活动;形成和发展了与世界的一种独特关系:审美关系。人类之所以会产生审美活动,正是为了生活得更美

---

① 皮亚杰:《发生认识论原理》,王宪钿等译,北京:商务印书馆,1981年,第21页。
② 《马克思恩格斯选集》第1卷,北京:人民出版社,1972年,第30页。
③ 《马克思恩格斯全集》第3卷,北京:人民出版社,1979年,第296页。

好,和周围环境建立起动态平衡的和谐关系。

人生的活动是多种多样的,生产活动、交往活动、政治活动、道德活动、文化活动,等等,可以概括为二大类型:人与人的相互活动以及人与物的相互作用,或者说,主体间的活动和主客体的相互活动。人类的审美活动,产生于各种实践活动的基础上,当然和这些实践活动紧密相连。人和世界的实践关系也是多种多样的,人和人、人与物的相互关系,都可能发展为审美关系。因此,人类的审美活动、审美关系并不只是限于狭隘的范围,而和广阔的实践活动、实践关系相联系。

然而,文学艺术不只是一种审美反映,而且还是一种审美创造。文学艺术的创造并不仅是一般审美活动,而且还是一种包含了审美反映的实践活动,可以概而言之为创美活动。

以往,我们只注意到了文学艺术对生活的审美反映乃是在实践基础上产生的,而不大在意文学艺术的创造本身就是一种实践活动。文学艺术的创造,不只是人的内部心灵活动,而且还是外部物质活动,是内部和外部两种活动的交互作用的结果。

不过,这是一种特殊形态的实践活动,马克思把它称做艺术生产。这是一种连结着物质生产和精神生产的特殊生产,自成系列。实用艺术、建筑艺术等紧连着物质生产;语言艺术被称做自由艺术,则紧连着哲学、道德、科学等精神生产。综合了语言和其他表演的戏剧、电影等的艺术,更是融合了物质生产和精神生产的许多因素,处在艺术生产系列的中心地带。

文学艺术的创造,不是复制现实世界,而是以艺术符号建构一个与现实世界不同的艺术世界。这是人的内部心灵活动和人的外部物质活动共同创造出来的有机整体,不能仅仅归结为其中的一个或几个因素。当代文艺学、美学对这一有机体的各个侧面曾作过分析、解剖,或把文学艺术说成是一种幻象,一种感情,一种想象,一种直觉,或把文学艺术说成是一种言说,一种符号,一种编码,一种程式,或把文学艺术说成是一种模拟,一种器物,一种虚构,一种假定,都只是抓住了这个有机整体的某些方面、因素,而不是整体的把握。其实,文学艺术这一有机体包含了这些方面、因素,但不能仅归结于此。整体大于局部之和。文学艺术创造的本性应该而且能够按照美的规律来进行,这是人类本性的发展使然。人一要生存,二要发展,三要完善,成为完整的人,全面发展的人。人不满足于现实,而欲超越现实,要使生活更加符合理想,因而要改造对象世界,创造出更加美好的世界。文学艺术的创造,虚构出一个艺术世界,乃是创造者这个主体和对象世界这个客体之间关系的自我调节,使个体和环境之间的关系达到新的动态平衡。因此,文学艺术,应是人类为了使人类生活更加美好而创造出来的一种审美模型。但是否能达到这一目的,却决定于创造者能否按照审美的规律来进行。

并不只是文学艺术的创造,而且人类的其他实践活动,也需要按照美的规律来进行。动物也生产,蜜蜂、海狸、蚂蚁也会为自己营造住所、巢穴。但动物只会生产它自己直接需要的东西,只能依照本能来活动,只是一代一代地复制既有的东西,不可能创造,更不可能按美的规律来创造。马克思说得好:"动物只是按照它所属的那个种的尺度和需要来建造,而人却懂得按照任何一个种的尺度来进行生产,并且懂得怎样处处都把内在的尺度运用到对象上去;因此,人也按照美的规律来建造。"①这最后一句,美学老人朱光潜把它翻译成:"人还按照美的规律来创造",也有人把"建造"两字译成"塑造"或"造型"的。我看,"创造"囊括了建造、塑造、造型等的意思。

人类能超越动物所属那个物种的尺度,不仅懂得按照任何一个种的尺度来生产,因而能不断生产出新的客体;同时又能按照主体的内在尺度去生产客体,所以能使生产出的客体符合主体的需要。但符合主体需要的新客体,不一定必然是美的。人类还要按照美的规律来生产,生产出来的新客体,不仅要符合主体的实用需要,而且还要符合主体的审美需要。只是,在一般物质生产领域,虽然也要按照美的规律来生产,但创造审美价值不是其主要目的,创造实用价值才是首要目

---

① 《马克思恩格斯全集》第42卷,北京:人民出版社,1979年,第97页。

的,审美价值从属于实用价值。就是在精神生产领域,经济学、政治学、哲学等的创造,尽管也要按照美的规律进行,但也不以创造审美价值为主要目的,审美价值从属于功利价值。

文学艺术的创造,不仅是揭示现实世界中的审美价值的反映活动,而且是创造一种新的审美价值的实践活动。这是按照美的规律综合两种创造活动为一体的特殊的创造活动。它不仅需要通过意象经营,把作家、艺术家在人生实践中获得的审美感受、审美体验,按照美的规律组织起来,营构一个意象世界;而且,它还需要通过意匠经营,按照美的规律把物质材料加工改造,建构艺术符号,使意象世界符号化,从而,创造出融两者为一体的有机体,一个崭新的艺术形象世界。作家、艺术家不仅需有审美反映能力,而且还要有创美的实践能力,亦即构造形象的能力。“艺术家的这种构造形象的能力,不仅是一种认识性的想象力,而且还是一种实践性的感觉力,即实际完成作品的能力。这两方面在真正的艺术家身上是结合在一起的。”①

因此,文学艺术,理应按照美的规律来创造,应是一种创美活动。违背美的规律,不符合文学艺术的创造本性。

二

文学艺术的创造,首先需要构思。艺术生产若要成为美的创造,就必须按照美的规律,精心构思。

人在进行生产之前,就能作超前反映,在脑海里预先建构起主体所希望的未来结果的图像,然后才按照这个内心图像去运作。还以建造房屋为例,正如马克思所说:

> 最蹩足的建筑师,从一开始就比灵巧的蜜蜂高明的地方,是在他用蜂蜡建筑蜂房以前,已经在自己的头脑中把它建成了。劳动过程结束时得到的结果,在这个过程开始时已经在劳动者的表

① 黑格尔:《美学》第1卷,朱光潜译,北京:商务印书馆,1979年,第363页。

象中存在着,即已经观念地存在着。[①]

这个建筑师脑海中观念地存在着的未来结果的表象,不仅已经渗入了建筑师的思想,而且表现了建筑师的意向,想把房屋建成什么样。这个渗透了思想、感情的意向性表象,已是有意之象,按我国传统文化观念的理解,称之为意象,最为精当。

文学艺术的创造当然要比建造房屋的超前建构复杂得多,但构思的中心,也是建构意象,作意象经营。不过,这意象乃是审美活动的结果,其目的也在引发别人的审美活动,如康德所说,这是审美意象。

审美意象直接或间接来源于作家、艺术家对实际生活的审美体验,对人生价值的感悟。

在实际生活过程中,作家、艺术家面对一些对象,直接体验、感悟到了对象的美或丑、悲或喜、崇高或卑下,由直接感知的映象,经由审美经验的改造,意与象迅速结合,瞬即转化为审美意象。有些构思,甚至立即和物化结合起来。如有些雕塑的创造,常是从物质材料出发,审视那块玉石或竹根,可以塑造什么形象,脑海中立即浮现了那未来才能实际完成的意象。但更多的艺术构思,则并非直接面对生活对象而发,而是由回想起过去在生活中得来的表象,或由联想而引发的印象,在想象中把各种印象组织起来,经过作家、艺术家的审美经验的改造,意与象结合,构成审美意象。更为复杂的一些艺术构思,还把众多的意象,如人物意象、景物意象、事物意象、心灵意象等结合在一起,融为有机整体,建构为一个审美的意象世界。《红楼梦》就创造了一个错综复杂的意象体系。艺术构思,就是作家、艺术家将自己对人生的体验和感悟转化为审美意象,将意象不断审美化的过程。

艺术构思之所以要致力于意象经营,这不仅是因为,审美意象最能有效地表现复杂而精微的审美体验、人生感悟,而且,审美意象还能超越对现实的直接反映,表现对未来的理想,创造出现实中不曾有过的幻想的意象世界。作家、艺术家不仅善于把审美体验、人生感悟转

---

① 《马克思恩格斯全集》第23卷,北京:人民出版社,1979年,第202页。

化为审美意象,而且也善于把人生理想、情感意向转化为审美意象:“通过想象的活动产生纯美的理想,它基本是内在的意象,与理性对立,是自然美的变相,是按照既成客体自由创造的。”[①]不管这是否是马克思的原话,但这番话确符合艺术创造的实际。在文学艺术的意象经营中,作家、艺术家把个人经历的直接经验和从社会中获得的间接经验连结起来,把当下经验和过去经验融为一体,把再现现实和表现理想结合一起,经由审美化而融为审美意象。所以,高尔基称道文学艺术是组织经验的最经济、最有效的方法。康德之外,克罗齐、萨特、朗格等都高度关注意象的研究。以探索创造活动的秘密而著称的美国心理学家阿瑞提,在研究了包括文学艺术在内的创造活动之后,甚至把意象看做是人的创造力的第一因素,说它是“一种创新、是新的形成、是一种超越力量”[②]。阿恩海姆则说:“真正的创造性思维活动都是通过‘意象’进行的。”[③]

作家、艺术家的人生越丰富,视野越广阔,从生活中获得的体验和感悟越深切,那么,可以用来创造意象的材料当然越丰富多样。从最平淡的日常生活,一直到惊心动魄的伟大斗争,只要作家、艺术家有真切的体验和感悟,都可以成为意象经营的材料。但是否真正进入艺术构思之中,却要视作家、艺术家的创意而定。作家、艺术家要建构什么样的审美意象,要创造一个什么样的意象世界,这要决定于作家、艺术家的审美意向。生活中充满了真、善、美,也不时出现假、恶、丑;现实中既有崇高、悲剧、苦难,也有卑劣、喜剧、荒诞。作家、艺术家对生活作什么样的审美评价,持什么样的审美态度?是肯定真、善、美,鞭挞假、恶、丑?激发起来的是对真、善、美的审美快感,还是对假、恶、丑的审美反感?是把崇高、优美毁灭给人看以激起人的崇高感、悲剧感?还是把卑劣、丑恶撕破给人看以引发人的喜剧感?艺术构思,不仅要

① 汉斯·科赫:《马克思主义和美学》,佟景韩译,南宁:漓江出版社,1985年,第336页。

② 阿瑞提:《创造的秘密》,钱岗南译,沈阳:辽宁人民出版社,1987年,第62页。

③ 鲁道夫·阿恩海姆:《视觉思维》,滕守尧译,北京:光明日报出版社,1987年,第37页。

依作家、艺术家的审美意向来决定意象材料的取舍,而且也要依审美意向来把意象材料加工改造,重新组织,建构一个符合审美意向的完整的意象世界。作家、艺术家的审美意向,直接和审美理想、审美观念联系着。审美理想、观念处于审美心理结构的中心,对意象经营起制约作用。在意象建构时,正如恩格斯所说的巴尔扎克那样,同时就是在对生活作出“诗意的裁判”。

在艺术构思中,意与象如何结合为意象,乃是作家、艺术家要解决的最基始的矛盾。“象”是客体对象的映象,无论是直接感知的映象,回忆过去而来的表象,由联想而来的印象,尽管各自的清晰度不一样,但都要求符合客体对象,要按照客体的外在尺度来再现对象,要求真实。“意”则是作家、艺术家这个主体自身的意向。主体依照自己的意向来感知、改造客体的映象,把客体的外在尺度和主体的内在尺度统一起来,按照美的规律把意和象结合为审美意象。这个审美化了的意象,已不只是客体对象的复现,但又不完全脱离对象,处于“似”与“不似”之间,不只“形似”,更有“神似”。即使是那些以线条、色彩、声音等形式美见长的艺术(所谓的“抽象”艺术,以及书法艺术等),那些声、色、形在艺术家头脑中的映象,也都染上主观情意,因而具有“意味”。而那些较为复杂的文学艺术,其意象不仅有“意味”,而且更有深层的“意蕴”,因而韵味无穷。

艺术构思就是作家、艺术家将人生体验和感悟不断意象化,又不断审美化的过程。在意象化过程中,想象起着重大作用。但艺术的想象渗透着感情态度,作家、艺术家不仅要在想象中重新体验对象,而且要体验到自己的感情。要体验,就要“入乎其内”,设身处地,心随物化;画竹,就要与竹化;画马,就要物我同一;写花鸟,就要与花鸟共忧乐。但作家、艺术家不能只沉浸在对象中,还需要“出乎其外”,物随人化:理智审视,组织意象,按照主体的意向,使意象审美化,符合美的规律。既要入乎其内,又要出乎其外,这在表演艺术中表现得最为明显。演员演戏,必须深入体验角色,但又必须出乎其外,理智调控。正如意大利著名演员萨尔维尼所说,当他表演的时候,他过的是双重生活,一方面要哭或者笑，但同时却又要解析他的眼泪和笑，使它们能最有力地作用于他想使之动心的那些人。作家在创作小说时，既要真实再现人物的性格、命运，又要体现自己的创作意向，要将两者完美地统一起来，必须精心地构思，以致像托尔斯泰这样的文学巨匠在塑造安娜的形象时，不得不改变原先的构想。

艺术构思需要思维。分析和综合，比较和概括，等等，人类的最基本的思维方法，在意象经营中都在运用。就艺术创造的总体过程来说，艺术思维是整体思维，概念思维也会不时参与(视需要而定)。但在艺术构思中，意象思维起决定作用。运用概念进行判断、推理，构筑概念、范畴的体系，这是科学论著的使命。科学思维从感性具体上升为知性抽象，再到思维具体，基本是概念的运动。艺术思维则从感性映象上升为意象，再到典型的塑造或意境的创造，主要是意象的运动，感情、思想等融合其中。因此，作家、艺术家和科学家的思维并不相同。俄国文艺批评家杜勃罗留波夫较早看到这两种不同思维的特点：作家对世界有着丰富的感受，但并不是把这种感受引向抽象。对于作家来说："若是竭力把这种感受引到一种确定的逻辑组织里去，把它用抽象的公式表现出来，这却是徒劳无功的。"作家面对世界，"看到了某类事物的最初事实时，他就会惊异万分"，"他虽然还没有作过理论上的思考，能够解释这种事实；可是他却看见了，这里有一种值得注意的特别的东西，他就热心而好奇地注视着这个事实，把它摄取到自己的心灵中来。开头把它作为一个单独形象，加以孕育，后来就使它和其同类的事实与现象结合起来，而最后，终于创造了典型"。科学家则不同，"由于以前聚集在他的意识里、不知不觉地在他的意识里保存下来的个别现象丰富多彩，就使他能够一下子同它们组织一个普遍的概念。这样一来，这个新的事实，就立刻从生动的现实世界中，转移到抽象的理性领域里去了"。[1]

作家、艺术家经过意象经营，按照创意，使意与象结合起来。把众

① 《杜勃罗留波夫选集》第1卷，上海：上海文艺出版社，1962年，第273—274页。

多意象组织起来,创造出一个意象世界。这个意象世界按一定的结构方式组织而成,具有一定的意象结构,从而构成一个有机整体。文学艺术创造中的营构意象的结构方式,多种多样,丰富多彩,我们的文艺学、美学还在不断探索,可做的事还很多,有待更多人的关注。这种意象结构,乃是意象世界在内心形成的结构形式,相对于形之于外的外形式,它只是内形式,尚未最后完形。还有待于通过符号来外化。因此,艺术构思告一段落,但并未终结,在符号外化过程中还在深化和继续。这种意象化和符号化的过程,虽有先后,但相互交错,结合一起,正如黑格尔所说:"按照艺术的概念,这两方面——心里的构思与作品的完成(或传达)是携手并进的。"①

三

当文学艺术的创作还只是停留在构思阶段,还只是腹稿,不管它构思如何完美,那还仅仅只是稍微具体化了的创意,还不是创作。观念中的意象经营要转化为创作的实在,需要另一番工夫:意匠经营。

文学艺术创造中的意匠经营,仍离不开"意",但更需要运用自己的身手随着"意"而自由灵活地运作起来。这种运作,不仅需要受创意的制约,而且也要受物质材料的制约,因而既要按照主体的内在尺度,又要按照对象的外在尺度来运作,按照美的规律,将两者完美统一起来。

作家,艺术家在生活着,在生活中审辨美、丑、悲、喜,体验或感受到生活的审美价值,获得审美享受。如果到此为止,也就算不了艺术创造。作家、艺术家之与众不同,不仅在于还要把生活中由审美而来的体验、感悟,经过意象经营加工改造,赋于内在形式,而且,还要运用一定的物质材料,创造出一种物质形式,使内在形式转化为外在形式。这种外在形式,乃是可以为人所感觉到的外在之美。只有不仅创造了

① 黑格尔:《美学》第1卷,朱光潜译,北京:商务印书馆,1979年,第363页。

内在之美,又创造了外在之美,才能使这种美保存下来,不仅供自己个人审美,而且也可供别人审美。文学艺术的外在之美,就是鲁迅所说的"音美"或"形美",而内在之美,就是"意美"。艺术之美,乃是这种外在之美和内在之美的统一:系统质。

要创造外在之美,就必须选择一定的物质材料,进行加工改造。这就不仅要花心思,而且要动身手,如鲁迅所说,要用思理以美化天物,这需要费"匠心"。这种既需要"想",又需要"作",动作和运思密切结合在一起的意匠经营,应是既不同于概念思维,又不同于意象思维的特殊思维:动作思维。这种动作思维,一头联接着符号建构,一头连结着意象世界,要把这两者结合成一个整体。

艺术的形式美的创造,关键在"作"。人的活动过程,本身就可以成为创造。一些艺术,如舞蹈、戏剧,就必须由人体动作来完成。音乐中的声乐,也是由人的声音运动来完成的。器乐却不依靠人声了,但也必须由人来演奏乐器,离不开人的活动。这些都是动态艺术,艺术就直接在活动中呈现、展示;人的活动停止,艺术也就中止。还有不少艺术,则是以静止之物的形态来完成,是静态艺术,如绘画、雕刻、文学。但是,这都必须经过人的劳作,是人的活动的结果。动的过程转化为静态物品,也是由"作"而来,所以称为作品。

文学艺术的创造,既然要靠劳作,也就必然要有作法。在长期的艺术实践历史过程中,每种艺术类型都积累了一套艺术劳作的"手法"。要能创造出美的作品,当然必须按照美的规律,运用精湛的技艺,精心加以制作;而那些依靠动作本身来完成的动的艺术,就更需要按照美的规律来支配自己的活动了。

艺术的形式需要美,因而本身就具有一种审美价值。这种美的形式。在艺术中具有符号的性质,是艺术符号。符号的意义不仅在自身,而且也在传达信息。无论是语言符号还是形象符号,要通过人的感觉器官为人所感觉到才能有意义,正如马克思所说"任何一个对象对我意义(它只是对那个与它相适应的感觉来说才有意义)都以我的感觉所及的程度为限"[1]。世界万物,种类甚多,但能用来做符号的却甚有限。所以,艺术符号是有限的,信息的表达常受到限制。就是表达得最自由的语言,也常常言不尽意,因而像陆机这样的诗人,也发出"恒患意不称物,文不逮意"(《文赋》)的感叹。人对生活的感受和体验却是无限丰富的。要以有限的符号形式来表达无限丰富的内容,这是艺术创造中要解决的最大的矛盾,这比起艺术构思来更艰难得多。这就不仅要通过意象经营,把生活中得来的人生感悟、体验加以组织起来(内形式),还要通过意匠经营把一定物质材料组织起来予以符号化(外形式)。而且,更重要的是把这两者完美地结合起来,使形式美和内容美统一起来,构成有机整体:艺术美。

艺术的内容和形式的关系,曾经被误解成一种机械的相加,以为形式可以不变,而内容可以不断变化,旧瓶可以装新酒,不同的内容可以装进一种形式。于是,只要押韵的就是诗,三字经、百家姓、千家文都成了诗。其实,正如卢卡契所说,审美形式始终都是作为某种特定内容的形式出现的。正是特定的内容,才需要特定的形式。克罗齐看到了艺术有特定的审美内容,但他又把艺术的形式和内容割裂开来,以为艺术形式与审美无关,传达是物理的事实:"审美的事实在对印象的表现加工中就完成了,至于传达,是后来附加的,是另一种事实。"[2]他只承认审美直觉才是艺术创造,而把传达活动排除在外。形式主义美学则是向另一极端,把艺术仅仅归结为一种美的形式:"艺术中一切都仅仅是艺术手法,除了手法的总和,事实上根本不存在别的东西。"[3]而其他则是"美感以外的现实性","形式之外非审美的事实",因而不属于艺术作品,被逐出艺术之外。不错,在完美的文学艺术作品中,确实不应有"美感事实和非审美事实的二重性"。但是,当作家、艺术家确实从丰富多彩的对象世界获得了审美体验、人生感悟,那么,

---

① 《马克思恩格斯全集》第 42 卷,北京:人民出版社,1979 年,第 126 页。

② 克罗齐:《美学原理》第 6 章,朱光潜译,北京:外国文学出版社,1983 年。

③ 有关形式主义,参见胡经之、张首映主编:《西方二十世纪文论选》第二卷,北京:中国社会科学出版社,1989 年,第 2、10、37 页。

这种审美反映为什么就不能成为艺术的内容呢？当大千世界经由体验、感悟而转化为审美意象，这样，艺术的内容不也是审美的吗？为什么艺术就只能有美的形式而不能有审美的内容呢？我看，问题还是在于，艺术的审美内容和美的形式如何有机结合。还是黑格尔说得辩证：文学艺术之所以要有美的形式，“既不是由于它碰巧在那里，也不是由于除它以外，就没有别的形式可用，而是由于具体的内容本身就已含有外在的、实在的，也就是感性的表现作为它的一个因素”[①]。卡西尔把文学艺术看做是一种符号形式，由内容转化而来的一个有机整体。“一首诗的内容不可能与它的形式——韵文、音调、韵律——分离开来。这些形式并不是重复一个给予的直观的纯粹的外在的或技巧的手段，而是艺术直观本身的基本组成部分。”[②]

文学艺术的创造，就是内容的形式化、形式的内容化的双向对象化过程，最终创造出一种独特的存在：“活的形象”。在这“活的形象”中，形式是躯体，而内容是灵魂，躯体和灵魂不可分离，紧密结合在一起。“活的形象”的形式，是心灵化的灌注生气、气韵生动的形象符号，它是审美想象的产物，而又引发别人的审美想象，所以是“审美想象的特殊身体”[③]。而这形象符号传达的则是审美的信息，无限丰富的心灵的世界。至于这心灵世界乃是客观世界的反映，却是另一层次的问题，那才涉及唯心唯物，这里不说。

正是因为“活的形象”把内容和形式融合在一起，因此，“当我们沉浸在对一件伟大的艺术品的直观中时，并不感到主观世界和客观世界的分离”。我们沉浸在这个“活的形象”中了：“现在我进入了一个新的领域——不是活生生的事物的领域，而是‘活生生的形式’的领域”。

艺术要运用符号，通过符号思维而创造形式结构。但艺术符号不

---

① 黑格尔：《美学》第1卷，朱光潜译：北京：商务印书馆，1979年，第92页。

② 卡西尔：《人论》，甘阳译，北京：上海译文出版社，1985年，第198页。此节引文，未注明出处者，均见《人论》第9节。

③ 鲍桑葵：《美学三讲》第二讲，周煦良译，上海：上海译文出版社，1983年。

是一般的符号,自有独特的性能。使用艺术符号和使用其他符号不同,“这两种活动不管在特征上还是目的上都不是一致的:它们并不使用同样的手段,也不趋向同样的目的。——一种激发美感的形式媒介中的表现,是大不相同于一种语言或概念的表现的。一个画家或诗人对一处地形的描绘与一个地理学家或地质学家所做的描述几乎没有共同之处。在一个科学家的著作和一个艺术家的作品中,描写的方式和动机都是不同的”。我们在生产实践中,把木材、水泥、钢材等组合变形,创造了一种新的物质形式——房屋;而艺术实践则使用艺术符号,创造了一种“活的形象”。“艺术家把事物的坚硬原料熔化在他的想象力的熔炉中,而这种过程的结果就是发现了一个诗的、音乐的,或造型的形式的新世界。”

正是作家、艺术家使用艺术符号,把物质材料通过审美想象创造出了“活的形象”这个新客体,也就“使我们的情感赋有审美形式,也就是把它们变为自由而积极的状态”。“在这个世界,我们所有的情感在其本质和特征上都经历了某种改变过程。”贝多芬的《第九交响曲》就表达了作者的复杂感情。其中有根据席勒《欢乐颂》的基调而表达出狂喜的感情,但我们也会感受到整个乐曲表达出来的悲怆音调。但是,这些都构成一个有机整体,因而,“在我们的审美经验中,它们全都结合在一个个别整体。我们所听到的是人类情感从最低的音调到最高的音调的全音阶它是我们整个生命的运动和颤动”。

文学艺术的目的,不正是要把内容和形式融合为一个有机整体,创造出“活的形象”吗?这种“活的形象”,不是客观世界中事物的情景再现,而是新的创造。即使是像苏州评弹《蝶恋花·答李淑一》,虽是依据同名诗词的改编,但也是“活的形象”的新创造。评弹曲调,吴侬软语,温柔敦厚,若要表达原词的意境必须有新的变化。原词一唱三叹、意深情长,对牺牲者表达了深切的怀念,但整篇充满豪迈激情。如何在评弹中表现这种精神?评弹作者就把评弹的原有曲调分解,重新组合,又吸收了陕北民歌中粗犷的旋律(“河畔上开花”开头),京剧中高亢的曲调(“一马离了西凉界”结尾),融为有机整体。整个评弹曲调,和谐一致,浑然一体,宛若天成,因而使人感到韵味无穷而又催人奋进,给人以不尽的审美享受。

作家、艺术家不仅必须感受、体验事物的内在意义,而且必须给予这种感情、体验以外形。“艺术现象的最高最独特的力量表现在这后一种活动中。外形化意味着不只是体现在看得见或摸得着的某种特殊的物质媒介如黏土、青铜、大理石中,而是体现在激发美感的形式中:韵律、色调、线条和布局以及具有主体感的造型。”无疑,要把材料改造为形式,这需要煞费“匠心”,运用高超的技巧和手法。然而最高超的技巧要消融在美的形式中,使人全然感觉不到它,正如巴金所说:“文学的最高境界是无技巧。”[①]文学艺术的优秀之作总是这样的:“不表现什么形式,线条和颜色再也找不到了;一切都融化为思想和灵魂。”[②]文学艺术的创作把内容形式化了,也把形式内容化了。所以,连高度重视形式化的符号美学家卡西尔最后也得出结论:“只有把艺术理解为是我们的思想、想象、情感的一种特殊倾向、一种新的态度,我们才能够把握它的真正意义和功能。”

那么,这“活的形象”不就是我们常说的艺术形象吗?我倾向于把席勒所说的“活的形象”作新的阐释,用来作为艺术形象的进一步规定。物质材料经过心灵化,按美的规律改造为美的形式,用以表达审美意象,因而成为“活的形象”,这也正是艺术形象的本质特征。艺术形象具有符号的性质,但它不仅只是“能指”,还包括了“所指”。在艺术形象中,能指和所指融为一体,密不可分了。没有经过心灵化的物质,只是死的物质,不是“活的形象”。要能使读者、观众、听众也能在心灵中激起共鸣,也要经过读者、观众、听众的心灵化,不然,那作品也仍然是一堆死的物质。所以,这“活的形象”,乃是体现心灵和激活心灵的中介,只有在审美想象中,才使这形象活起来。

不过,艺术形象、活的形象,这形象二字,应作宽泛的理解。形象

---

① 巴金:《文学的最高境界》,《文学报》(上海),1982年6月24日。

② 葛赛尔:《罗丹艺术论》,傅雷译,北京:人民美术出版社,1978年,第87—88页。

者,存在形态之象也。它应涵盖有形之象,有声之象,动态之象。音乐没有直接的有形之象,直接呈现的只是声音之象,如朗格所说,是时间意象的符号化,只是“音美”。但声音也是存在的一种形态,《乐记》早已把这称之为“乐象”。把乐象归属于艺术形象之下,也并不违背形式逻辑,何况,科学证明,声音虽存在于时间中,但乐音随着时间的进展,也在改变着空间结构。音乐的声音之象,也能使人联想、想象出有形之象。不过在音乐中,“音美”乃直接呈现,而“形美”乃由间接引发,由“音美”而使人联想到“形美”。无怪贝多芬说自己作曲时,心中常浮起画面。但我还是愿意把艺术形象理解得宽泛些,不仅涵盖有形之象,而且还有声态之象、动态之象。这样,音乐形象之说仍可成立,把它简称为乐象,也未尝不可。当然,若有比艺术形象更好的说法,也可接受,比如,把艺术形象简化为艺象①,躲开了“形”的多解,也未尝不可。但那艺象的实质,仍然是“活的形象”,是“艺术形象”。

艺术形象,艺象,是连结艺术创造者和艺术接受者的中介。两个主体之所以能沟通,乃是因为艺术形象的结构和艺术创造者与艺术接受者的审美心理结构,异质同构,动态相应。但艺术形象不仅只是一个新的审美对象,而且还是一个审美创造的模型。人们从艺术形象那里得到的不只是审美的享受,而且是审美创造的启示。艺术教育的意义,既在帮助提高审美的鉴赏力,又在培养美的创造力,发展和完善人的创造本性,推动人们按照美的规律去改造世界,使我们这个世界更美好,个体和环境也达成新的动态平衡。这,也正是我们今天要重视审美教育的根本原因。

1998 年冬,深大新村

胡经之(1933—),男,江苏苏州人,深圳大学文学院中文系教授,主要从事文艺理论研究。

---

① 何国瑞:《艺术生产原理》,北京:人民文学出版社,1989 年,第 115—118 页。

五四新文学的文化渊源与学理反思

庄锡华

进入新世纪后,尽管文论环境已经发生了巨大的变化,但对现当代中国文艺理论的发展进行整体审视与系统总结,反思百年文论的发展历程仍然是学术界的热门话题,我们注意到现有研究关注20世纪中国文艺理论受世纪初西方文化思潮影响,却较少看到中国现当代文论与传统文化的联系;重视新文化运动领军人物锐意进取的革命精神,却很少论及这些代表人物多元文化学养的知识背景。因为有这样的缺陷,现当代文艺理论发展进程描述的完整性受到了影响。笔者认为,有必要重新审视文化传统与五四新文化运动及嗣后文化发展新趋势之间的关系,以真实地展示现当代中国文论发展的轴线。

一

一般认为,五四新文化运动的思想资源主要来自外部,是借助于域外文化的推动,一段时间里"刺激——反应"成为新文化运动成因的权威解释。且不论按照赛义德的理论,此种由西方文化具有先天优越性观念切入的论断,其学术立场存在颇多问题①,即从新文化运动赖以发生并产生巨大影响的实际情形看,这种论断也显得过于简单化。鸦

---

① 赛义德的《东方学》认为,在欧洲人的心目中,西方文化具有先天的优越性,而东方则是由欧洲人"凭空创造出来的"。

片战争后，五口通商，国门被打开，异域文化的渗透是事实，并确实起到了催化中国内部变革力量的作用。但以今天的眼光看，20 世纪初的西方主要资本主义国家的工业化水平是有限的，文化霸权尚未确立，对别国思想文化的操控远未达到经济与思想文化全球化的今天所达到的程度；同样的，中国当时的对外开放也是初步的与浅层次的，西方文化无法像列强的兵舰在中国横行一样轻而易举地完成对中国文化空间的占领。诚然，新文化运动的代表人物有较多亲炙域外文化的机会，但参与新文化运动的大多数人都是本土知识分子，对国门外世界知之甚少，他们之能接受新文化运动的革新号召，参与到这场催生了一个新的中国的变革运动，除了强烈地感受到鸦片战争后国家不断受到列强欺凌面临的危亡情势，认识到一个自以为强盛的帝国其实已经偏离了正在经历现代化的外部世界而外，我觉得也同中国文化中求进步、求发展的一贯传统有关。

学术界已经注意到在中国文化自身的发展逻辑中也一样潜藏着变革动能与变革趋势。余英时《中国思想传统的现代诠释》在分析五四新文化运动的肇因时认为，西方文化的冲击确是近现代中国文化变革的重要原因，但并非唯一原因，他指出："远在近代西方文化进入中国之前，传统中的异端有时也爆发为激烈的偶像破坏运动，继明代程朱陆王的争论之后，潘用微痛斥孔庙两庑都是一群僧道，并说孔子不得明师，所以其学说 15 年、10 年才能进一步。这种大胆破坏的言论在当时曾得到很多人的支持。这不正是钱玄同在今古文之争的问题上采取的'一齐撕破'的办法吗。清初颜元也同样是一位最有破坏力的思想家；他不但反程朱陆王，同时也反训诂考证，他不但痛恨书本知识，同时也鄙薄知识分子。不过由于当时中国传统的社会秩序并未全面解体，又没有外来文化的挑战，因此这一类反传统的思想才得不到充分发展的机会罢了。康有为、章炳麟的反传统思想虽然受到了外来文化的影响，然而其思想的主要成分则无疑是从清代学术中逐步演变出来的……章炳麟推崇荀子，其原即可以上溯至戴震、钱大昕诸人。乾嘉时代的考证大师们并不是人人都有意要倡导一种非正统或反正统的思想运动,但是他们研究所及竟不期然地给未来的新思想运动创造了条件。戴震'以理杀人'之说,在近代首先是由章炳麟发现的,到了'五四'时代更自然而然地和'吃人礼教'的口号合流了。五四运动自另有其中国传统的根源,决不是西方文化的挑战这一点可以完全解释得清楚的。"①如果我们承认变革进取也是中国文化的基本精神,那么,说新文化运动抛弃传统便不能令人信服。在我看来,蕴藏在传统中的自强不息的精神,适足以成为五四新人从事社会革新运动的思想支持。

新文化运动的一个主要思想资源是人道主义。但人道的要求并非西方人的专利,在有人生活的地方,就会有自由、平等、博爱的要求。在一个以礼乐之邦自豪的国度里,人道主义可以说是遭受封建压迫的中国人生生不已追求的目标。陈明主编的《中国传统文化中的人道主义》指出:"中国传统文化有自己的人道主义思想系统",该书认为,中西方的人道主义思潮有许多相通的原则,"但它们赖以产生的社会基础和形而上学背景却有差异","这种差异,使二者在文化形态上区分开来,价值上互补而不可相互替代"。② 特别有意思的是,在论述中国自有其人道主义思想传统时,作者发表了这样一个对本文作者极具支持的观点,即,反对某些学者"以殖民地心态将我们自身五千年的文化传统视之为一种阶段上滞后的文化形态而加以批判贬抑"。③

总起来看,儒家的人道理想突出表现在对"仁"的倡导上。"仁"有双重含义:一,爱人,仁者爱人,孔子主张为人处世应当时时以己度人,即所谓,"己欲立而立人,己欲达而达人","己所不欲,勿施于人"。孟子对此作了进一步的阐发,着重解析了人性的特征,认为决定人性的基本方面是人的理性和道德之性。在《告子》一章中他说:"恻隐之心,人皆有之;羞恶之心,人皆有之;恭敬之心,人皆有之;是非之心,人

① 余英时:《中国思想传统的现代诠释》,南京:江苏人民出版社,1989 年 6 月,第 365—366 页。

② 陈明:《中国传统文化中的人道主义》,北京:华夏出版社,1996 年 1 月,第 2、3 页。

③ 同上。

皆有之。恻隐之心,仁也;羞恶之心,义也;恭敬之心,礼也;是非之心,智也。仁义礼智,非有外铄,我固有之也。”这种对人性的广泛的肯定性的张扬,不仅为后来表现人性的文学艺术提供了理论的依据,而且也有机地包容于新文化运动的文学理想中。抨击封建主义的兽性,激发人皆有之的善性,是五四文学的一个突出的特点。“仁”的另一个内容是维护统治秩序,即所谓克己复礼,由此衍生出一整套政治的、道德的行为规范,目的在于对人的思想与行动进行操控。在孟子人性观中,便有“寡欲”的说教。孟子认为,“养心莫善于寡欲”(《孟子·尽心上》),就是要克制人的感性的需求,去追求符合封建政治伦理的精神的“崇高”。在中国封建社会里,专制统治者总是强调孔孟仁学中的这一个方面,从而形成对人性的禁锢。“发乎情,止于礼仪”,给鲜活的感性生命规定了一个逼仄的活动空间。儒家仁学的这一价值取向成了五四前驱们批判的鹄的,他们竭力想要激活的正是人的生命活力。周作人的人的文学的主张,曾经是五四新文学运动一面极具号召力的旗帜,其核心是作家通过作品中“普遍”与“真挚”的情感建构起对读者人性的召唤。

从文学方面讲,改良与革命也同样体现了中国文学发展自身的要求。胡适的《文学改良刍议》所言“八事”,大多是古人认同的道理。例如:关于“言之有物”胡适强调的是情感与思想,而文学与情感、思想的关系正是中国古代文论经常性的话题;至于不模仿古人,则更是一部分古代文论家始终坚持的主张,宋代江西诗派以文字、议论、才学为诗,以“无一字无来历”夸耀,漠视文学的情感性,曾受到严羽等人的严厉批评;明代前后七子的复古及清中叶后的学唐、学宋取向都曾受到当时人们的尖锐攻讦。抑情与扬情、复古与反复古的争论,成为贯彻中国古代文论史的一条主线。再如,萧统以“踵事增华”、“变本加厉”,涵盖文学发展的历程,叶燮以“因创沿革”概括文学发展的规律,文学进化之理,在《原诗》中已经阐发得相当清楚了。倒是胡适偏重于形式进化的观点反不如古人能够揭示出文学发展的真谛。从“击壤之歌”到诗经、楚辞,岂止是形式的进化,在我看来更是内容的丰富与扩张。

陈独秀倡言文学革命,并力陈“革命”一词“革故更新”之外来意,但深通中国文化的陈氏应当知道,“革命”是中国古已有之的一个名字,而《易经》:“汤武革命,顺乎天而应乎人”,也早已超出了王朝轮替的意涵。这里,“天”可以理解为自然与社会发展的规律,而“应乎人”则是对人的进步要求的积极反应。文中“文学艺术,亦莫不有革命,莫不因革命而新兴而进化”,从下文对中国文学史进程的描述看,无疑是对中国文学传统的一种涵盖并据以为作者尽情发挥的基础。特别应当指出的是,陈氏的三大主张,如果撇开“国民文学”、“写实文学”、“社会文学”这些新词汇,那么,其“平易抒情”、“新鲜立诚”及“明了通俗”的文学主张,亦都耦合于那些对文学的特点颇有些见识的古人的意见。总观此文,陈氏特别反对者不过是前后七子与桐城派之归方刘姚而已。形式上,他认为,贵族文学以藻饰为务,失平民文学之独立自尊;古典文学,铺张堆砌,失写实文学抒情写实之旨;山林文学,深晦艰涩,失社会文学裨补时阙的务实品格。从内容上讲,此类文学“目光不越帝王权贵,神仙鬼怪,及其个人之穷通利达。所谓宇宙,所谓人生,所谓社会,举非其构思所及”。从陈氏的反对与肯定的情形看,他批判载道的文学观,反对代圣贤立言的文学,并非要作家艺术家们固守审美的纯粹,一味在审美的世界里寻求自性的快适,而是要关心宇宙、人生、社会,即另立一种“道”统,让新文学载之前行。这一点,其实在陈氏的这篇檄文性质的宣言中已经表达得相当清楚。他说:“今欲革新政治,势不得不革新盘踞于运用此政治者精神界之文学……以此而求革新文学革新政治……”这样一分析,陈独秀的《文学革命论》不过是重复了梁启超“欲新政治,必新文学”的旧论。

二

如果说五四新文化运动思想资源的分析可以直接昭示这场文学革命与文化传统之间的内在联系的话,那么对五四新文化运动参与者的人生轨迹、人格范型的爬梳更能在一个深刻的层面上确证新文化运动与文化传统之间的联系。

新文化运动的领袖人物大多具有独特的人格魅力，这种人格魅力来自于他们永不枯竭的才情与奋不顾身的涉世情怀，彰显的依然是中国知识分子独特的人格范型。文化学养与功底构成这些人与中国传统文化的联系环节，也是他们受人尊重具有较高社会号召力的前提。但是令人不解的是后来的研究者对五四新人与旧文化的这种复杂关系未能作较深入的分析。人们怎能如此“粗心”地忽略这些文坛新人早年与旧文化日夕浸润，濡染甚深的经历，漠视他们后来不同程度地涉足旧学问研究的事实？

新文化运动的领军人物陈独秀原是一名前清的秀才，在封建科场中还曾有过一段短暂的辉煌。他的扎实的古代文化功底是无人可以置喙的，正是因为有此功底，当他退出新文化运动的前哨阵地，极不甘心地避居到四川江津石场屋的一座老宅的时候，能够效法前人的除了那貌似矜持心实戚戚的隐者行止外，还可以在一个最需要旧式学问功力的领域（文字学）展示自己不俗的学养与才情。

同样地，当胡适垄断话语权的努力归于失败，失去了对新文化运动发展方向的操控，后者不断加快其与政治革命结缘的进程，失望恼怒之余，便索性与旧日同盟者告别，一头钻进浩如烟海的古籍，兴趣盎然地做起了“整理国故”的工作。

如果陈、胡“勋业不终”，不足为训，那么，公认始终坚持了新文化运动进步立场的鲁迅，早年在三味书屋的文化启蒙，难道不也是他后来能够写出匕首与投枪式的文化论文，用以抵挡明枪与暗箭，终身得益的一段经历？他从魏晋士人那里学得了鄙视官场、笑傲江湖的文化精神，也学得了魏晋士人宁愿玉碎、不为瓦全的刚烈。作者欣喜地看到，随着研究的深入，近年人们也已开始注意五四新人与旧文化的联系。束景南、姚诚的《激烈的“猛士”与冲淡的“名士”——鲁迅与周作人对吴越文化精神的不同承传》一文便较深入地论析了两位五四新文化运动的一线人物与传统文化的承传关系。在谈到鲁迅时文章首先将其与吴越文化“尚力、好斗、坚忍”的性格加以比附，继又指出：“他喜欢孔融、嵇康，欣赏他们那种独立不羁的人格，充满叛逆的文化气质；甚至在陶渊明身上，也能发现‘金刚怒目’式的负气使性。”[①]从鲁迅杂文针砭病痛的犀利中分明可以发现嵇康“刚肠疾恶、轻肆直言”的影子。无独有偶，黄裳也注意到鲁迅的创作受古人影响的那一个被人忽略的层面[②]。

其实不止是五四一代，即使是嗣后由新文化运动哺育的新人，传统文化也是不可轻易言弃的精神依凭。何其芳在新诗、新文论的圈子中跌打滚爬了大半生，居然“晚节不保”，遭逢“文化大革命”后，反而对已经沦落为“四旧”的旧文化心存留恋，写出了不少既见真情，又显稚拙的旧体诗。

文化学养之外，五四人物的人格，也既有传统文人以天下自任的豪迈、耿介，也一并捎带了旧式文人的做派与习气。陈独秀少年时在家庭生活中备受封建家长制的荼毒，深恶痛绝，但他的性格中也融入了封建独裁的因子，他的民主思想是不彻底的。他从事的是人类解放的事业，可是他自己用情不专，频频涉足花街柳巷。早年，他只是一个孤军奋战的民主主义斗士，尚情有可原；后来他被推举为中共的领袖，对一个处于极度复杂的斗争环境的政党负有严肃的领导责任，还不能了断宿疾，便很难得到人们的谅宥。不过这正好从一个侧面说明了这些人身上绵延着深厚的旧文化的血脉！1926 年 1 月间，因为一己私情，他竟与其时正面临国内高涨的革命情势、极需坚强领导核心的中共中央领导机关失去联系达一月之久。陈独秀的朋友们对他的革命精神与学问十分佩服，对他的这点“雅好”也尽可能地表现出优容，但内心里大多不以为然。蔡元培当初为聘请陈独秀出任北京大学（后简称“北大”）文科学长，曾在陈氏下榻的旅舍屈尊坐等断混迟归、高卧不起的陈独秀，但如果在作为开民主风气之先的北大，让蓄妓嫖娼这类劣行蔓延开来，自然是大为不雅。为了约束陈独秀及北大中有与陈

---

① 束景南、姚诚：《激烈的“猛士”与冲淡的“名士”——鲁迅与周作人对吴越文化精神的不同承传》，《文学评论》2004 年第 4 期。

② 黄裳：《龚自珍二三事》，《读书》2005 年第 2 期。

氏相同嗜好的风流名士,1918 年 9 月,蔡元培在北大发起组织“进德会”,会规为“不嫖不赌,不娶妾”。陈独秀明明知道这是蔡氏“爱人以德”,为他特设的一个圈套,心里颇不以为然,但还是体谅了蔡氏的苦心,硬着头皮入了这个进德会。为了更好地管束他,蔡元培还特地将陈独秀加冕为会中的评议员。胡适一直被视为私生活较为检点的,但从陆续挖掘出来的史料来看,其实,早年的胡适似乎也一样沾有旧式文人的习气,放纵时居然闹到进警察所的地步。后来稍有收敛,但有时孤馆逆旅,对打茶围、喝花酒也颇有些兴趣。

新文化强调的是科学与民主,其核心是构成现代西方价值观核心的理性精神与人道主义。然而在私人生活领域,情欲颠覆了理性,女性被当做了玩物。马克思说:“拿妇女当做共同淫乐的牺牲品和婢女来对待,这表现了人在对待自身方面的无限的退化。”[①]看来即使是新文化运动的领袖人物,塑造现代人格也仍然需要一个漫长的过程。

大贤不拘细行,生活在 20 世纪初的这些卓尔不群的人杰,身处转型中的社会,总是带有这样那样的性格缺陷,金无足赤,人无完人,性格弱点并不能折损这些人的人格魅力,人们也不能抽象地运用一般的评判标准来估衡这些不寻常的人物,对这些历史旧事的追溯不过是为了证实文化新人并没有脱离他们生活的文化土壤,在他们身上一样折射出传统文化积极与消极的不同侧面。

三

从价值取向看,五四新文学大张反抗、叛逆的旗帜,表现出与旧文学决裂的指向,振聋发聩。但究其底里,我觉得这其中更多地反映了姿态宣示的要求。梁启超在《清代学术概论》中分析学术发展的一般规律时指出:“凡一新学派初立,对于旧学派,非持绝对严正的攻击态

① 马克思:《1844 年经济学哲学手稿》,北京:人民出版社,1985 年 4 月,第 76 页。

度,不足以摧故锋而张新军。”[①]可见,矫枉过正、激烈的批判立场体现了文化转型期的共同特征。撇下那些激愤的呼喊,深入到新文学领袖人物文论的深处,反倒能发现新旧美学取向间清晰的联接线索。

中国的文化主流具有高度政治化的特征,文化的中心是政治,焦点是维护还是毁弃已有的政治秩序。刻意规避政治,遗世独立的知识者大多被充分政治化的社会边缘化。孔子诗论也试图中庸,不否认文学的情感性与审美的价值,但作为一个置身于“礼崩乐坏”时代以天下自任的哲人,必然更多地注意文学在建立与维护社会秩序中的作用。“兴观群怨”与“迩之事父,远之事君”的论述表明孔子在肯定文学的审美价值的同时注意掘发文学的政治伦理功能。从这一特定的角度看,五四关于文学的设计并没有越出孔子所确定的审美与服务社会现实的双重价值取向。五四新文学反对“载道”的封建文学,但显然是认同并极想好好利用文学的“载道”功能的,即将能够载道的文学服务于别一种政治与伦理秩序的建构。那就是极力发挥文学在民主与科学启蒙中的作用,张扬个性自由,建立民主制度,实现强国之梦,藉文学参与社会改革与发展的进程。之前的现代文学思潮的研究者都十分看重陈独秀的“三大主义”,我注意的是这“三大主义”背后隐藏的陈氏的社会政治主张。其实这也算不得什么秘密,正如前述,作者在宣示这三大主义的著名论文中,已将他的这一层意思清楚地表露了出来。也就是说,尽管新文学运动的领导人以文学革命相号召,他们有与旧文学相反的社会价值取向,但从美学角度看,他们与儒家文论一样并不重视文学的审美功能,而是将文学看成是寄托政治抱负与求取人的解放、对大众进行宣传的一种工具。用一个形象的比喻,新文论并不反对文学与政治合轨的文论传统,只是调转了前进的车头,使其向反封建争民主、反迷信崇科学的方向发展。在我看来,这种文学思想极大地影响了现代文学的发展进程,20 世纪二三十年代那些张扬革

---

① 梁启超:《清代学术概论》,《梁启超史学论著四种》,长沙:岳麓书社,1998 年,第 28 页。

命的创作缘何缺乏审美价值并随生随灭，其病根盖出于此。蒋光慈等左翼作家的创作被文学史家所轻视，正是因为在他们的作品里除了革命的呐喊之外，读者很少能够获得审美的愉悦；反倒是一些与革命少有瓜葛的作家却创作出了较有生命力的作品。而这似乎也可以看做是对中国文学传统的别一种继承吧。

建构与毁弃虽然价值取向不同，但都体现了中国文化以政治为核心的特征，政治压倒审美的取向一样反映于新旧文学之间，五四新文论并未脱离中国文论重安邦治国、轻文学审美的传统。是的，孔儒曾将“尽善尽美”作为审美的极境，但是，在审美实践中，尽善与尽美大多难以做到最佳的结合，论文者不得不在尽善与尽美之间做某种平衡性的选择，儒家文论为要尽善而以牺牲审美为代价，这种文论传统同样影响到现代文学新人的美学选择。

五四新文论的学术立场也同中国知识分子的文化特性有关。在西方，人们常把知识分子称做“社会的良心”，认为他们是人类的基本价值，如理性、自由、公平等的维护者，知识分子一方面将之作为社会批判的价值尺度，另一方面又努力推动这些价值的实现，孜孜矻矻，上下以求，有一种宗教的救世情怀。在对知识分子身份认证方面，中西方似有相当大的相通性。孟子称古代知识者——士——是社会中“无恒产而能有恒心”的人，称颂士志于道，并向知识分子鼓吹灌输舍物质、张精神的“义利观”，这种义利观一直被中国古代知识者视为处世行事的箴规，并不断被强调被升华。宋代范仲淹将这种规范渗透到私人性的情感领域，张扬先天下、后个人的忧乐观，用以规范仕与非仕的全体知识者。因此，每到危急存亡的乱世，总是有一批血性的知识者挺身而出，“苟利国家生死以，岂因祸福趋避之”（林则徐），长歌当哭、慨当以慷。

中国知识者这种以家国自任的政治身份先天地植入了现代中国知识分子的文化血脉，我们从“灵台无计逃神矢，风雨如磐暗故园。寄意寒星荃不察，我以我血荐轩辕”自题诗中能够感觉到悲壮中的青年鲁迅的精神依凭。冯天瑜为《百年忧患》一书作序，在论述现代中国知识分子社会特性时认为,中国的知识分子是现代社会和全新世界背景的产物,然而,“知识分子虽脱下了士大夫的长袍,但在精神上却承袭着士大夫的某些传统特质”。“中国的社会阶层序列一直是‘士农工商’,与商人陪于末座相反,士人历来居四民之首,他们不仅自视国家栋梁,也被社会认作人中精英。”“在认知层面,士人以‘求道’、‘闻道’、‘弘道’为最高旨趣,以先知觉后知、先觉觉后觉为使命;在政治层面,士人以‘平治天下’为目标……”文章指出,社会现代化包括“社会重建”与“文化重建”两项主要内容,新生的中产阶级与知识分子应分别承担这两项任务,但“由于内外条件的制约,中国的中产阶级底蕴不足,这不仅表现在经济上和政治上对帝国主义和国内宗法——专制势力的依附屈从,而且,中国历来缺乏市民政治独立、文化自主的传统,因而在精神上患有先天软骨病,既无力量、也无胆略担当起社会重建的使命,于是,这一日渐紧迫的任务连同文化重建任务,一并落到同样发育并不充分的知识分子肩上”。[①] 然而身负双重任务的近现代知识分子面对的却又是中华民族历史上前所未有的危局,其人生历程由此显得愈发地激越悲壮。这种经历颇与马克思在描述欧洲资产阶级最初崛起时表现出的那种奋不顾身的战斗精神相似。马克思说,资产阶级社会的斗士们“找到了为了要把自己的热情保持在伟大历史悲剧的高度上所必需的理想、艺术形式和幻想”[②]。中国近现代知识分子为了承担他们其实难以一身兼任的双重任务不得不把自己的思想与感情调动至悲剧的高度。知识分子虽然从事的职业不同,但专注于民族危亡与国家的前途是艰难时世中的共性,因而也极大地影响了从事新文学运动的一帮文化人。鲁迅嘲笑“新月派”回避现实的审美取向是拔着自己的头发想脱离这个赖以生存的地球;茅盾的《社会背景与创作》强调新文学应“乱世”之运而生,强调文学应当表达“怨以怒”的政治情绪,以体现“文学家能够尽的职务”[③]。在《我怎么做起小说来》

---

① 冯天瑜:《百年忧患·序》,上海:东方出版中心,1997 年。
② 《马克思恩格斯选集》第 1 卷,北京:人民出版社,1972 年,第 604 页。
③ 《文学旬刊》第 37 期,1922 年 5 月 11 日。

的文章中,鲁迅说:“谈到为什么做小说罢,我仍抱着十多年前的‘启蒙主义’,以为必须是为人生,而且要改良这人生……所以我的取材,多采自病态社会不幸的人们,意思是揭出病苦,引起疗救的注意。”[①]

四

美国学者麦金尔太有一部论述人类道德演变的专著,其中关于道德发展的绵延性的观点对于我们理解五四新文化运动与传统文化的关系颇多启发。麦金尔太说:“个人生活就是传统的一部分”,个人生活是“被引导在那些传统所限定的范围内的”。他批评现代主义轻率地否定传统文化的态度,认为离开了文化传统也便失去了认识发展与思想进化的基点。麦氏指出:“传统的一种适当意义是在对将来的那些可能性的把握中表明的,这种可能性就是说,过去已使现在的出现有其可能,活着的传统,恰恰因为它们继续着一个未完的叙述而面对一个未来,而就这个未来具有的任何确定的可确定的特征而言,它来自于过去。”[②]因此,尽管五四新文化运动的代表人物标举与旧文化决裂的旗帜,但他们及他们所倡导的新文化的出现归根到底仍然是传统的一个新的发展。

在麦金尔太阐释人的行为的叙述语言中有一个名为“环境”的关键词,麦金太尔指出:“一种环境有一个历史,而个人行为者的历史不仅是,而且应当是置于这个历史中的,因为没有环境和环境在时间中的变化,个人行为者的历史和他在时间中的变化就是不可理解的。”特别值得重视的是,在麦氏的学术视野中,环境被赋予复杂的意涵,“同一个行为可能不止属于一个环境”[③],因而不能对历史事件进行线性的单一性的归结。黄宗智《悖论社会与现代传统》一文对中国近代社

---

① 《鲁迅全集》第4卷,北京:人民文学出版社,1981年,第512页。

② 麦金尔太:《德性之后》,龚群、戴扬毅译,北京:中国社会科学出版社,1995年,第281、260页。

③ 同上。

会在西方经济文化的全面渗透过程中的各种悖论现象的分析印证了麦氏的上述论断。黄宗智认为,近代中国在西方的侵略之下,西方的影响与本土的文明其实是长期并存的[①]。五四为中国新文化运动的先驱者们提供的是多种文化力量交叉扭结的复杂环境,一方面,西学东渐,西方给中国人提供了一个全新的文化发展的样本,它大力倡导的民主与科学的价值取向对中国的知识分子具有很大的吸引力。经过半个多世纪的磨合,即使是骨子里仍对西方文化持排拒心态的人也已经变换了口气,转而以怎样学、学什么来规范这股世纪之交的西学浪潮,以减轻其对"国学"的冲击力。另一方面,列强欺凌、亡国灭种的现实危险极大地激发了中国知识者以天下苍生为指归的爱国情愫,民族文化本有的力量也由此得到了相应的调动,低估中国文化在民族心理中的深厚积淀,认为新文化的创造会脱离这个现实的观点都与事实相去甚远。五四新文化运动的领袖人物正是在这样一个独特的历史平台上进行充满激情的表演。

其实除了历史环境的复杂性外,传统本身也是一个复杂的存在。张灏《晚清思想发展试论——几个基本论点的提出与检讨》认为,在"西方的冲击"这一思维架构中,"很容易把冲击的对象——传统,联想成一种没有生命的、被动的、静态的构造",在这种联想的支配之下,"传统不是被简化为农业社会的意识型态,就是统治阶级的意识形态;不是士绅阶级的意识型态,就是专制政体的意识型态。而文化传统的最大特征——复杂性和发展性,自然就被忽略了"。[②] 由忽略而否定,五四造成文化断裂的观点遂成为权威的结论。

在西方学者中,吉登斯是对文化发展存在裂变持肯定态度的,在《现代性的后果》中,他试图解构社会有序进化的理论,否弃把历史看成是一个统一体的观点,即,不认为历史体现了某种组织与变革的统一性原则。但他申明,这并不是说世界万物都处于混乱之中,或是人

① 黄宗智:《悖论社会与现代传统》,《读书》2005 年第 1 期。

② 张灏:《晚清思想发展试论——几个基本论点的提出与检讨》,载《近代中国思想人物论·晚清思想》,台北:时报出版有限公司。

们能够任意书写完全特异的“历史”。他把马克思视为他的基本观点的支持者,不过他也还是承认,即使是那些强调断裂变革之重要性的理论,即马克思的理论,也把人类历史看做是有一个总的发展方向,并受着某种具有普遍性的动力原则所支配的过程。吉登斯对马克思相关立场的叙述是准确的。马克思确实在特定的场合论述过新旧社会的文化决裂,强调了新旧秩序、新旧文化、新旧道德之间的对立性质,但生成于历史唯物主义基础之上的社会发展连续性的观点决定了他不会无条件地认同历史发展存在大片空白的跳跃。我认为,将传统看做是一个动态过程,看做是不断生成、不断演变的过程才是科学的态度,而这种种关于传统的观点也日益得到学界的认同。甘阳的《传统、时间性与未来》阐述了他对传统的理解,他指出,以往的通常看法实际上多半是把“传统”与“过去”等同了起来。尤其是那些特别强调传统的重要性的论者,他们所说的“传统”无非是“过去”或过去的东西。把“传统”看成是“过去”的观念,实质上隐含着一个通常不易察觉的假定,亦即把“传统”或“文化传统”当成了一种“已经定型的东西”,当成了一种绝对的、固定化了的东西。也就是说,凡是“过去”没有的东西就不属于“传统”,“传统”成了像天上的月亮那样的万世不变的自然物体,而我们与传统的关系也就成了一种与固定不变的东西之间的关系①。

文章认为,对于传统的正确理解应当是将它看做流动于过去、现在、未来这整个时间性中的一种“过程”,而不是在过去就已经凝结成型的一种“实体”,因此,传统的真正落脚点恰是在“未来”而不是在“过去”,这就是说,传统是“尚未被规定的东西”,它永远在制作之中,创造之中,永远向“未来”展示其无穷的可能性。

我们应当充分认识“传统”的巨大张力,不能将其拘囿于一种僵死固定的“模式”或“结构”之中。确切地说,“传统”是在“过去”与“现在”的不断碰撞、冲突、对话、融合(新的同化旧的)中生成,融入新的

---

① 甘阳:《传统、时间性与未来》,《读书》1986 年第 2 期。

现实的创造中。传统之所以能够成为传统,正是因为它所承传的东西经过了历史的考验,得到了生活于不同历史时段中的人们的认可。正如甘阳文章所讲的,传统是一个历史概念,它是流贯于文化与思维时空中的存在。从这个意义上,我们可以说否定传统就是否定自己的历史。然而,正是在对传统的同一理解中,我们也找到了变革传统,发展传统的依据。传统既然是一个历史的概念,它就一定是一个历史沉淀物,历史不停止,这种沉淀过程也不会停止;历史不停止,它接受历史检验,接受人们筛选的过程也不会停止。这就是我们在传统问题上"革命与改良"的总的立场。从这个基本立场出发,我们可以推断出符合逻辑的两个价值取向:一是决不能随意地特别是不能简单地全盘否定传统,一是也决不能形而上学地固守一个不变的传统。这样的固守其实是固守不住的,如我们前面所讲的传统是一个动态的概念,是一个活的存在。

庄锡华(1953—),男,江苏苏州人,文学硕士,深圳大学文学院中文系教授,主要从事文学理论的教学与研究。

自由与文学

——萨特文学理论刍议

李　克

一、萨特哲学与文学理论

哲学是萨特文学理论的发源地，文学理论是萨特哲学的一个生长点，是其存在主义哲学在文学领域中的具体运用。不了解萨特哲学，就无法理清萨特文学理论的源头，无法把握其文学理论的基础。

萨特哲学的核心概念是自由，自由犹如一条红线，贯穿其哲学和文学理论。自由是萨特哲学的基本概念，也是萨特文学理论的基本概念。对于萨特，自由支撑起整个哲学和文学理论的大厦，自由与其哲学和文学理论的关系无论怎样强调都不过分。

萨特哲学对自由的理解来自于胡塞尔现象学的意向性学说，萨特成功地把胡塞尔对意识的描述转化为对人的存在阐释，在这个基础上，他创造性地把意识界定为虚无。萨特为什么要把意识界定为虚无，这个“虚无”的含义是什么，从中能够引申出哪些重要的结论呢？

人们通常把意识理解为存在，萨特哲学也把意识理解为存在，但这两种存在的含义截然不同。通常人们认为，意识作为存在，它是某种“物”，当然，意识与一般的存在物不同，这是人们反复强调的一个观点：不能把意识与一般的存在物等同视之，因为显而易见，意识与桌子这样的存在物有本质的不同,这一点人们看得很清楚。但萨特哲学认为,通常看法不论怎样强调意识与物的分别,强调它们之间有多么深刻的本质差异,在这种看法中,意识在本性上仍然属于物。换言之,通常的看法仍然把意识置于物的范畴中,强调意识与物的分别,本质上仍然是物与物之间的分别。萨特哲学认为,意识的本性不是物,而是虚无,意识之所以是意识,就是因为人们不能以任何方式将其界定为物。一旦把意识设定为物,意识就丧失其“轻盈”之身,就具有了某种重量,意识就“堕落”了。

英国哲学家洛克曾把意识比喻为一张“白板”,在他看来,意识中什么也没有,意识中的一切都来自外部世界。洛克的理解与萨特把意识界定为虚无有本质的不同:洛克虽然强调意识中的一切都来自经验世界,但他把意识设定为“白板”,这就已经把意识为物化了。萨特哲学认为,意识是存在,但这种存在既看不见其身影,也摸不着其躯体,既闻不到它的气味,也感受不到它的质量,因为意识作为存在不是物的存在。意识是虚无,意思是,意识不是实体性的存在。通常所说的物都是实体性的,所说的存在也是实体性的存在,但意识不是。一张桌子是实体性的存在,这张桌子与其存在“严丝合缝”,其中没有一丝的虚无,所以桌子的存在没有任何超越自身的能力,它不能超越自身指向它物,这种实体性的存在完全是惰性的。作为虚无的意识不同,意识的本性、意识的存在就是要超越自身指向它物,所以意识必定是对某物的意识,这就是意识的意向性。萨特认为,意识的意向性是意识存在的规律。

如果认定意识就是对某物的意识,那么,很显然,离开了物,意识单凭自身无法存在,意识必须指向物,它才能存在,意识始终是“及物”的。没有单纯、空洞、纯粹的意识,当说到意识,必定是对某物的意识。譬如,我们不能只说看,因为看一定是看到了什么,没有抽象的看,没有什么也不看的看,看与看到了什么是不可分的,它们是统一在一起的。通常认为,人们先是看,然后才看到了什么,看在前,看到了什么在后,它们在时间上有先后的分别。现象学认为这个分别是杜撰出来的,它是不真实的,因为看与看到了什么在时间上不可分,所谓看,就是让某物得到显现,物不会脱离了看自动显现,只能通过看得到揭示。由此可见,孤立的意识、不与物发生关系的意识是没有的,当说到意识的时候,意识已经指向物、已经介入物了。

意识总是介入的,没有不介入的意识,不与物发生关系,意识就无法存在。意识要介入,就必定与社会、与他人、与各种本质发生关系。萨特哲学认为,意识与本质的关系大致分为两种:一是本质先于意识,二是意识与本质发生关系,它不能被本质充实,而是要超越本质。萨特哲学认为,对于物而言,是本质先于存在,物的存在就是体现本质,物的存在永远无法逃脱本质的制约。对于人而言,是存在先于本质,这是萨特哲学对人的存在的重要规定。如果说人的存在特征是存在先于本质,这就意味着,没有任何一种本质,哪怕是最美好的本质,能够先于人的存在,能够制约人的存在,人的存在也不是为了体现任何一种本质的规定,由此人的存在才能是自由的,萨特哲学排除了任何本质先天主宰人的存在的可能,排除了人的存在就是为了体现任何本质的可能。但这不是说,人的存在不与本质发生关系,由于意识总是对某物的意识,所以人的存在必定会与本质发生关系。萨特哲学强调的是,意识必须介入物,但永远不会被物充实,人的存在永远不会被任何本质充实。也就是说,如果意识介入后被充实,它就成了物,这种堕落之物就不再是意识了。意识之所以在介入之后仍然是意识,关键在于,它在介入之后仍然能够保持自己是虚无。

为什么意识不会被充实,为什么意识在介入之后仍然能够保持自身是虚无?这是一个非常重要的问题。意识的本性是虚无,但这种虚无离不开介入,意识的虚无就是为了介入,所以对于意识,介入是其存在的根本前提。但问题是,意识一旦介入,就会与本质发生关系,意识一旦与本质发生关系,就面临着被充实的可能性。萨特哲学是这样解决这个问题的:意识指向物,这种指向就是所谓位置意识,在意识位置地指向对象的同时,也非位置地指向自身。请注意,这个非位置意识与位置意识不是两个不同的意识,不是发生在两个不同时间、不是前后相继的两个不同的意识行为，它们是同一个意识，发生在同一个时间。由于非位置意识扎根于人的存在，它永远处于变化中，始终处于虚无中，这保证了人的存在在本质化的威胁下可以时刻保持超越。没有任何本质能够先天地主宰人，人面对任何本质能够始终如一地保持自身的超越，这是人的存在是自由的根本原因。

不介入社会，没有任何"羁绊"缠身，表面看，这种独来独往似乎很自由，其实这种闲云野鹤式的悠然自得只是自由的假象，这种不承担责任的"逍遥自在"缺乏意义，实际上是一种"假解放"。人处于社会中，必定与他人发生联系，因此人必定"是"什么，人必然受到社会和他人的规定，人不可能无视这些规定，逃脱这些规定。但萨特哲学主张，人在"是什么"的同时又超越了这个"所是"，人不能固步自封地永远停留在这个"所是"上，甚至心安理得地成为这个所是。萨特哲学认为，人的存在使命是对任何"所是"人都有权利问一个为什么，都有权利对其虚无化，都有权利超越它，并且为此承担责任。因而在萨特哲学看来，人的存在特征不是"是其所是"，而是"是其所不是，不是其所是"。

意识指向物不是单纯地反映物，而是介入物，介入是行动的介入，世界是通过人的行动揭示出来的，人只能通过行动改变现实，开辟未来，人的自由最终落实在行动上，萨特哲学是自由的哲学，也是行动的哲学。行动的前提就是介入，通过介入，面向现实，才有选择，才有行动，才能展现人的自由。介入、选择、行动、责任构成了萨特哲学自由观念的要义，它们是萨特哲学的灵魂，也是萨特文学理论的基本精神。

二、介入与行动

萨特文学理论旗帜鲜明地主张介入，介入的概念首先意味着行动，介入总是行动的介入，介入首先要预设行动，如果没有行动，就谈不上介入。此外，介入总是对现实的介入，介入的对象是现实（社会与他人）。"行动"和"现实"是介入这一概念两个不可缺少的基本要素。

将介入这一概念引入艺术，就意味着把艺术变成行动，用艺术介入现实，改变现实。在萨特看来，艺术不是宁静纯洁的审美王国，不是茶余饭后的消遣，艺术是改变现实的行动，是人们实现期望和目的的行动，因而艺术直接或潜在地具有政治和功利的色彩。萨特对小说艺术的这一判断，遭到了许多人的反对。如法国小说家玛格丽特·杜拉斯认为她的创作是所谓"绝对的极端体验"，而不是要积极地参与改变世界，她还据此断定萨特根本不是作家。[①] 还有人质疑萨特，对于诗歌、绘画和音乐，"莫非你要它们也介入?"[②]传统观点认为，艺术塑造形象，表达情感，反映现实，但艺术本身不是行动，艺术的特征是审美，是超功利的。把介入的概念引入艺术无异于扼杀艺术，只能导致苏联的社会主义现实主义。持这种观点的人认为，介入对艺术家有百害而无一利，艺术家"介入得越深，其艺术就越坏"。

面对指责，萨特抱怨："人们读得太快，囫囵吞枣，还未弄懂就做出了判断。"他认为这些批评无的放矢，既无根据，也无道理。

萨特首先表明，对于绘画、雕塑和音乐应另当别论，它们"至少不以同样的方式介入"。因为对艺术家，颜色和声音表达意义，这个意义内在地溶解在艺术家创造的"物"中。萨特问道："谁能够把苹果的绿色从它带酸味的快乐中分解出来呢?"苹果是画家创造的"物"，它内在地蕴涵着意义——快乐！对于艺术家，快乐必须溶解在苹果的绿色和酸味中，舍此之外，别无他途。

萨特做了一个比较：通常人们认为，我看到一幅白玫瑰的画，感受到它表现了忠贞不渝，萨特认为这种看法是典型的"非艺术"的。如果我关注的是某种抽象品质，目光不再停留在白玫瑰的具体形态上，而是穿过它，最终落在"忠贞不渝"上，那么，白玫瑰的作用就类似于符号，它指向自身之外的抽象品质，观者得鱼忘筌，必然忽略白玫瑰的形

---

① 参见万晓艳译，Martin Crowley：《玛格丽特·杜拉斯——永远的文学情人》，大连：大连理工大学出版社，2008 年，第 44 页。

② 引文见《什么是文学》，参见《萨特文学论文集》，合肥：安徽文艺出版社，1998 年，以下引文不再注明。

态。萨特指出,在艺术中,观众流连忘返于物——声音和色彩,不能把“物”视为符号,作为过渡,撇开它去关注超越自身的别的东西。在艺术中,物本身浸透了意义,“苹果”不是表达了意义,它的存在本身就是意义。

艺术家创造的不是符号,画家笔下的苹果本身就是物化了的快乐。当快乐消失在苹果中变成物,物也变成了不明确的、朦胧的快乐。同样,一个痛苦的喊声不是艺术,它只是一个符号,它指向我的痛苦。但一首痛苦的歌曲不是指向痛苦,而是在音调中表现了痛苦,音调承载了痛苦,痛苦成为其存在的生命。艺术家不能直接画出意义,他只能停留在想象性的物上。有鉴于此,要求艺术家直接介入现实就是荒谬的!物不是现实,而是意义本身,艺术家不能超越物、舍弃物而直接介入到意义和现实中去。

萨特指出,文学家与艺术家不同,文学家是直接与意义打交道的,但文学家中有诗人、小说家和戏剧家,他们都使用语言,在这一点上他们是相同的。但萨特强调,诗人与小说家和戏剧家使用文字的方式很不相同。诗人不是运用文字,而是为文字服务,诗人把语词视为“物”,而不是符号。通常人们认为语言只是符号,是达到目的的工具,一旦目的实现,工具就被抛在一边,工具本身并不具有独立价值。萨特认为,诗人他流连于语言,犹如画家流连于色彩,音乐家流连于音符。诗人必须把意义浇铸在词里,意义被词的音响和外观吸收了,变厚、变质,成为物。因此,在诗人那里,“佛罗伦萨”既是城市的名称,同时又是花和女人,这是诗人对待语言的特殊方式。如果“佛罗伦萨”只是一个符号,仅仅是一个城市的名称,语言仅仅是作为工具指向自身之外的另一个“东西”,这是散文家对于语言的运用,而不是诗人对待语言的态度。

语言和句子对诗人具有“调性和滋味”,诗人必须关注它们,并将其推向极致。诗人关注语言的意义,但更关注语言的能指(外观和音响),他必须把意义渗透进语言的能指,因而在创作中,诗人需要品味语言,把玩语言,语言的能指对于诗人具有极大的诱惑力和表现力。

萨特举例说,“啊,四季! 啊,城堡! 谁的灵魂没有缺陷?”这样的诗句不能当做工具性的符号来看待,以为诗人提出了询问,读者则受到了质询。萨特指出,这里谁也没有提问,也没有谁受到质询,诗也不是要表达“每一个灵魂都有缺陷”的意思,这些理解都是把诗当做工具性符号把握的结果。在萨特看来,诗表现的是一个“绝对的询问”,即诗人把一种询问性的存在赋予灵魂这个美丽的词,使询问变成了物,犹如画家把快乐变成绿色带酸味的苹果,把喜悦变成蓝色的大海,诗人邀请我们从灵魂这个美丽的词去观赏询问。诗人必须把感情浇铸在诗篇里,用词语攫住感情,让词语浸透感情,使词语变成物。因此,要求诗人离开语言,直接介入现实,在萨特看来,“委实愚不可及”。

与诗歌不同,“散文在本质上是功利性的”,小说家和戏剧家不同于诗人,萨特把他们定义为“使用词语”的人。语言对小说家不是物,而是物的名称,词本身不是客体,而是指向自身之外的客体。小说家的职能不是像诗人那样表现词本身,词的和谐、句子的平衡对他是“附加”的,小说家使用语言是要指向世界,揭示世界,目的是要改变世界,因而“得鱼忘筌”对小说家是再恰当不过的了。语言对小说家犹如阳光透过玻璃,读者的目光穿过词指向词之外的现实。如果读者在小说中停留在语词上,只关心获取语言能指的审美乐趣,他只是审视词语本身的韵调与和谐,而忽略了词语指向的外部世界,他就没有领会小说的真谛。小说家不同于诗人在于,他是一个直接面向现实的人,是通过语言直接与现实打交道的人,因而对小说家,提出介入不仅是合理的,而且是必要的。按萨特的看法,无论作家是否喜欢、是否承认,在其时代的历史和政治时刻,他都是被卷入的,都具有倾向性。在1848年的革命中,不论巴尔扎克多么无动于衷,他也牵连其中。正如在巴黎公社期间福楼拜的表现一样。①

小说家使用的语言直接触及现实,而且必然触及现实,由此语言

---

① Christina Howells, *Sartre's Theory of Literature*, London: The Modern Humanities Research Association, 1979, p. 14.

构成“行动的某一瞬间”。萨特认为,不能离开行动去理解小说家的语言。一当把语言理解为工具,其目的就是触动现实,搅动现实,促使现实发生变化,因而对于小说家,语言自然被纳入行动的范畴。在萨特看来,不想行动,不想触及和改变现实,就不会使用语言。一当人们有所行动,一当人们想改变现实,第一个使用的工具就是语言。对于小说家,写作不是随意说,随意去表达,不是对脑子中偶然泛起的念头的诉说,而是对那些值得说、值得表达,以及对那些在作者看来是有价值的东西的表现。这些“值得”和“价值”意味着小说家对所要表达的东西必须有所判断和选择,它们一定会体现意图和目的,意味着他说出来的东西不仅会触及现实,而且他力图用所选择、所表达的东西去冲击和改变现实。作品指向现实,但作品提供的是有“差异”的现实,这正是表现的意义所在,实际上作品用语言构筑的世界就构成了对现实世界的冲击,文学的存在就是力图改变现实,文学存在本身就意味着改变现实的行动。

萨特不同意“纯文体学家”的观点,他们认为语言像一阵轻风掠过事物的表面,轻轻拂动事物而不改变它们,认为说话是与世无争的静观行为,使用语言的人充其量只是处于旁观地位的“证人”。萨特反对这种对小说语言的肤浅理解,他认为,“说话就是行动”,任何东西,一旦被人叫出,它就不再是原来的东西了,就丧失了其“无邪”性质,这就是行动,就是改变。譬如,一根“木棍”,称其为指挥棒,这不仅是单纯的命名,而且是行动。通过命名,意识指向对象,已经划分和确定了对象的功能,即指挥。如果称其为警棍,或擀面杖,其功能和用法就改变了。说出名称,就界定了事物性质,确定了其功能,说话(语言)就是定义和改变事物的行动。小说家在作品中展现一种情境,就是深入到事物的核心,把它固定在众目睽睽之下,刺穿它,揭露它。文学语言不可能“中性”地去描绘世界,小说家的任务不是客观地使用语言,而是要用语言塑造另一个世界,要激发读者改变现实世界的欲望,他通过展现世界,要达到这样的效果:没有人能说作品与自己的存在无关。这就是说,面对作品展现的世界,读者不是外在于它,与其构成单纯的认识关系，而是置身其中，与其构成“利害”关系。对于小说家，一旦把语言视为行动，读者就只能通过行动来领会作品展现的世界。

萨特指出，小说对象的“存在密度”并非来自于对它描述的次数和长度，而是来自于它与人物联系的复杂性。这就是说，在小说中，对象的价值不取决于对它的静态描述，这种外在静观式的描述再多也无法增加它的意义。对象的价值在于它交织于人的复杂关系中，人为实现目的而不断摆弄它，它纠缠在人的存在中，其真实性才能表现出来。要使物具有最大的存在密度，就要把它置于人们的行动中，人们越想改变它，就越关注它，越离不开它，越对它感兴趣，越与其构成复杂关系，如此对象才越生动，越对人们具有吸引力。

介入就是行动，就是用行动改变现实。在萨特看来，语言对现实的展现就是揭露，这种揭露本身就是行动，就是改变。因此，人们向小说家提出这样的问题就是题中应有之义：你为什么要揭露世界？你打算揭露世界的哪一面？为什么你在写作中要谈论和改变的是这一点而不是那一点？你想通过揭露带给世界什么变化？为什么你要把揭露当做自己的事业？小说家必然要面对这些问题，当说到小说家时，就蕴含着介入和行动，蕴含着对现实的揭露和改变。

语言是工具，是行动，它指向现实，改变现实，这就是介入的原则。小说家是一个对现实发生兴趣、力图改变现实的人，是一个激发读者的想象和热情来促使现实发生变化的人，在这个意义上，没有一个小说家不介入，当说到小说家，就意味着介入，说小说家不介入，这是自相矛盾，等于彻底否定了小说家的存在。当然，每一个作家都在介入，但并不是所有人都能充分领会这一点。经常看到的是，许多作家寻求逃避，特别是通过“审美的宁静”画地为牢，以为逃避介入才是小说家的正途。萨特认为，这些作家缺乏介入的自觉，自以为是地生活在自欺中。一个真正的作家应该以最清晰、最完整的方式向读者展示自己“卷”进去了，作家必须为自己、也为他人“把介入从自发、直接的阶段推向反思阶段”。即作家必须清晰地意识到，无论如何，不管采用哪种方式，他都是一个“介入作家”，小说家的概念已经内在地蕴含着介入，蕴含着用行动改变现实。

三、世界与审美客体

通常人们认为,世界是客观的,它现成地出现于眼前,人们的任务就是去认识它、把握它。这种看法就是胡塞尔所谓“自然的观点”,它符合常识,但从现象学立场看却是问题多多。

萨特哲学认为,先于意识存在的不是世界,而是“自在的存在”。世界由物组成,自在的存在也是“物”,但二者有本质的不同,它们在性质上截然有别。萨特认为,世界的存在不是“天然”的,它是通过人的存在和行动揭示出来的,是意识对自在存在虚无化的结果。他举例说,构成我眼前的这片风景,显然不是我创造的,但是没有我,树木、绿叶、土地、芳草等在我眼前建立的关系也无法存在。唯心主义认为,这处风景是意识的创造,这是赤裸裸的胡说八道,因为构成风景的树木、绿叶等意识无法创造。唯物主义认为,风景是客观、现成的存在,萨特认为,这是把“物”与世界不加区别、随意混淆的结果。树木、绿叶、芳草和土地这些物(自在的存在)绝不可能自动构成我眼前的这片风景。使它们结合为一体,在它们之间安置种种关系,组成我眼中的这片风景,只能依赖于我的意识,依赖于我的存在。如果我对它弃之不顾,“它就失去了见证者,停滞在永恒的默默无闻状态中”。没有意识的揭示,“树木”、“天空”(自在的存在)根本无法自在地成为我眼中的“风景”。在这一意义上,萨特指出,“人是万物借以显示自己的手段”,世界通过人的存在、准确地说,是通过人的自由揭示出来的。只有通过人的存在,世界才显现出来,没有人的存在,没有人的自由,世界就只能被还原到自在的存在,即《恶心》中洛根丁所说的“赤裸裸的大自然”。

同样,作家创造的文本不可能自动成为文学客体,文本要转化为审美对象,必须通过读者的自由揭示。萨特非常形象地说:鞋匠可以穿自己制造的鞋,建筑师可以住在自己建造的房子里,但是作家却不能阅读自己的作品,或者说,作家不能为自己创作作品,他为自己创作的作品无法转化为审美的对象。为什么呢?因为作品中的一切来自于作者,作品只是作家主观性的延伸和表现,他太了解、太熟悉自己的作品了,作家在自己的作品中遇到的只是他的主观性,他可以尽其可能,走到这个主观性的边缘,但永远不能超越这个主观性,这使作家创造的作品对他本人而言不具有客观性,不能成为审美客体。也就是说,对于作家,他已经与自己的作品保持“一致”,他无法摆脱、消除这种一致,这决定了他的阅读不能唤起任何期待,他的存在与作品的存在之间没有丝毫的虚无,他充实了自己的作品,作品也充实了他。作者阅读自己的作品,就是“回归”自身,一旦作者只能在作品中遇见自己,这就消除了自由。人们常说,阅读是一个预测和期待的过程,只有当作品扎根虚无中,阅读才有期待,阅读才是自由的。因而,作者不能为自己创作,创作蕴涵和要求一个他者,创作是为他人而不是为自己的。作品要成为一个审美客体,必须设定读者,只有面向他人,作品才能获得真实的存在。

作者只能阅读别人的东西,阅读对他而言具有客观性的作品。当作者与自己的作品有了一段“距离”,作品对他具有了某种“陌生性”,如作家老年时阅读自己年轻时的作品,作品对他才可能获得客体属性。在萨特看来,作者在创作完成之际看自己的作品只有一个目的,那是检查书写和表达的错误,以便改正。在这一过程中,他既没有期待,也没有想象,他在作品中遇到的只能是他自己的情感和意志。萨特指出,“没有为自己写作这一回事”。只有在别人那里,只有通过别人,作品才成为客体,它才拥有真正的生命力。只有为了别人,通过别人,才有艺术。其实这样一个命题已经蕴含在现象学意向性学说中:既然意识是对某物的意识,意识就要超越自身,介入到一个异于自身的对象中,如此意识才能存在。同样,对于文学创作而言,作者的自由不是封闭于自身的主观性之内,它必须通过读者的揭示。创作内在地设定了读者,作品要求读者的积极介入,它才能转化为审美客体。

文学作品作为审美客体必须扎根于自由,否定自由、与自由无涉的对象不能成为审美客体。文学的自由既不是作者个人主观性的表现,也不是作品先天具有的客观属性,无论是作者还是作品,自由都需要读者的揭示和证实,需要从读者那里得到积极的回应。作者和作品不能蜷缩在自身之内,必须设定读者、召唤读者,这是文学得以成立的根本前提。

审美客体与物质客体不同,由于它扎根于虚无中,对读者总是呈现着可能性。随着阅读深入,未来在被确立的同时,又无限地推延下去。文学作品中的一切都不是冻结凝固的,它没有僵固的边界,其客体性与读者的期望和想象是相互呼应的,随着读者的创造力而无限延伸。也就是说,文学客体不是现成的,其存在不是“自在”的,它必须依赖读者虚无化的揭示,作品自身不会“先天地”成为审美的客体。

萨特反对这样理解作品:经过创作,意义已经包含在字句中,作品已经完成了,作品成为现成、封闭、圆满、充实的客体,读者在阅读中只是把隐藏于作品内的意义原封不动地“提取”出来,读者的能动性只是表现在尽其可能地把握作者在作品中表现的创作意图。萨特认为,文学作品的存在从来不是在语言里被现成地给予的。一本书有许多个词,它们被逐个念过去,意义绝不可能从中自动浮现,自动生成,自动显现,自动完成。作品是沉默的,其风格、主题、意义等,都不可能由作品自身现成地提供,而必须由读者去发现和揭示。当然,读者不可能凭空发现意义,作品会提供某种路径,但严格说来,这些路径本身也不是现成的。文学客体需要靠读者的介入才能建立,作者必须委托读者来完成他的创作,文学作品的存在实际上就是一项召唤:召唤读者把作者借助语言的创造转化为审美对象,人们永远无法在作者创造的文本中找到现成的审美对象。萨特强调,读者在作品那里遇到的就是为产生审美对象而发出的呼吁,作者创造的文本本身没有独立自足性,它只是读者虚无化的对象。经过虚无化,经过读者的积极介入,作者创作的文本才能转化为审美客体。

四、文学与自由

文学作品向读者发出召唤,是向读者的理智、情感发出召唤,还是向读者的道德和人格发出召唤?萨特认为,是向读者的自由发出召唤,这是萨特文学理论最具特色的主张。

一件工具可以作为手段为我的自由服务,如我用锤子来钉木箱,锤子可以帮助我实现目的。尽管锤子可以为我的自由服务,但作为工具,显而易见,它不会对我的自由发出召唤,它只构成我实现目的的手段,一旦目的实现,它就被丢在一边,从我的眼中消失了。在这一意义上,文学作品的存在与一个实体的存在完全不同。

一个实体的存在没有一丝的虚无,文学创作和作品的存在必须扎根于虚无中。譬如,在创作中作者可能满怀激情,甚至在冲动下一挥而就。但萨特强调,即便创作中带有激情的冲动,作者也不能受情感的支配和操控,因为不论激情和理性,都不能剥夺作者的自由。文学创作不是作者受到某种力量控制的证明,不是作者陷入某种情感状态不能自拔的表现,而是其自由的体现。激情不仅是创作的动力,还是创作观照的对象。当作者观照对象,前提是他不是对象,他已经从对象的控制下挣脱出来。若他是对象,被对象充实,他就不可能观照它。换言之,在创作中作者能够位置地把握对象,前提是他非位置地意识到自己是自由的,只有这个非位置的自由,才能使作者把对象置于眼前,而且不被其充实。因此,"我愤怒"与"我表现愤怒"是截然不同的,前者是在愤怒的支配下,我被愤怒情感充实,被其主宰,这使我处于不自由中。直到我砸碎了手中的茶杯,或者猛烈击打桌子,才能使我心中的愤恨宣泄出来,我才能从愤怒中解脱出来。在愤怒控制下,我无法创作,因为我处于不自由中。一旦我进入了创作,我就摆脱了控制。在创作中,作者与愤怒的关系是:他离不开愤怒,但又摆脱了愤怒的控制,他深入到愤怒风暴的核心,但入乎其中,又要出乎其外。他不仅感受到了强烈的愤怒,更重要的是,他把愤怒当做观照对象,创作实际上是在体验愤怒中品评愤怒，作者在感受愤怒时又在提炼、加工、玩味、表现愤怒，创作需要把愤怒提升到一个新的层次，需要把愤怒升华为一个具有魅力的表现对象。创作不是宣泄感情，而是表现感情，这个表现才能证明作者处于自由中。因此，作者必须在意识到愤怒的时候超越愤怒，他不能简单地停留在愤怒上，更不能被愤怒充实，他始终是自由的，这是文学表现的真谛。

当人们与作品构成目的—手段关系，作品就总是被当成可以利用的东西，它要么阻碍我，要么被我所用。面对文学作品，只有当读者摆脱了各种强制，处于自由中，他才能与作品建立审美关系。上文指出，当读者位置地指向作品，他必定非位置地意识到自己的自由。读者在把握作品的这一刻，虽然其自由并未成为关注的焦点，但这并不意味着读者完全没有意识到这个自由，或者这个自由根本不存在，或者它只在读者的潜意识中存在。萨特断定读者在把握作品时是处于自由中，只是在这一刻这个自由未成为读者的位置意识，它处在非位置意识的层面上。正是由于读者非位置地意识到他的阅读活动是审美世界存在的根源，才保证了他在位置地关注作品时得到审美享受。这个非位置的一面成为审美意识“安全感”的保证，它给审美情感打上“至高无上的静穆标记”。

康德曾经指出，艺术作品超越了任何概念，但又符合欣赏的目的，它无目的但又符合目的性，艺术作品的存在是以无目的的方式符合了目的。萨特不同意这种看法，他认为不能把艺术作品看成与人的存在相符合的，因为阅读不仅是对当下世界井然有序的理解和承认，还是对它的打破和超越。此外，康德的看法中蕴含着这样的假定：艺术作品事实上已经存在，然后才被看到，艺术作品在抛开了读者的前提下已经自足地存在着。在萨特看来，如果艺术作品可以抛开读者自足封闭地存在，它就不可能是对读者自由的召唤。艺术作品如果是充实的、自身圆满的，它就只能被当做工具来使用。一旦人们与文学作品建立外在的关系，文学作品就只能成为人们实现其各种各样目的的工具。在萨特看来，“康德或多或少地把艺术作品视为一个受限的客体，它提供给观众的自由想象,但不包含任何创造的方式”。①

文学作品不是读者实现目的的手段,它不能作为工具为读者的自由服务,它是作为目的提供给读者的。锤子是凝固、封闭的实体,而文学作品则扎根在虚无中,逃脱了本质化,它是作者自由的表现,要求人们必须以自由来面对它。作者自由地进行创造,相应地通过其作品呼唤的是一颗自由的心灵,自由与自由才能“息息相通”。人们不能通过赞美极权和奴役达到自由,一个处于麻木状态的心灵也不能理解自由。萨特说:“作者作为自由人诉诸另一些人自由,他只有一个题材:自由。”作者是自由的,他在创作中呼唤读者的自由,在文学运动的流程中,连接作者、作品和读者的三个环节的只能是自由,自由不仅支撑着三个环节,而且贯穿其中。对一个铁匠,法西斯主义损害他的生活,但不一定损害他的职业,因为即便在不自由的情况下,铁匠的职业仍可存在。在专制主义的环境下,铁匠作为一种职业不会消失。萨特认为,法西斯主义既可能影响一个作者的生活,更会影响他的职业。在不自由的情况下人们可能依然有钱,但无法进行创作,它严重威胁到了作者的职业。因为创作与自由相通,创作客观上包含着、呼唤着读者的自由,作家不能为奴隶创作,不能为专制创作,创作本身就是自由的体现,而且它向读者的自由发出呼吁。

把作品看成是已经完成的、静止的东西,它无待任何力量的触碰,拒绝任何变化,它与读者的关系只能是:它在无任何变化的前提下使读者发生变化,它只是按照自己的意愿去支配和充实读者,作品就变成了剥夺读者自由的东西。萨特认为,文学作品必须呈现为永恒的开放结构,只有这个开放结构才能对读者的自由发出召唤,才能把读者视为纯粹的创造力量。人们常常以为,作品应当影响读者,作者对这些影响不仅可以预见,还可以对其效果加以控制,并且这种控制屡试不爽。萨特不同意这种看法,在他看来,读者如果只是被动地受到作

① Chrirtina Howells, *Sartre's Theory of Literature*, London: The Morden Humanities Research Association, 1979, p. 22.

品影响,其自由就是“异化”的。在被动影响的激情状态中,读者只是受到作者摆布,他以进入或停留在某种激情状态为目的,被操控而不能自拔,作品变成了“维持仇恨或欲望的一种手段”。因此,与通常的看法截然相反,萨特认为,“作者不应当寻求去打动人,否则就与他自己发生矛盾”。一旦作者要去打动人,他就要寻求各种方法去支配人,这就会把人当做达到目的的手段,读者就成为被操弄的对象。

通常人们以为,面对艺术作品,要么我被动地相信它是真实的,要么我一点也不相信它。我相信它是因为我被征服,我“缴械投降”,失去了自由,我对作品佩服得五体投地。而处于自由中,我就不相信它,一旦我能够把持住自己,我就开始抗拒对方对我的“支配”和“干扰”。萨特认为这种情形是荒谬的,实际状况是:我被感动是由于我毅然决然把自己置于被感动地位,是我心甘情愿地去相信,读者通过想象等情感进入的梦境只是其自由的“个别转调形式”,这些审美情感非但没有吞没或掩盖他的自由,它们是他的自由为向自身显现而选择的个别形式。面对艺术作品,“并非它的行为引起我的愤怒和敬意,相反,是我的敬意和愤怒赋予行为以坚定性和客观性”。也就是说,不是审美对象强迫我感动,不是面对它,我束手无策,被动“就擒”,不得已而被感动,而是面对它我的自由使我感动,感动根源于读者的自由。作品客观上具有对读者自由的“纯粹召唤性质”,作品对读者自由的召唤,萨特将其称为对读者的“必要礼貌”。

艺术总是与自由相关,阅读乃是作者与读者缔结的自由关系,作者通过显示自身的自由呼唤读者的自由。读者越是感到自己的自由,就越承认作者的自由,人们要求的越多,承诺别人的也越多。作品的世界是由作者和读者一起承担的,是由他们的自由合力支撑着。文学是“人们自由之间的一项协定”,自由是文学的根基,这是萨特对文学的基本判断。

五、自由作为规范

以自由作为规范,可以对文学创作、文学作品的一系列问题做出判断。

老庄哲学也追求自由,这个自由是指,由于官场腐败,仕途险恶,人们厌倦尘世功名利禄,转而回归自然。老庄式的自由主张介入,但对介入的对象有明确选择:黑暗凶险的现实是回避的对象,纯净美好的自然才是介入向往的对象。所谓逍遥游,指的是寄情山水,在恬静的自然风光中滋养情趣,在大自然的怀抱中彰显理想。逍遥游的本质是,人在严酷的现实面前不可为,不能为,不敢为,不得已退求其次,在自然山水中寻求人生真谛。

萨特哲学主张自由,这个自由的前提是全方位的介入,重点是人与他人的关系。介入不回避任何对象,不做任何限制。在萨特看来,如果以保全性命作为标准,以权衡利害得失进行选择,这是对自由的严重阉割和亵渎。人的自由就是介入,越是严酷的现实,越能彰显自由。在风平浪静的和谐世道,人可能虚静恬淡,与世无争,但当德国法西斯打到家门口,暴徒肆无忌惮地残杀亲人,焚烧家园,人们还能熟视无睹、坐视不理吗?在这一严酷的现实面前,人们必须立即做出选择,付出行动,其自由会迫不及待地“迸发”出来。

首先,在老庄哲学自由精神感召下,以陶渊明、王维等人为代表,在创作上出现了一大批山水诗、田园诗、闲适诗。不可否认,它们也有批判的意味,但终归是从现实的隐退,是通过对自然的喜好间接地表达对现实的执著。萨特哲学认为,直接而全面的介入是自由的基本保障,介入不是浮光掠影地反映,而是力图用行动改变现实。萨特把介入看做是作者的事业,把文学语言视为改变现实的行动,创作就是用语言刺穿现实,作者的叙述和描绘就是激发读者改变现实的想象和欲望。对于萨特,作家是否介入,在多大程度上介入,是衡量自由的重要标尺。敢于直面现实,揭露黑暗,挑战权威,是坚守自由的基本前提,它构成了作者的基本素质。萨特哲学要求的介入与现代知识分子的精神理念完全一致,萨特曾说,一个核物理学家在从事本专业研究时,他不是知识分子,但当他在核不扩散协议上签名时他才是知识分子。面对困境,只有义不容辞,当仁不让,迎难而上,舍我其谁,成为社会良心的化身和正义的代表,才是真正的现代知识分子。可以说,介入是现代知识分子为自己赢得尊严的基本前提。

其次,在通常理解中,人们往往认为处于现实中是不自由的,必须付出代价,去争取自由。自由成为追求的理想,一旦获得自由,人们会感到满足和充实。这种看法与萨特哲学对自由的界定大相径庭。在萨特哲学看来,人的存在是自由的,自由内在地构成了人本身,自由无待外求,任何借助外在手段从他人或上帝那里得到自由,都只能适得其反,任何以外在方式对自身的充实,都是对自由的背离和剥夺。自由不是知足常乐,而是不断的超越。

传统看法认为,随着深入生活,对现实认识不断增加,作者会逐渐获得自由。自由不是扎根在作者的存在中,而是要从外部获取,这种看法必然导致把自由理解为外在的,把获得自由变为被充实的过程。此外,一当设定作者与现实构成外在的反映关系,作者在现实面前扮演观察者的角色,他就只能处于被动的地位。萨特认为,作者是自由的,他与现实构成的既是介入也是超越的关系。因此,现实不是外在地独立于作者,是其静观的对象,而是从他的存在中涌现出来。现实的作用不是填充作者,满足他的各种欲望,而是他揭示和超越的对象,现实彰显的是作者的自由。

对待现实如此,对待文学作品的态度也是如此:萨特反对把文学作品视为一个封闭、自足的实体。一个实体非但不可能向读者发出任何召唤,它会“理所当然”地拒绝一切介入。需要注意的是,萨特与后来的接受美学都看重读者的介入作用,但它们仍有重要区别:接受美学设定作品存在一系列空白,阅读就是读者用自己的人生经验填充作品,通过填充获得满足。萨特认为,读者介入的目的不是填充作品,也不是为了追求满足,而是激发和唤起自身的自由。如果阅读的结果就是得到充实,那么随着阅读深入,作品越来越趋向于成为一个实体,在这个不断被充实的作品面前,读者的自由空间越来越小,甚至渐渐消失。接受美学认为,作品永远存在着空白,读者的任务就是填充它,每填充一次,就满足一次,这个过程可以无限地进行下去。萨特认为,无论作者、读者还是作品,都扎根在虚无中,它们之间的唯一关系就是自由。这个自由不是充实和满足,而是与虚无自始至终纠缠在一起的超越,这个超越带来的不是满足,而是面向未来的焦虑。这就是说,读者阅读的结果不是被充实,停留在某种静止、凝固的状态中,而是激发他的思考和探寻,促使他向未来的超越。

第三,当萨特把人界定为自由的,这个自由首先表现为选择。需要注意的是,在萨特哲学看来,自由不是人根据什么标准和原则去选择,不是人通过选择得到了什么或成为了什么样的人,而仅仅是人在选择时不被任何外在和内在的东西所强制。通常人们认为,面对敌人的严刑拷打,大义凛然,宁死不屈,这是自由的表现。贪生怕死,苟且偷生,这是恶劣本性的表现。从萨特哲学看,人是没有"恶劣本性"的,人没有先天的本质,人的一切在于选择,选择做英雄,这是自由的表现,选择当叛徒,也是自由的表现。自由在萨特哲学那里不是一个纯粹的褒义词,严格地说,自由与你实际上选择什么无关,仅仅与你的选择、与你决定这样做有关。也就是说,自由与你成为英雄还是叛徒没有关系,因为它们都是选择的结果。自由仅仅与你采取这种决定、做出这种选择有关。自由指的是,没有任何人、任何强制力量能够左右你的决定,选择来自你自身。你是自由的,意指是你自己做出的选择,并且对它承担责任。

由于对自由的理解不同,人们对萨特在第二次世界大战(后简称"二战")后出版的长篇小说《自由之路》颇感迷惘,发出了种种指责。小说主人公马蒂厄与女友同居多年,致其怀孕,但是否与女友结婚,像大多数人那样过传统的婚姻生活,马蒂厄有过犹豫,甚至挣扎,但最终选择了不结婚。马蒂厄的朋友布吕内是共产党员,投身于轰轰烈烈的事业,看到马蒂厄浑浑噩噩,整天陷于琐事中,劝他放弃那份苍白可怜的自由,加入组织。马蒂厄受到诱惑,但最后还是决定不加入组织。马蒂厄的所作所为"标准"地体现了萨特哲学对自由的诠释,自由体现在选择上,体现在对自己的选择承担责任上。萨特把这部小说命名为"自由之路",完全符合他对自由的理解。但这与大多数法国人对自由的理解有相当距离:人们以为萨特表现的"自由之路"应与二战法国的抵抗运动有关,应与抗击纳粹、争取法国人的自由有关,没想到这部号称自由之路的小说只是一个围绕打胎引发的故事,描写了一系列琐屑无聊的纠纷,这让许多法国人迷惑不解。在许多读者看来,马蒂厄只关心自己,他的烦恼与法国的抵抗运动风马牛不相及,与法国人追求的自由更是南辕北辙。

自由只是选择的自由,"只有在这种情况下选择才是自由,即选择除了是其自身外,什么也不是"。[①] 自由是选择,自由与你实际上成为什么没有什么关系。这个"你实际上成为什么"非但不是自由,而是不自由。一旦成为什么,意味着已被充实,因而"成为什么"永远是超越的对象。萨特哲学看重的不是介入后成为什么,不是介入后能够得到什么,而是介入后能否继续进行选择,能否始终保持超越的能力。自由是向未来开放的无限可能性,这决定了选择不看重目的,甚至要悬置目的。从一方面看,自由首先要求介入,介入就意味着行动,意味着要去实现目的。但更重要的是,目的的实现不是指目的充实了人,人把实现目的当做"终点",而是人在实现了目的的同时又超越了目的,萨特哲学强调的自由始终与超越相关,自由就是在介入中的超越。

最后,艺术扎根自由,是对自由的信任,这个自由是虚无,而不是被充实。因此,坏小说不是描写了不道德的感情,也不是在现实中造成了不好的效果,而是扼杀了自由,充实读者。坏小说的标志是承颜候色,献媚取宠,阿其所好,揣合逢迎,为读者提供各种满足,把艺术变成了填补空虚的工具,变成了对人本质化的手段。好小说则是向读者

---

① Robert Denoon, *Cumming the Philosophy of Jent-Paul Sartre*, New York: Random House Inc, 1965, p.255.

的自由发出吁请,对读者的自由表示尊重和信任,期待他们用自由去揭示作品。

萨特对1952年诺贝尔文学奖获得者弗朗索瓦·莫利亚克的小说《黑暗的终止》做出了毫不留情的批评,他指出,作者想把女主人公描写成自由的,但令人失望的是,作者赋予女主人公一种"命运",它代表她性格中超自然的力量,支配着她的一举一动。在萨特看来,如果赋予人物某种"本性","厄运的统治便开始了"。自由拒绝任何本性,自由是对人的本性说"不",或者至少不说"是"。[①] 莫利亚克经常在小说中塞进一些对人物的定性评价,他之所以这样做,是因为他在创作前就已经把人物的本质锤炼定型了,"并且下令他们以后应当是这样或那样"。萨特强调,小说家不是上帝,但莫利亚克却采取了全知全能的做法,大量地、无情地向读者提供各种情况,这无异于在创作中把自己等同于上帝。上帝的目光穿透一切,上帝无需自由,因而上帝不可能成为艺术家。人的存在扎根于虚无,对于人才有自由,对于人才有艺术,上帝的全知全能与人的存在、与艺术的存在是冲突的。莫利亚克把自己等同于上帝,导致他实际上描写的不是人,而是把人塑造成了"物"。他先是把人塑造成一件东西,然后往里填充"厚实"的意识,莫利亚克把这部小说定性为一部关于自由的作品,在萨特眼中,它"恰恰是一个奴役的故事"。

以自由为标准,萨特对小说人物塑造、小说家角色定位、小说的时间概念、作者的叙述、人物语言的特征等一系列文学创作的具体问题,提出了明确要求。

李克(1958—),北京市人,文学硕士,深圳大学文学院中文系副教授,主要从事西方文学理论和西方文学的教学与研究。

① 引文见《弗朗索瓦·莫利亚克先生与自由》,参见《萨特文学论文集》,1998年。以下未注明引文皆来自此文。

海德格尔后期文艺思想的形而上学遗痕

王晓华

海德格尔后期艺术思想对中国学术界产生了巨大的影响。这种影响至今仍是单面的。我们考虑最多的是如何接受后期海德格尔的馈赠,绝少对之进行批判性反思。反思的缺位使接受者不能恰当地接受所接受之物,因此,任何前反思性的接受都意味着风险。如果海德格尔后期艺术思想存在某种欠缺,那么,对它的非反思性接受所蕴含的风险就会具体化为危险。对于后期海德格尔艺术思想可能存在的局限,法国学者马克·弗罗芒—默里斯曾做过如下暗示:"在其诗学中,海德格尔将思想引入了另外一个地方,那却不见得是思想原定要去的地方,不见得是摆脱了形而上学阴影的存在之地,它仅仅是隐喻之地。"[①]在这段小心翼翼的评论中,马克·弗罗芒—默里斯指出了两个可能性:(1)海德格尔并未摆脱形而上学的阴影;(2)他没有抵达思想应该抵达的地方。根据近年来对海德格尔后期艺术思想的解读,我认为马克·弗罗芒—默里斯所言不虚:后期海德格尔的确没有完全克服形而上学的致思惯性,由此而生成的是其艺术理论的内在悖论和局限。

后期海德格尔艺术思想不仅仅是个时间概念,而是其致思理路发生根本转折的产物。这个转折可以划分为两个阶段:(1)从以人(此

---

① 〔法〕马克·弗罗芒—默里斯:《海德格尔诗学》,冯尚译,上海:上海译文出版社,2005年,第7页。

在)为中心的生存论艺术观转向**存在**论艺术观时期;(2) 从**存在**论艺术观转向**大道**论艺术观时期。在第一个阶段,海德格尔虽然屡次批评传统形而上学固执于存在者(das seiende, the beings)而遗忘了**存在**(Sein, Being),但并未明确提出超越形而上学本身。相反,他将对**存在**之思理解为一种形而上学冲动:"'形而上学'这个名称的前缀'超'(meta)则表示:越过和超出某物,在这里就是,越过存在者?何往?答曰:向存在。"[①]到了1947年,他对形而上学的态度发生了重大变化,明确表示:"未来的思想将不再是哲学了,因为未来的思想比形而上学思得更原始些,而形而上学这个名称说的就是哲学。"[②]与此相应,他开始以**大道**论艺术观代替**存在**论艺术观,以走出形而上学的思想疆域。不过,恰如马克·弗罗芒—默里斯所暗示的那样,海德格尔即使在最想摆脱形而上学的时期,也未克服形而上学的思之惯性。本文将分析后期海德格尔在上述两个阶段的致思轨迹,敞开和反思后期海德格尔艺术思想的形而上学遗痕。

一、将艺术和美归结为存在(Sein, Being)的敞开:海德格尔后期艺术思想的第一个形而上学遗痕

在建构存在论艺术观时,海德格尔尚对形而上学怀有某种留恋态度。此间的他虽然谈到过形而上学的终结,但又断言"形而上学的终结只是形而上学以变化的方式'复活'的开始"。[③] 对于这个阶段的他来说,所谓"变化"和"复活",实际上就是将艺术思想的关键词由存在者(das seiende, the beings)置换为**存在**(Sein, Being)。在这种置换过程中,"越过和超出某物"的冲动仍然延续下来。与从柏拉图到尼采的形而上学家一样,他依旧企图寻找超越个体事物的根基。这种超越和

① 〔德〕马丁·海德格尔:《尼采》,上卷,孙周兴译,北京:商务印书馆,2003年,第468页。

② 〔德〕马丁·海德格尔:《路标》,孙周兴译,北京:商务印书馆,2001年,第429页。

③ 〔德〕马丁·海德格尔:《尼采》,下卷,孙周兴译,北京:商务印书馆,2003年,第832页。

超出具体存在物的思之冲动支配着他,使他最终将**存在**(Sein, Being)领受为脱离了具体存在者的力量。当他把艺术与美的根源归结为这种意义上的**存在**(Sein, Being)时,其艺术理论显现出明晰的形而上学遗痕。

《艺术作品的本源》是后期海德格尔艺术思想的奠基之作。此文根据他于1935—1936年间所作的5次同名演讲修订而成。在这个阶段,他尚不避讳自己运思过程中"越过和超出"具体物的形而上学倾向。追问艺术作品的本源就是这种意向的具体表现:"本源在此处意味着某物由之和根据之而是其所是和如期所是,某物如其所是的是,我们称之为本质。某物的本源就是其本质的源泉。有关艺术品本质的追问就是追问其本质性的源泉。"①在保持这种意向时,他尚无意走出形而上学的疆域。此阶段的他之所以谈论形而上学的终结,是因为他对传统形而上学怀有双重的不满:其一,传统形而上学固执于存在者整体而遗忘了**存在**(Sein, Being);其二,近代以来的形而上学走向了以人为中心的主体主义(subjectivism)。为了扭转上述倾向,他延续了早年对**存在**(Sein, Being)优先地位的强调,但舍弃了《存在与时间》从此在出发的思路,开始以**存在**(Sein, Being)代替人类主体的位置。在论述艺术家、艺术品、艺术的关系时,海德格尔力图颠倒以人为中心的艺术观:

> 根据通常的观点,艺术品产生于和依赖于艺术家的活动。但是艺术家缘何和为何成为艺术家呢?靠作品;因为说作品给作者以荣誉,意味着作品才使艺术家显现为艺术的主人。艺术家是作品的本源,作品是艺术家的本源。二者都离不开对方,也不能单靠自己支撑对方。无论如何,就其自身和相互关系而言,艺术家和艺术品都凭借先于它们的第三者而存在,这就是为艺术家和艺术品命名者——艺术。②

由此推论,以下三个命题就应该同时被认做正当的:艺术家是艺术和

---

① Martin Heidegger, *Basic Writings*, New York: Harper Collins Publishers, 1993, p. 143.
② Ibid.

艺术品的本源;艺术品是艺术和艺术家的本源;艺术是艺术家和艺术品的本源。假如艺术家、艺术品、艺术互为本源,那么,我们就应该探讨三者的互生关系,然而,海德格尔决意舍弃这种传统的思路,将艺术家暂时搁置起来,首先聚焦于艺术和艺术品的关系:"无论可以下怎样的决定,艺术品的本源就成了艺术的本性问题。"①艺术同时存在于艺术家和艺术品中,海德格尔却将艺术家悬搁起来,执意要在"艺术品中发现真正起支配作用的艺术本性",这在逻辑上无疑存在问题。海德格尔之所以甘冒此思之风险,是因为他要超越主体主义的艺术观念。经过如此这般的转折,思之焦点就由艺术家转向了艺术品。由于一切艺术品都具有物的特性,海德格尔又合乎逻辑地开始追问"物之存在"("物的物性"),展开了其后期艺术探索之旅中最有价值的思辨。在论述"物之存在"的过程中,他批评了几种流行的物的观念(物是特性的载体、物是感觉的复合、物是有形的质料),认为它们没有"说中物的物之元素,它的独立和自容(self-contained)品格"。② 不过,批评他人不等于自己走上了正确的道路,海德格尔此后对物性的思考同样偏离了物本身。问题就出在对大写的**存在**(Sein, Being)的迷恋上——他将物的物性与大写的**存在**联系起来:"我们应该转向存在者,根据它与**存在**的关系思考它,但同时又让它居于自己的本质中。"③物是存在者,存在者**存在**,因此,只有回到物与**存在**的关系,我们才能真正理解物的物性(物之存在)。**存在**是所有存在者的**存在**,物是存在者,因此,追问物的物性就是追问**存在**本身:"只有我们思考存在者的**存在**时,作品的作品性、器具的器具性、物的物性方会亲近我们。"④梵高的绘画之所以伟大,是因为它展示了物与**存在**的关系。在梵高的作品中,存在者——一双农鞋——进入了其**存在**的敞开状态。**存在**的敞开就是真理的发生。存在者在作品中敞开其**存在**(Sein, Being)的过程也就

---

① Martin Heidegger, *Basic Writings*, New York: Harper Collins Publishers, 1993, p. 144.

② Ibid., p. 150.

③ Ibid., p. 157.

④ Ibid., pp. 164—165.

是将其真理置入艺术品的过程中：

> 在艺术品中，存在者的真理将自身置入作品。“置入”在这里意味着“使站立”。其特征是存在者——如一双农鞋——进入作品，站于其**存在**的光亮中。存在者的**存在**进入到其光亮的稳定性中。①

接着，海德格尔下了个重要的定义：“艺术作品的本质因此是：存在者的真理将自身设入作品。”②将艺术作品的本性与真理联系起来，在海德格尔看来是个根本性的扭转：以往的艺术观念将艺术与美而非真理联系起来；真理和美分属于逻辑和美学的领域，似乎并不相关；现在，我们将艺术与真理联系起来，无疑扭转了艺术之思的方向。真理就是**存在**的敞开，艺术将存在者的真理设入自身就是敞开**存在**。在艺术品中，特定存在者立于**存在**中。与此相应，“美就是无蔽的真理本质性地发生的一种方式”③，进而言之，语言的意义也在于敞开和抵达**存在**：“语言，通过对存在者的第一次命名，将存在者带向语言和显现。只有这种命名，才将存在者从其**存在**中指派给其**存在**。”④这种语言是澄明之投射，投射性的言说是诗，诗就是对存在者的无蔽状态的言说。由于语言的本性和意义在于**存在**的敞开，所以，语言是原诗。推论到这里，后期海德格尔对于诗、艺术、语言的看法已经十分明晰：语言是原诗，艺术的本质是诗；诗的本质是真理的建立；真理就是**存在**的敞开。简言之，语言、艺术、诗归根结底都是敞开**存在**的通道和方式。至此，我终于明白了海德格尔为何要说“艺术是艺术品和艺术家的本源”：艺术是存在的敞开，它作为最原始的活动生产出艺术品和艺术家。后期海德格尔就这样以**存在**取代了人在艺术观中的位置，但他因此恢复了存在者的独立和自容品格了吗？对于这点，我们必须进行细致的追问。

显然，如果将**存在**（Sein，Being）理解为所有存在者（das seiende，

---

① Martin Heidegger, *Basic Writings*, New York: Harper Collins Publishers, 1993, p. 162.

② Ibid., p. 143.

③ Ibid., p. 181.

④ Ibid., p. 198.

the beings)的存在,那么,海德格尔的艺术之思就的确抵达了存在者本身。问题的关键是:海德格尔所说的**存在**(Sein, Being)是大写的,它本身就具有超越具体存在者的意味:一方面,**存在**是存在者的存在;另一方面,**存在**又是某种代表统一性的力量:"**存在**与统一性、**存在**与一的共属一体性,早就在西方哲学的伟大开端里向思显现出来了。"[①]作为统一性,**存在**是让存在者显现、解蔽、到场的力量:"不论是如何得到解释的,或被解释为唯灵论意义上的精神,或被解释为唯物主义的质料和力量,或被解释为变易和生命,或被解释为观念、意志、实体、主体、能力,或被解释为同一者的永恒轮回,无论何时,存在者之为存在者都是在**存在**之光中被显现出来。"[②]在这样的语境中,**存在最终**超越了具体的存在者,变成了在存在者之先并决定存在者的力量。它"将自身显现为根本性的原则","将存在者一一带到出场状态"。[③] 那么,何为**存在**呢?答曰:**存在**是其自身。它不是上帝,不是宇宙学根据;它比所有存在者更远,但比任何存在者(岩石、野兽、艺术作品、机器、天使、上帝)更近;人如果固执于对存在者的思,就仅仅能在"经过**存在**时对其投入一瞥",并且这一瞥也是由于人被"**存在**的光亮"所吸引。[④]然而,这种能够超越所有存在者的**存在**岂不是另一个存在者吗?它与巴门尼德的存在、柏拉图的理念、尼采的权力意志又有什么根本区别呢?海德格尔批评传统形而上学固执于存在者而遗忘了**存在**,但当他将**存在**领受为在存在者之先的基础性原则时,他显然又通过迂回的路径回到了他所反对的立场。设置超越具体存在者的存在的冲动贯穿于从巴门尼德到尼采的形而上学历史中。海德格尔的**存在**之思未完成对形而上学的终结,其后期艺术理论具有明晰的形而上学遗痕。

后期海德格尔的艺术理论虽然具有形而上学遗痕,但它毕竟展示了超越形而上学的努力。公正地说,后期海德格尔的艺术思想拥有两

---

① 〔德〕马丁·海德格尔:《路标》,孙周兴译,北京:商务印书馆,2001年,第538页。

② 同上书,第431页。

③ Martin Heidegger, *Basic Writings*, New York: Harper Collins Publishers, 1993, p.432.

④ Ibid., p.234.

个向度:其一,强调具体存在者的地位;其二,设置超越具体存在者的力量。在进行第一个向度的艺术之思时,他认为美的形式“从作为存在者的存在性的存在(Being as the beingness of beings)获得光亮”①,与此相应,存在(Sein, Being)就是事物站立于自身(standing-in-itself, in-sich-stehen)、自我站立(self-standing, Eigenständig)、持续站立的属性。② 显然,这个思路通向对形而上学的消解(德里达后来就继承了这个思路)。不过,这个思路时常受到第二个思路的牵制,无法充分伸展。进入第二个思路之后,对大写的**存在**(Sein, Being)的迷恋就会使他强调超越具体存在者的力量。上述两个向度相互冲突。它们的共存构成了后期海德格尔艺术思想的内在悖论。克服此内在悖论的根本路径在于克服形而上学遗痕,放弃设置元概念的冲动。后期海德格尔并未完成这个任务。当他推进自己的艺术之思时,上述两个向度虽然都被带入了新的思路,但后者却获得了更充分的展开。作为其结果,海德格尔后期艺术理论的形而上学遗痕愈加明晰化了。我们只要仔细研究他在 1947 年以后(即他明确要超越形而上学的时期)写作的文本,就会领受到这个事实。

二、大道(Ereignis, Appropriation)与道说(Sage, Saying)概念的提出:形而上学遗痕在后期海德格尔艺术思想中的再次显现

在以**存在**为主导概念时,海德格尔的艺术思想中蕴涵着一个难题:一方面,**存在**是所有存在者的存在;另一方面,它又是具体存在者得以出场、解蔽、显现的原始力量,这两个规定性无疑相互冲突——如果**存在**是所有存在者的存在,那么,存在者出场、解蔽、显现的力量就源于自身,为什么还要设定超越具体存在者的大写的**存在**呢?到了

① Martin Heidegger, *Basic Writings*, New York: Harper Collins Publishers, 1993, p. 206.

② Martin Heidegger, *An Introduction to Metaphysics*, New Haven and London: Yale University Press, 1987, pp. 63—71.

1947年以后,海德格尔显然部分地意识到了这个问题,开始改变“向**存在**”的艺术致思理路。由于海德格尔将“向**存在**”视为形而上学的基本建构意向,因此,克服“向**存在**”的致思理路实际上就是要克服形而上学的艺术观。为了达到克服形而上学艺术观的目的,他提出了**大道**(Ereignis, Appropriation)与**道说**(Sage, Saying)两个概念,试图在比**存在**(Sein, Being)更原始的层面上思考艺术的本性。然而,海德格尔是否因此克服了其后期艺术思想中的形而上学遗痕呢?我们将通过分析**大道**(Ereignis, Appropriation)与**道说**(Sage, Saying)两个概念来探个究竟。

大道在德文中写作Ereignis,英语学者通常将之译为Appropriation或propriation。这个词可以直译为拥有、居有、持有,意指某种原始的拥有、居有、持有自身的存在和力量。考虑到后期海德格尔深受道家的影响,孙周兴教授将之译为**大道**,此译法受到中国学术界的普遍认可。恰如老子的道自然而然地生成一样(道法自然),海德格尔的**大道**也是自我成就者(成己者)。作为成己者,**大道**比**存在**更原始:“**大道**在本质上是他者,因为它比**存在**任何可能的规定性都丰富。相反,要从**大道**出发,**存在**之本质才可能被思。”[①]在海德格尔写作《在通向语言的途中》时(1959年),**大道**开始成为其后期艺术思想的元概念。从它出发,后期海德格尔运思出如下的艺术生成图式:作为成其自身者,**大道**有其原始的**道说**(Sage, Saying),人的语言乃是对**道说**的响应;在响应**道说**时,艺术诞生了。由于这种响应归属于**大道**的自行显示,因此,追问何为艺术就是追问何为**大道**。

那么,究竟何为**大道**呢?与来自系动词(如ist/ is)的**存在**(Sein, Being)不同,**大道**(Ereignis, Appropriation)可以用系动词来指称。故而,我们可以追问:“**大道**是什么?”海德格尔之所以用**大道**概念替换了**存在**范畴,原因之一就是它允诺了这种自由。在完成如此转向的海德格尔看来,人说话的能力本身就源于**大道**:“大道给人以这样的赐予,

---

① Martin Heidegger, *Basic Writings*, New York: Harper Collins Publishers, 1993, p.417.

人因此可以居留在自己的本质中,成为能够说话者。”[1]既然人说话的能力来自**大道**,那么,回到本源的言说必然是对**大道**的言说。在德文、英文、法文乃至拉丁文中,**大道**都意指自我成道者和自我居有者:它——**大道**——成己(成其自身);它——**大道**——居有(居有自身)。[2] 将**大道**理解为成己和自我居有者并无不妥。问题的关键是:大道成己和自我居有的力量来自哪里呢?是来自无数成己和自我居有的个体(存在者),还是来自某种脱离了个体(存在者)的超越力量?倘若答案是前者,那么,我们就可以放心地接受海德格尔的艺术思想(宇宙无非是个体的集合)。然而,恰如**存在**(Sein, Being)概念,海德格尔的**大道**(Ereignis, Appropriation)也是大写的,同样意指超越了个体的力量。在谈及对老子《道德经》的阅读心得时,海德格尔曾经说:“但‘道’或许就是产生一切道路的道路,我们从它出发才能去思理性、精神、逻各斯等根本上也即凭它们的本质说要**道说**的东西。”[3]海德格尔在这里谈的是阅读老子的心得,但却表达了对自己**大道**概念的想法。根据海德格尔的阐释,**大道**具有如下特征:

(1) **大道**成其自身;

(2) **大道**是居有;

(3) **大道**是法则;

(4) **大道**有其无声的**道说**。

由此看来,**大道**就是万事万物在场的原始根据和法则,**道说**则是大道显示自身的一种方式:“作为显示,居于**大道**中的言说乃是成道的最本己方式。**大道**是**道说**着的。由此,语言如何说,也就是**大道**如何自行显示或自行隐匿。”[4]被如此规定的**大道**实际上已经脱离了具体的个体,成为某种先于个体并决定个体的力量。它是万事万物的本源,是

---

① Martin Heidegger, *Basic Writings*, New York: Harper Collins Publishers, 1993, p.416.

② Ibid., p.415.

③ 〔德〕马丁·海德格尔:《在通向语言的途中》,孙周兴译,北京:商务印书馆,1997年,第165页。

④ 同上书,第225页。

最原始的“独一的诗”:“从这首独一的诗的位置那里涌出一股巨流，它总是推动着诗意的**道说**。但是，这股巨流并不离开这首独一的诗的位置，它的涌出倒是让**道说**的一切运动又流回到这个愈趋隐蔽的源头之中。作为运动着的巨流之源泉，这首独一的诗的位置蕴涵着那种最初可能对形而上学和美学的表象思维显现为韵律的东西的隐蔽本质。”[①]作为本源或“独一的诗”，**大道**及其自行显示——**道说**——都是孤寂的，人响应孤寂的**大道**及其**道说**的过程就是作诗:“作诗(Dichten)意谓:跟随着**道说**，也即跟随着**道说**那孤寂之精神向诗人发出的悦耳之音。”[②]故而，**大道**才是艺术的本源，是推动思、诗、艺术生长的巨流。相对对于这永远不会完全显现自身的孤寂的**大道**，人不过是被“需要”和“征用”者——他被**大道**“需要”和“征用”来响应**大道**之**道说**，来思**大道**之踪迹即万物之起源，来将“独一的诗”转化为人类之诗。推理到这里，我们会再次发现海德格尔后期艺术理论中的形而上学遗痕:恰如**存在**一样，**大道**最终也脱离了具体的存在者，变成了为一切道路开辟道路的孤寂者、“独一的诗”、万事万物的原始根据和法则。这种脱离了具体存在者的**大道**显然意指 Meta-physics(形而上学)中的 meta，即在具体现象背后起支配作用的原初根据。用后现代主义者的话来说，**大道**就是宏大叙事借以自我奠基和合法化的元概念。设置元概念(如理念、我思、绝对精神、权力意志)的行动贯穿了西方形而上学的历史。守持**大道**范畴的海德格尔显然未克服西方形而上学的历史惯性，还保留着“越过和超出具体存在者的冲动”。后期海德格尔仅仅将这冲动的意向由“向**存在**”改为“向**大道**”，而未消解这种冲动本身:“一种思想越是采取激进的行动，越是深入根本，深入一切存在者的根源，那么，这种思想就越具有思想的特性。思想的追问始终是对第一性的和终极的根据的追问。”[③]在后期海德格尔艺术理论的范畴表中，

---

① 〔德〕马丁·海德格尔:《在通向语言的途中》，孙周兴译，北京:商务印书馆，1997年，第25页。

② 同上书，第59页。

③ 同上书，第143页。

无论是**存在**，还是**大道**，都是指称“第一性的和终极的根据”的元概念，皆意指 Meta-physics(形而上学)中的 meta。从**存在**论诗学到**大道**论艺术观，关键词虽然变了，但寻找“第一性的和终极的根据”的形而上学冲动始终延续着。

在由“向**存在**”转为“向**大道**”的过程中，海德格尔后期艺术思想中的形而上学遗痕变得更加明晰：**存在**虽然具有超越性，但它毕竟部分地是存在者的**存在**，因此，建构**存在**论诗学时的海德格尔尚不断强调个体存在者站立于自身(standing-in-itself, in-sich-stehen)、自我站立(self-standing, Eigenständig)、持续站立的属性；与**存在**相比，**大道**具有更明显的超离个体存在者的意味——作为比**存在**更原始的根据和法则，它自我居有，成其自身，是支配万物(包括人在内)乃至“允诺”万物之“存在”(有)的力量：“从**道说**之显示来看，我们即不可把**大道**表象为一个事件，也不可把它表象为一种发生，而只能在**道说**之显示中把它经验为允诺者。”[1]如此被定义的**大道**既不能归结为其他什么东西，也不能根据其他什么东西来解释，却能通过其“给予”而“‘允诺’某种‘有’之类的东西”——赋予物之“存在”。[2] 以这样的**大道**为元概念解释万物、语言、艺术、诗与思的产生，无疑强化了寻找“第一性的和终极的根据”的形而上学冲动。对于这种强化的结果，我们可以通过后期海德格尔艺术理论的一个具体图式——天、地、人、神四元(四重)游戏说——来探个究竟。

在后期海德格尔看来，**大道**的运行方式之一就是让天、地、人、神“相互面对”地开辟道路，因此，四元(四重)游戏说乃是其**大道**论艺术观的具体化。[3] 为了阐释世界四元(四重)游戏说，他首先提出一个论点：“成为一个人意味着成为大地上的有死者。”[4]然后，海德格尔又推论道：“但‘在大地上’已经意味着‘在天空之下’。这两者同时意味着

① 〔德〕马丁·海德格尔：《在通向语言的途中》，孙周兴译，北京：商务印书馆，1997年，第220—221页。

② 同上书，第221页。

③ 同上书，第178页。

④ Martin Heidegger, *Basic Writings*, New York: Harper Collins Publishers, 1993, p. 349.

‘停留于诸神(divinities)之前和归属人的共存品格’。通过原始的同一性,四元——大地和天空,诸神和有死者——相互归属为一。”①天空中有诸神,大地上栖居着有死者,故而世界呈现为原始的四元一体(四位一体)。进而言之,四元是世界的基本构成,包括艺术品在内的世内存在者既是四元之聚集,又是四元游戏的结果。这个图式与老子的域中四大(道、天、地、人为域中四大)说有相似之处,曾获得中国学术界的广泛赞誉。然而,只要进行仔细推敲,我们就会发现这个图式的问题:

(1) 天、地、人、神四元游戏说如果成立,就应该适合所有文化语境,但事实并非如此。在解释天、地、人、神四元时,海德格尔说“诸神是神性召唤着的使者”,又称等待诸神的有死者“不是为世界创造了诸神,不崇拜偶像”。② 不崇拜偶像是部分宗教(主要是一神教)的特征。这个特征在某些东方信仰体系(如佛教、道教、儒教)中是明显缺席的。由此可见,海德格尔的四元游戏说从属于特定的文化语境,显然不具有他所期待的普适性(对于无神论者来说更是如此)。故,并非所有艺术都反映了天、地、人、神的四元游戏。

(2) 海德格尔由四元游戏说推导出其物性观。在他看来,既然四元是世界的基本构成,那么,物的物性就在于四元之居留:“物在其物性活动中,以四位一体的自我统一的单纯一体的方式,存留着统一的四者:大地、天空、诸神和必死者。”③;“物之发生,来自于世界映射游戏的环性活动。”④海德格尔认为,将物理解为四元之聚集,是“让物在其物性活动中从世界着的世界中出场”,是“将物作为物而思了”。⑤ 然而,将部分人工制品当作四元之聚

① Martin Heidegger, *Basic Writings*, New York: Harper Collins Publishers, 1993, p. 351.
② Ibid., pp. 351—352.
③ 〔德〕马丁·海德格尔:《海德格尔诗学文集》,成穷等译,武汉:华中师范大学出版社,1992 年,第 162 页。
④ 同上书,第 166 页。
⑤ 同上书,第 165 页。

集尚可说得通，自然物——如苍鹰、小溪、牛、马——为何一定要加入以人为构成的四元游戏呢？断言物必须存留人这一元岂不仍是种暴力吗？海德格尔言说物的物性时，未区别自然领域的物和人工之物、东方文化中的物和西方文化中的物、一神教信仰视域中的物和多神教信仰语境中的物，显现出明晰的独断论倾向。在解释物的物化（即对天、地、人、神的聚集），他所引用的诗作几乎均属于基督教文化语境（如荷尔德林和乔治·特拉克尔的作品），但他却认为上述对物的言说是对宇宙大道的响应。如此思考的他非但没有完全走出人类中心主义的疆域，而且未彻底克服西方文化中心论。将来自特定文化语境的四元游戏说普遍化，无疑不具有逻辑上的必然性，会以另一种方式遮蔽物的物性。中国学术界对此应该进行必要的反思。

后期海德格尔之所以将个别图式普遍化，根本原因是他未完全克服形而上学的致思惯性。在将个别图式（如天、地、人、神四重结构）普遍化时，他坚信自己在响应**道说**。按照海德格尔的说法，**道说**是**大道**的自行显现和自行隐匿，故，响应**道说**归根结底是服从**大道**的征用，依照“第一性的和终极的根据”行事。将一切都归结为“第一性的和终极的根据”恰是形而上学致思方式的标志，因此，四元游戏说再次敞开了后期海德格尔艺术思想的形而上学遗痕。

三、简短的结语：中国学术界应该反思性地接受海德格尔的后期艺术思想

后期海德格尔颠覆了主体主义的艺术观。这种颠覆影响深远，其意义自不待言。不过，海德格尔在颠覆主体主义的过程中仍在寻找“第一性的和终极的根据”，未克服形而上学的致思惯性。落实到具体处，他的思路展开为以下步骤：(1) 寻找一个奠基性的元概念；(2) 用这个元概念意指终极性的力量和过程，将所有艺术生产乃至宇宙进程都归结为这种终极力量的自我创造、自我发展、自我显现、自我言说，

构造出以此元概念为硬核的元叙事。这种对元概念的依赖恰是形而上学的特征,因为形而上学(metaphysics)就是寻找"元(meta)"的至深冲动。由于未克服这种形而上学冲动,后期海德格尔艺术致思的许多目标(如恢复物的物性)都未能实现。甚至,他有时会走上与初始目标相反的方向。对于由此产生的内在悖论和根本局限,中国学术界应该进行清醒的反思。反思的目的是整合,是让被反思者成为当代中国学术建构的资源,是使当代中国文艺研究能够真正走上原创之路。本文之所以要敞开后期海德格尔艺术思想的形而上学遗痕,就是为了证明这种立场的必要性。

王晓华(1962—),男,吉林省吉林市人,文学博士,深圳大学文学院中文系教授,主要从事文学理论的教学与研究。

比兴思维与原始思维

李　健

任何一种完善的思维方式都不可能是自然而然形成的,都有一个漫长的发展历程。自从人类与猿相揖别,进化为人,思维即宣告诞生。人类初始阶段的思维叫原始思维,列维—斯特劳斯称之为“野性的思维”,以与“文明的思维”相对应。这种思维,是以表象为主要运动方式的思维。正是这种思维,发展演变为较为完善的具象思维和逻辑思维,同时,也发展演变为较为完善的人类的艺术思维。在原始思维中,人们能够找到所有思维方式的源头。比兴思维作为具有中华民族特色的一种艺术思维方式,它是一种受某一(类)事物的启发或借助于某一(类)事物,综合运用联想、想象、象征、隐喻等手法,表现另一(类)事物的美的形象,展示其美的内涵的艺术思维方式。这种艺术思维方式就脱胎于原始思维,与原始思维有密切的血缘关系。

一、原始兴象的神秘互渗

原始思维是对远古人类思维形态的描述。作为人类早期的思维形式,它是粗糙的、诗性的,是原逻辑的、神秘的。但这并不表明它就是一种低级思维,是一种迥异现代人的思维方式。原始思维也讲究秩序。列维—斯特劳斯说:“我们称作原始的那种思维,就是以这种对于秩序的要求为基础的,不过,这种对于秩序的要求也是一切思维活动的基础,因为正是通过一切思维活动所共同具有的那些性质,我们才能更容易地理解那类我们觉得十分奇怪的思维形式。”①

原始人思维的集体表象具有神秘的性质。人类学的研究表明，原始人的集体表象与我们的表象或者概念有着深刻的差异，这种差异主要表现在它没有逻辑的特征，不是真正的表象，“它们暗示着原始人在所与时刻中不仅拥有客体的映象并认为它是实在的，而且还希望着或者害怕着与这客体相联系的什么东西，它们暗示着从这个东西里发出了某种确定的影响，或者这个东西受到了这种影响的作用”。② 在原始人的集体表象中，一切都是神秘的，原始人能在他们周围的实在中发现我们今天意想不到的东西。“例如在回乔尔人(Huichols)那里，‘健飞的鸟能看见和听见一切，它们拥有神秘的力量，这力量固着在它们的翅和尾的羽毛上’。巫师插戴上这些羽毛，就‘使他能够看到和听到地上地下发生的一切……能够医治病人，起死回生，从天上祷下太阳，等等’。”③神秘是原始思维的特性，同时，神秘也有规律，它符合原始的互渗律。

什么是互渗律呢？这是列维—布留尔使用的一个概念，他把它称之为原始思维所特有的支配表象的关联和前关联的原则。④ 这种互渗律表现在原始人对客观物象的原逻辑的联系上。原始思维不强调对立，只看重荒谬的联系。“波罗罗人硬要人相信他们现在就已经是真正的金钢鹦哥了。就像蝴蝶的毛虫声称自己是蝴蝶一样。”⑤原始思维是一种原逻辑的思维，这主要是从表象关联上看的。“我们用‘原逻辑的’这个术语，并不意味着我们主张原始人的思维乃是在时间上先于逻辑思维的什么阶段。”“它不是反逻辑的，也不是非逻辑的。我说它是原逻辑的，只是想说它不像我们思维那样必须避免矛盾。它首先是和主要是服从于‘互渗律’。”⑥在这种互渗律的滋养下，产生了原始

① 〔法〕列维—斯特劳斯：《野性的思维》，李幼蒸译，北京：商务印书馆，1987年，第14页。

② 〔法〕列维—布留尔：《原始思维》，丁由译，北京：商务印书馆，1994年，第27—28页。

③ 同上书，第28—29页。

④ 同上书，第69页。

⑤ 同上书，第70页。

⑥ 同上书，第71页。

的图腾形式和图腾社会,从而也形成了原始的兴象。

原始兴象作为图腾是神秘的产物,没有任何原因,也没有任何理由,就像华夏民族以龙作为自己的图腾没有原因,没有理由一样。我们现在对龙的勇武刚强所做出的种种想象是一种现代观念的植入,不是原始人的本意。所有的原始人类在选择自己的图腾时都是偶然的,并非有意识地选择那些高大威猛的动物或植物作为自己的图腾,有时,非常弱小的动物或植物也会被选为图腾,从这里也可以看出原始人的思维特点。列维—布留尔所例举的波罗罗人和金钢鹦哥的事实就是原始兴象产生的过程,波罗罗人就从直觉上断定人和金钢鹦哥有亲族关系,因此,选择这种动物作为本民族的图腾。这样,金钢鹦哥就变成了一个灵物,在某种意义上支配了波罗罗人的生活。

原始兴象不仅仅作为图腾的形式出现,而且经常会作为一种观念形象出现,其中寄予着原始人的愿望、理想和祈求。如列维—布留尔曾举了一个回乔尔人关于玉蜀黍、鹿和"希库里"的例子。在回乔尔人的观念中,这三种东西是一个东西。"希库里"作为一种神圣的植物对回乔尔人的收成很重要,联系着这个种族的生存与安宁。"如果希库里的收成不好,如果它不是按照一切应有的仪式来采收,庄稼地就不会带来通常的收获。而且鹿在其与部族的关系中也赋有同样一些神秘的特征。在一定季节里进行的猎鹿,乃是一种实质上的宗教活动。回乔尔人的安宁和生存取决于在这期间打死的鹿的数目,正如同取决于希库里的收获量一样;这种狩猎也伴随着同一些仪式,也像神圣植物的采集一样,唤起同一些集体感情。"①这样,作为原始兴象的玉蜀黍、鹿和"希库里"就具有了观念的意义,它们已经不同于作为图腾的兴象了。列维—斯特劳斯也论述了鸟的原始兴象,他说,假如鸟比其他动物更容易按其所属的种被用于人的教名,是因为它们能被容许与人相比,是由于他们彼此之间如此不同。鸟筑巢为家,过着家庭式的

① 〔法〕列维—布留尔:《原始思维》,丁由译,北京:商务印书馆,1994年,第117页。

生活,人们常常把鸟类世界比喻为人类社会,这里有一种隐喻关系。①这些原始兴象所具有的观念意义被完完全全运用到诗中,运用到绘画、戏剧等艺术门类中,对文学艺术的意象的生成产生了重大的影响。

无论是作为图腾的原始兴象还是作为观念形象的原始兴象都充满神秘的互渗。这种互渗的特点主要表现在以下几个方面:

其一,原始兴象具有灵性。这种灵性具有超自然的力量,是任何东西也左右不了的。无论是动物、植物,还是自然山水,只要是图腾和观念的形象,无不如此。人们的活动受这些原始兴象的支配,它们具有超常的判断能力和意志,能够在任何情况下做出准确判断并奖惩人们。列维—斯特劳斯曾经这样写道:

> 但在奥罗拉,孕妇相信,椰子果、面包树果或一些其他东西与胎儿之间有一种神秘的联系,胎儿将是它们的一种复制物。瑞沃斯发现了莫塔人有同样的信仰,他们遵守食物禁忌,因为他们认为自己是一种动物或水果,由他们的母亲在怀孕期间找到或看到的。在这种情况下,女人把植物、水果或动物带回村庄并询问这件事的含义。她被告知说,她将生出一个孩子,这个孩子与这件东西相像,或实际上就是这件东西。于是她把它放回原处,并且,如果它是一头动物,还用石头给它搭一个窝。她每天都去看它和给它喂食。当这头动物不见了时,就认为是它钻进了她的身体,它将从那里以孩子的形式重新出现。②

万物有灵是原始人的一种主导观念,在这种观念的支配下,原始人对待物的态度十分谨慎,生怕得罪这些物从而危害自己的生存。这其中又包含着原始人类的丰富的想象和联想的本能。

其二,原始兴象是集体表象。原始兴象的生成并不是个人的个别行为,出于个人的个别需要,它是集体表象的产物。在一个图腾社会

---

① 〔法〕列维—斯特劳斯:《野性的思维》,李幼蒸译,北京:商务印书馆,1987 年,第 232—233 页。

② 同上书,第 88—89 页。

中,这个图腾就是一种集体表象,任何一个图腾社会内部的人都不能否认这一事实。同样对待一个普通的物象,原始人也有大致相同的看法。如我们上述引用的回乔尔人之于玉罗黍、鹿和“希库里”,回乔尔人是把它们看成是一个东西,这是整个部族的观念,是一种集体表象。原始人的集体表象是依靠情感、情绪、热情运动的,离开情感,原始人很难独立地观察客体的映象或心象。列维—布留尔分析了原始兴象进入集体表象的思维特点,他说:“在马来亚以及在南非,鳄鱼(在其他地方是虎、狮、象、蛇)乃是这样一些信仰和风俗的对象;如果我们看一看旧大陆和新大陆的那些以动物为主人公的神话,就会发现:没有一种哺乳动物、鸟、鱼、甚至昆虫不带上最罕见的神秘属性。”[①]就一种具体的原始物象来说,不同的种族所赋予的神秘属性可能会有很大的差异。后来,原始兴象中的大量的物象进入文学艺术之中,却仍然带有原始兴象的神秘特点,这就充分说明原始兴象具有极强的顽固性和滋生能力。

其三,原始兴象是神圣的,不能贸然亵渎、侵犯。作为图腾和观念意义的原始兴象是神圣的,这种神圣的性质表现在原始民族的巫术仪式中。在开展大规模的宗族活动或捕鱼、狩猎活动之前,原始民族都要举行巫术仪式和祈祷活动,以保证活动开展顺利,祈求宗族成员平安。如果在活动的开展中有一些不测事件发生,原始人类会据此推测是谁冒犯了神圣的东西,不然的话,不会发生也不该发生不测的事情。列维—布留尔曾描述了图腾氏族对图腾的态度。在英迪修马仪式中,毛虫图腾的氏族的登场人物会摹拟神秘的祖先动作以期图腾互渗;袋鼠图腾的氏族的男人们会用鲜血染红某个山岩以祈求氏族强盛;这是对氏族图腾的崇敬。[②] 列维—布留尔还描述了原始人类在特殊情况下对原始兴象的态度:“在阿特密拉尔底群岛,‘当孕妇感到快到分娩时,她就留在屋里,只吃鱼和茜米。她不吃薯蓣,因为害怕婴儿长得又长

① 〔法〕列维—布留尔:《原始思维》,丁由译,北京:商务印书馆,1994年,第29页。
② 同上书,第239页。

又瘦;她不碰芋头,因为害怕婴儿长得又短又胖;她不吃猪肉,因为害怕婴儿头上长猪鬃,不长头发。'"[①]这时,薯蓣、芋头、猪肉都变成了神圣的东西,不能亵渎,不能侵犯,因为在阿特密拉尔底群岛土著的眼里,它会影响婴儿的成长。

其四,原始兴象具有美的意义。原始人类不可能有我们今天的美的观念,他们对于美的态度是与实用联系在一起的,在他们的眼里,实用即为美。原始图腾和具有观念意义的形象首先是实用的,对整个氏族的生存和活动有益的。只有在这种情况下,客观的物象才能归入图腾或具有观念意义的形象之列;也只有在这种情况下,客观的物象才具有互渗的功能。闻一多先生在考察中国龙的图腾时指出,龙的图腾是由人首蛇身的伏羲、女娲演变而来的,龙作为图腾"是只存在于图腾中而不存在于生物界中的一种虚拟的生物,因为它是由许多不同的图腾糅合成的一种综合体"[②]。可见,作为图腾和观念的形象是充满想象和联想的,这其中本身就包含有美的功能。但是,原始图腾和观念形象中所包含的不是纯真的美的观念,仅是美的萌芽而已。

原始兴象充分表现了原始思维神秘互渗的特点,而进入文学艺术中的原始兴象又是怎样的?它表现了怎样的思维特点?我们来考察一番。

在我国最古老的诗集《诗经》中就出现了大量的原始兴象。赵沛霖《兴的源起》将之归为四类,即鸟类兴象、鱼类兴象、树木兴象和虚拟动物兴象,分别指出这些原始兴象所具有的图腾或观念形象的意义。他认为,鸟类兴象起源于鸟图腾崇拜,鱼类兴象起源于生殖崇拜,树木兴象起源于社树崇拜,虚拟动物兴象起源于远古的祥瑞观念,并对此做了较为扎实的论述。这对我们认识中国古代的艺术思维很有启发,特别是比兴思维。从这里,我们可以看出,原始兴象进入文学艺术领

---

① 〔法〕列维—布留尔:《原始思维》,丁由译,北京:商务印书馆,1994年,第249页。
② 闻一多:《伏羲考》,《闻一多全集》(1),北京:生活·读书·新知三联书店,1982年,第26页。

域之后,其所表现的思维特征与原逻辑的神秘思维有着极为密切的关系。

闻一多先生说:"三百篇中以鸟起兴者,亦不可胜计,其基本观点,疑亦导源于图腾。歌谣中称鸟者,在歌者之心里,最初本只自视为鸟,非假鸟以为喻也。假鸟为喻,但为一种修辞术;自视为鸟,则图腾意识之残余。历时俞久,图腾意识愈淡,而修辞意味愈浓。"[1]闻一多先生对《诗经》中以鸟起兴的这种观点很有价值,他从人类文化学的立场揭示了鸟类兴象所表现出来的思维本质。在最初,人们以鸟相称,是图腾意识的残余,不是一种修辞术,也就是说,鸟类兴象中表现了一种原始思维的神秘互渗的品格。而后来虽然假鸟为喻,但也不仅仅是一种修辞术,它仍然表现的是一种思维的特征,那是比兴思维,最终成为中国古代艺术思维的一种重要的方式。赵沛霖花了较多精力论述了《邶风·燕燕》一诗所表现出来的鸟类图腾观念,对燕子的原始兴象与图腾崇拜的考察极为精细。然而,是否《诗经》中所有以鸟起兴的诗都与图腾有关,似乎难以下结论。可以说,《诗经》以鸟起兴的诗即使其中之鸟不是原始图腾观念的遗存,至少也是原始兴象的一种观念形象。如《诗·鄘风·鹑之奔奔》:

> 鹑之奔奔,鹊之彊彊,人之无良,我以为兄。鹊之彊彊,鹑之奔奔,人之无良,我以为君。

这首诗中的鹑和鹊很难作为一种图腾观念。从这首诗所表现的内容来看,似讽刺意味较浓(我们抛开了朱熹的"卫人刺宣姜与顽非匹耦相从也"的观念[2]),作为图腾观念的动植物是神圣的,人们只能对之表达崇敬。由此,这首诗的鸟类形象不可能是一种图腾观念的遗传,但是,它们作为原始兴象的一种观念形象是可以肯定的。在原始人类的观念中,动植物作为观念的形象其作用有正负两个方面,一类

---

① 闻一多:《诗经通义·周南》,《闻一多全集》(2),北京:生活·读书·新知三联书店,1982年,第107页。

② 朱熹:《诗集传》,北京:中华书局,1958年,第30页。

对人类的生活产生好的影响,一类对人类的生活产生不好的影响。《鹑之奔奔》当指后者。这里同样表现原始思维的神秘互渗的特点。这类例子在《诗经》中还有很多,不再多举。

鱼类兴象所具有的生殖崇拜意义是原始兴象作为一种观念形象的典型代表,关于这一点,闻一多先生已言之凿凿。在《说鱼》一文中,闻先生准确指出鱼是一个典型的隐语,是“代替‘匹偶’或‘情侣’的隐语”①。这是鱼的繁殖功能使然,因为原始人的婚姻是把传种作为第一目的的。他以《齐·敝笱》和《陈·衡门》为例进一步论述了鱼类兴象与男女情事的关系,它是男女匹配、婚媾和繁衍的象征。实际上,鱼的意义在仰韶文化的半坡彩陶中已经有所表现,彩陶上面,多有鱼类纹饰和含鱼人面,这是一种“有意味的形式”。其中包含着巫术礼仪的内容和对人类繁衍的一种企盼。无论是作为男女匹配、婚媾还是作为人类繁衍的观念,在鱼的兴象中都表现了原始思维的神秘互渗的特点。这在一定程度上得益于人类的想象和联想,并且直接演化成比兴思维的方式。

植物兴象在《诗经》中同样不可胜数,作为一种原始的兴象,多具有观念的意义。赵沛霖说,以树木起兴的诗,所歌咏的多是有关宗族乡里之思和福禄国祚的观念,并认为,“这个观念内容直接渊源于原始社会的土地崇拜和有关祭社的宗教活动”②。他以《唐·杕杜》和《小雅·小弁》分析之。其实,在《诗经》中表现较为独特的还不止这些,也不仅仅是宗族乡里之思和福禄国祚的观念,而且还有赞美婚姻美满之意。如《周南·桃夭》:

> 桃之夭夭,灼灼其华,之子于归,宜其室家。
> 桃之夭夭,有蕡其实,之子于归,宜其家室。
> 桃之夭夭,其叶蓁蓁,之子于归,宜其家人。

---

① 闻一多:《说鱼》,《闻一多全集》(1),北京:生活·读书·新知三联书店,1982 年,第 117 页。

② 赵沛霖:《兴的源起》,北京:中国社会科学出版社,1987 年,第 37 页。

这里的“之子于归”就不可能是归其祖宗故国之意，而是归嫁之意。此诗以桃花之鲜艳与女子形貌的姣好和门当户对相互渗透，同样具有神秘的色彩。表现此类题材的还有《周南·汉广》一诗，其第一章云：“南有乔木，不可休息。汉有游女，不可求思。汉之广矣，不可泳思。江之永矣，不可方思。”这首诗依然表现的是爱情主题。乔木虽然高大，但是“不可休息”，以乔木引起对游女的追求，求之不得，内心痛苦。闻一多先生说：“三家皆以游女为汉水之神，即郑交甫所遇汉皋二女。”[①]乔木和游女的关系是神秘的。这里树木的兴象都表现的是对美满婚姻的渴望。树木与爱情、婚姻的关系是一种神秘的互渗关系，打上了原始思维的某些特征。

植物兴象所表现的内容是非常复杂的，其情感基调可能是欢愉的，也可能是悲伤的。植物兴象与诗所表达内容与情感的关系是神秘的，找不出任何因果关系，类似原始思维的互渗律，诗人只是以直感判断某一物象与人的关系，如上述所例举之桃、乔木，以及我们将要例举的《王·黍离》。

> 彼黍离离，彼稷之苗。行迈靡靡，中心摇摇。知我者，谓我心忧；不知我者，谓我何求。悠悠苍天，此何人哉！

这首诗以黍、稷起兴，悲情如火，呼天抢地。黍稷与人的悲情有什么关联？很难说。《大雅·生民》曾描写了后稷的故事，后稷乃姜嫄履大人迹而生，几经磨难，成为神人，主事播种。这样，后稷实际上是一种图腾形象，受到古人的普遍尊敬。《王·黍离》中的黍稷是否有一种图腾观念的互渗，也是有可能的。这首诗也打上了原始思维的某些特征。

由此可知，原始兴象是原始思维的产物，它具有原逻辑的思维特征，追求神秘互渗。作为《诗经》原始兴象的各种动物和植物用于《诗经》起兴时，实际上，这些动物和植物与所要歌咏之事及表达情感没有

---

① 闻一多：《诗经新义·游》，《闻一多全集》（2），北京：生活·读书·新知三联书店，1982年，第75页。

什么关联,这是原始图腾观念和思维特征的遗传。今人普遍对《诗经》以动、植物形象起兴的诗感到难以理解,可能就是原始思维的缘故。人们往往把握不准原始图腾的意义,不理解原始人的思维特征,产生百般困惑与疑虑是必然的。如果我们从思维着手,或许可解决这些令人烦心的问题。

二、符号的联想与类比

西方现代最重要的哲学家之一恩斯特·卡西尔在他的《人论》中把人定义为符号的动物。他说:

> 符号化的思维和符号化的行为是人类生活中最富有代表性的特征,并且人类文化的全部发展都依赖于这些条件,这一点是无可争辩的。①

在卡西尔的眼里,宇宙也不是一个单纯的物理的宇宙,而是一个符号化的宇宙,人就生活在这符号化的宇宙之中。

> 语言、神话、艺术和宗教则是这个符号宇宙的各部分,它们是织成符号之网的不同丝线,是人类经验的交织之网。人类在思想和经验之中取得的一切进步都使这符号之网更为精巧和牢固。②

这给我们研究人类的思维提供了一种视角,特别是以符号学的观点对待人类的艺术思维,可能会得出非同寻常的结论。

思维并不是人类才有的,动物也有思维,大量的科学实验都证明了动物的思维特性,特别是灵长类动物。"象征性奖赏"对类人猿是有效的,它能很快对这种奖赏做出反应。动物也有语言,但是动物的语言不表达任何客观的指称和意义,只表达情感。不管是低级动物还是高级动物多具有这种特性。比如,一只养熟了的家狗会对回家的主人

① 〔德〕恩斯特·卡西尔:《人论》,甘阳译,上海:上海译文出版社,1997年,第35页。
② 同上书,第33页。

摇尾相迎,并且伴随着一种欢快的声音;当一对白天鹅中的一只遭遇不幸时,另一只会引颈长鸣,声音哀惋。这些都表明动物也有思维,只不过,它们的思维不可能等同于人类的思维,是较为低级的思维形式而已。卡西尔讨论了动物的智慧,他依据前人的科学实验强调动物有相当发达的智慧,并非所有动物都受刺激物的支配。

> 动物在其反应活动中是具有各种迂回能力的。它们不仅能学会使用工具,甚至还能为了自己的目的而发明工具。一些心理生物学家由此毫不犹豫地谈论起动物具有的创造性或构造性想象力。但是,不管是这种智慧还是这种想象力,它们都不是人所特有的那种类型。①

由此,他得出了只有人才具有符号化的想象力和智慧的结论。

人是符号的动物,原始人类也不例外。尽管原始人类的思维还处于一种初级阶段,总比动物要强上不知多少倍。他们能够运用符号进行联想、类比,在劳动的创造过程中显示出高超的智慧。

原始图腾作为观念的符号就是神秘联想的产物。原始人类之所以以某个客观的自然物象作为本民族的图腾就是他们通过直觉的联想,认为这个自然物象是他们这个民族的父亲或母亲,对他们这个民族有生养之恩。不管它们是山、川、河流或者是动物、植物,也不管它们是有生命还是无生命的对象。中国远古关于伏羲、女娲的崇拜实际上是一个图腾的联想,伏羲、女娲已成为人们心目中的伟大形象。而伏羲、女娲作为一个图腾是蛇,这在中国古代典籍中有较为广泛的记载。如王逸《楚辞·天问》注:“女娲人首蛇身。”王延寿《鲁灵光殿赋》:“伏羲鳞身,女娲蛇躯。”它们却是创造华夏民族的始祖。在中国各民族中广泛流传着洪水的故事,讲述了伏羲、女娲造人的传说。我们今天所看到的关于伏羲、女娲的传说与记载,都已经带有非常成熟的艺术想象了。但是,在远古这一故事刚刚出现时,不可能那么成熟,

---

① 〔德〕恩斯特·卡西尔:《人论》,甘阳译,上海:上海译文出版社,1997年,第42页。

只能是一种神秘的联想。

图腾氏族对图腾的崇拜也充满神秘的联想。他们认为,图腾会永远给他们带来好运。当他们处在危难之时,乞求图腾帮助;当他们取得成功之时,向着图腾祈祷;他们还对图腾有许多禁忌,不能触犯、亵渎图腾,否则,便会受到图腾的惩罚,灾祸就会降临。列维—布留尔曾经记载了各地的土著对于图腾的态度。在北美,风图腾的成员们认为自己能够给大风雪施加影响,当蚊子多得讨厌时,就请它降风。在托列斯海峡,属于狗图腾的乌迈依人懂得狗的习性并拥有驱使狗的能力。在澳大利亚中部各部族那里,euro 图腾的人常给李子图腾的人一个被念过咒的珠灵卡,以帮助他们猎到动物。在凯迪斯部族那里,水图腾的首领必须很谨慎地不用尖棍子或尖骨片对着敌人,如果这样做,水就会变脏变臭。[①] 这里都有一种神秘联想的成分。图腾社会的形成正是依靠这种神秘的联想,这种联想在我们今天看来没有任何因果逻辑关系,没有秩序,但却符合原始思维的互渗律。也正是这种联想,促使人类的思维逐渐成熟。

这种神秘的联想还表现在原始的巫术仪式中。由于巫术的仪式与图腾社会的整体思维有关系,人们在施以巫术仪式时往往包含强烈的互渗。山顶洞人在埋葬氏族的死者时,在死者尸体上撒一些赤铁矿粉以祈祷生命。在仰韶文化的瓮棺葬中,覆盖的钵罐上有一个小孔,是让灵魂自由出入。原始人类在打猎之前往往施行巫术行动。在加拿大,猎人要斋戒一星期,不能咽下一口水,还要不停地念咒;在出发前,所有的人甚至绝大部分人都必须梦见熊在同一个地方出现;不管什么天气都要洗澡;尔后大排筵宴;再后,对死了的熊的灵魂念咒。[②] 所做的这一切,都是希望动物能对他们产生好感,猎人们能满载而归。原始人类捕鱼之前,同样也要举行巫术仪式。渔人不仅要斋戒、沐浴、禁欲,而且还要制作一只小巧的独木舟。在马来人那里,每只出海的

① 〔法〕列维—布留尔:《原始思维》,丁由译,北京:商务印书馆,1994 年,第 91 页。
② 同上书,第 223 页。

船都要进行巫术加工，土人们念咒语，举行其他巫术仪式，而捕过鱼之后，巫医就用一把树叶"扫"船，这是一把通过巫术仪式扎成的树叶，专门放在船头。渔人还要念咒语，恳求他的网对他亲善。[①] 这里，都有一种神秘的联想。这种联想与比兴思维等艺术思维已经极为接近了。无怪乎人们在研究艺术起源之时，把巫术仪式作为艺术的源头之一。

这种神秘的联想甚至表现在原始人类的命名中。列维—斯特劳斯深入分析了原始图腾社会的命名现象，指明了命名所表现了神秘联想的特点。他说：

> 每一氏族或亚氏族都有一个名称数量的限额，这些名称只有该族成员才能享用，而且正如个人是集团的部分一样，个人的名称也是集体名称的'部分'：这个意思或者是说集体名称可指整个的动物，而个人名称则对应着其部分或四肢，或者是说集体名称与在较高概括层次上设想的动物观念有关，而个人名称则对应着它的某种时空属性（吠犬、发怒的野牛），或有两种程序的某种结合（熊闪亮的眼睛）。[②]

这种联想虽然是神秘的、直觉的，但是，已经表现出某种理性的苗头，这已经是较为高级的分类联想的形式。也就是说，他们对符号的认识已经带有简单的分析成分，尽管仍是依靠直觉的联想，但是，已不是一种简单的联想了。

在原始思维中，除了联想之外，它还有一种重要的思维特征就是类比。在对各种信息、符号的分辨中，原始人类能够较为熟练运用类比，以适应自然界的考验。类比往往是与联想同时进行的，同样带有神秘的特点。例如，一个孕妇想预测她的孩子将来会是什么样子，她就会在自然界去寻找。"如果找到的是鳝鱼或海蛇，孩子将和他们一样柔软和惰怠。如果是一只寄居蟹，孩子就是暴性子的，另外，如果是

---

① 〔法〕列维—布留尔：《原始思维》，丁由译，北京：商务印书馆，1994年，第233页。

② 〔法〕列维—斯特劳斯：《野性的思维》，李幼蒸译，北京：商务印书馆，1987年，第197页。

蜥蜴,孩子就是温柔可爱的;如果是老鼠,孩子就是漫不经心、毛毛躁躁和毫无节制的;如果找到的东西是一个野生苹果,孩子就像苹果的形状一样有一个大肚子。"[1]列维—布留尔也记载了类似的例子,在中国厦门,妇女孕期的最后日子,屋里的东西不能移动,任何一个轻微的移动都会带来不幸,父亲卷起了席子就会出吓人的事——婴儿的一只耳朵卷了起来。孩子长了个兔唇,是因为妻子在缝补丈夫的衣服时,不小心剪破了衣服。[2] 自然界的物象都可以成为比拟孩子性格和长相的参照物,这种类比没有任何道理,但在原始人类的观念中,这种类比是必然的。在当今民间,至今流传儿童周岁抓阄以预测今后成长的风俗,显然是原始思维的遗传。对待生育如此,对待劳动和生死也是如此。列维—布留尔记载了北美野牛舞的场景,这是狩猎场面的模仿和类比。舞者每人头戴从野牛头上剥下的带角的牛头皮,手里拿着弓或矛,这种舞蹈要持续跳两三个星期。在表演屠宰野牛的场景时,一个印第安人跳累了,他就把身子往前倾做出要倒下去的样子,表示他累了。这时,另一个人就用弓向他射出一枝钝头的箭,那个印第安人就会像野牛一样倒下,在场的人抓住他的脚后跟把他拖出,同时,在他身子的上空挥舞着刀子,模仿着剥牛皮、取内脏的动作。[3] 列维—布留尔在描写契洛基人对待风湿病的信仰的时候说,这种病被认为是动物报复猎人的病,被杀死的动物的鬼魂钻进了猎人的四肢里,猎人就会经常感到疼痛。只有更强大动物的灵魂才能驱走造成人疾病的动物灵魂,这些强大的动物神住在七重天的高处,通常居住在四个方位,每一个方位都有自己神秘的名称和特殊的颜色。"例如,东、北、西、南各属于太阳、寒冷、黑暗和瓦哈拉(wǎ'hǎla')的方位,它们的颜色是红、蓝、黑、白。白的和红的神通常负有获得和平、健康及这一类的其他福利的使命;单独的红神则负有使什么事业获得成功的使命;蓝神的使命

---

① 〔法〕列维—斯特劳斯:《野性的思维》,李幼蒸译,北京:商务印书馆,1987年,第89页。

② 〔法〕列维—布留尔:《原始思维》,丁由译,北京:商务印书馆,1994年,第249页。

③ 同上书,第221页。

是阻碍并粉碎敌人的计划；黑神保证把敌人害死。红的和白的神被认为是威力最强大的。”①在这里，不是单单的类比，而且有浓浓的象征意味了。但是，这又确实是神秘的思维，代表了原始思维的思维特征。

原始人类的类比并不是只停留在表象上面的，经常带有隐秘的特点，极像我们现代的隐喻。如前述的契洛基人对能抑制风湿病神所居住的方位和颜色的看法，有浓浓的象征意味，同时，也有点像隐喻。原始人把名字看成某种具体的、实在的和神圣的东西，因此名字应是隐秘的。他们常常对名字采取保护的措施。“既不能说出自己的名字，也不能说出别人的名字，尤其是不能说出死者的名字；甚至一些包含了死者名字的日常用语也常常废弃不用。”②他们在打猎遇到危险时尤其如此。“当散塔尔人(Santals)在打猎时遇见了豹或虎，他们就喊说‘猫’，或者用这一类的什么名字来引起自己同伴对野兽的注意。在契洛基人那里也是这样，他们谁也不说什么人是被响尾蛇咬了；谈起这个人时都说他是‘被刺花李刺破了’。当这些土人为仪式舞蹈之用而打死了一只鹰，他们宣称‘打死了一只雪鸟’。这样做是为了瞒过响尾蛇和鹰的魂，因为它们能够听到人们说话。”③这里，猫的提示可看做对豹或虎的类比，因为它们都属于猫科动物，原始人这一点分辨得很准确；将响尾蛇类比为刺花李，将鹰类比成雪鸟可以说都抓住了它们在某一点上的相似性，但是，却有很强的隐秘的特点。这些“类比”不是停留在表象上，直截了当地表达出两个物象的相似特征，而在语言上已经显得含蓄委婉，已经是准文学艺术的思维了，或者说是艺术思维的萌芽阶段。

原始思维的联想类比是使客观对象符号化的进一步深入，它是诗性的。正是这种诗性的思维孕育了人类的艺术思维，使人类的艺术创作逐渐趋于完善。在当今的艺术思维中，我们仍然能够在很多方面看出原始思维的痕迹，这一点都不意外。原始思维虽然随着社会的发展、人类的进步逐渐淡化，但它并没有消失，在一定范围仍遗传给人

① 〔法〕列维—布留尔：《原始思维》，丁由译，北京：商务印书馆，1994 年，第 264 页。
② 同上书，第 42 页。
③ 同上书，第 42—43 页。

类,并且发挥十分出色的作用。

我们可以结合中国古典文学创作来进一步说明原始思维的联想、类比与艺术思维的关系。

在《诗经》中,联想和类比的运用已经很娴熟了,已经是典型的艺术思维了,它贯穿在比兴手法的运用上,贯穿在艺术思维的想象中。自然的客观物象已经成为观念的符号,与原始思维将之作为图腾和观念形象有所不同,神秘互渗的特征减弱,社会的、美的意蕴增强。这是《诗经》对原始思维的联想和类比的发展。《关雎》一诗对雎鸠鸟和爱情的类比包含着丰富的联想和想象,它表现的是人类真纯的本性。雎鸠这一自然界的生物现象是爱情类比和联想的产生之源,诗人准确抓住了自然生物的生存特性和人类生活男女相悦的关联,委婉而含蓄地表达了意图,使全诗具有优美的情调和深刻的符号意味。这时,雎鸠鸟已经不是自然的物象了,而是审美观念的一种符号。这种联想和类比显然不同于前文所例举的契洛基人将人被响尾蛇咬了说成是被刺花李刺破的这种类比。尽管刺花李的类比已经带有隐喻的特征,但是相比于雎鸠之喻尚属低层次的。刺花李的隐在于互渗,害怕言说响尾蛇的名字时被它的鬼魂听见,受到报复,而雎鸠的类比在于引发人类最优美最崇高的爱的情感,表达千古不朽的爱情主题。这种类比还表现在《邶·绿衣》一诗中,诗云:

绿兮衣兮,绿衣黄里。心之忧矣,曷维其已。
绿兮衣兮,绿衣黄裳。心之忧矣,曷维其亡。
绿兮丝兮,女所治兮。我思古人,俾无訧兮。
絺兮绤兮,凄其以风。我思古人,实获我心。

朱熹注这首诗时,通篇都注为"比也"。他认为这首诗是"庄公惑于嬖妾,夫人庄姜贤而失位,故作此诗"。[1] 是否如此? 不得而知。但从整首诗的情感基调上看,确实是悲凉的。诗的前两章都以绿、黄两

① 朱熹:《诗集传》,北京:中华书局,1958 年,第 16 页。

种颜色作为情感抒发的依托,因绿是间色,黄是正色,绿衣黄里,绿衣黄裳有本末倒置之感,遂产生无穷的悲凉。绿、黄二色作为观念的符号是联想和类比的基础,其隐含的意义很深,可以作多方面、多角度的联想,诗人对这种符号的联想和类比无论是从讽谕教化而言还是从纯粹的情感表达而言都是审美的,其中蕴含着美妙的想象。

艺术的联想和类比与原始思维的联想和类比虽然有共同之处,都打上符号和观念的印记,但是两者的区别仍然是本质的。其表现不仅仅是原始思维类比与联想具有神秘的色彩,充满互渗,而文学艺术中的类比联想具有审美的意味。更重要的是,原始思维中的类比与联想是自觉的,而艺术思维中的类比与联想是自觉和不自觉的统一。何以如此?原始人类的类比与联想只有在涉及自己的利害时才会产生,基本上是从实用出发的。如孕妇想知道自己生一个什么样的孩子才会满世界去寻找动物,将寻找到的动物的特征与将要生下来的孩子类比。猎人们为了获取更多的猎物才举行各种富有类比和联想色彩的仪式,模仿动物的形象,以求得互渗。这些,虽然显得荒诞无稽,但是,在原始人类却是真诚的,是怀有浓厚的实用目的的。而文学艺术却不一定有实用的目的。艺术思维中的联想与类比往往是在无实用功利的情况下开展的,所有的一切都是为了求得情感的满足。如《关雎》,在一定程度上,这种联想的开展是不自觉的,是服从情感表达的需要的,也有可能作者在创作这首诗时是怀有某种意图,使得整个创作服从于某种理性的设定,但是,终归是自觉和不自觉的统一。艺术思维中的联想与类比在这方面便显现了与原始思维类比与联想的差异。

艺术思维的联想和类比是自觉的。这种自觉往往表现在作家、艺术家艺术创造之前有一个目的,有一个理性的设定,而且自觉地在创作的过程中融进各种文化的符号,使人们能够理解。古人创作强调言志、缘情,就表明创作是一种自觉的行为。王羲之《三月三日兰亭诗序》云:“是日也,天朗气清,惠风和畅。仰观宇宙之大,俯察品类之盛,所以游目骋怀,足以极视听之娱,信可乐也。夫人之相与,俯仰一世。

或取诸怀抱,悟言一室之内;或因寄所托,放浪形骸之外。虽趋舍万殊,静躁不同,当其欣于所遇,暂得于己,快然自足,不知老之将至。及其所之既倦,情随事迁,感慨系之矣。向之所欣,俯仰之间,已为陈迹,犹不能不以之兴怀,况修短随化,终期于尽?"[①]说明自己的诗情乃受良辰美景的感发,这是一种自觉的创作活动。在这个意义上,可以说,任何一种艺术创作都是自觉的。但是,这种自觉不可能像原始思维中的那种神秘的自觉。这种自觉带有某种理性的成分,亦如王羲之所言:"或取诸怀抱,悟言一室之内,或因寄所托,放浪形骸之外。"作家、艺术家创作的自觉引发了联想和类比的自觉,其作品中所表现的各种意象都能表现这种联想和类比的自觉性。如柳,在不同的作家作品中,其所赋予的意义不同。它可能是一个随人摆布的弱者形象,可能是一种柔情的象征,可能是一种依依惜别之意……"我是曲江临池柳,者人折折那人攀。恩爱一时间。"(无名氏《望江南·莫攀我》)这是一个屈辱的妓女形象。"弱柳从风疑举袂,丛兰裛露似沾巾——独坐亦含嚬。"(刘禹锡《忆江南·春去也》)这是一种柔情的象征。"秦楼月,年年柳色,霸陵伤别。"(李白《忆秦娥·箫声咽》)这是依依惜别之意。柳这种意象所具有的文化意义并非三言两语所能道尽。它是感性的,表现出来的意蕴却又是理性的。这种符号的意蕴是原始思维的神秘互渗无可比拟的。在柳的意象中,显示了文学艺术联想与类比的自觉特征。

艺术思维的联想和类比又是不自觉的。这种不自觉表现在作家、艺术家在进行创作时不刻意达到某一目的,不刻意进行理性的设定,在化用意象时纯然依靠一种直觉。古人曾经这样认识创作的这种不自觉:"故有意作诗,不若诗来寻我,方觉下笔有神。"[②]所谓"诗来寻我"就言述的是联想、类比乃至艺术想象和灵感的不自觉性。唯有不

---

① 王羲之:《三月三日兰亭诗序》,严可均辑:《全晋文》,北京:商务印书馆,1999 年,第 258 页。

② 吴雷发:《说诗菅蒯》,丁福保辑:《清诗话》,上海:上海古籍出版社,1982 年,第 897 页。

刻意寻求，方能做到不工而工。王维画雪中芭蕉是出于奇妙的联想，却给人以无限的真实；李白的“狂风吹我心，西挂咸阳树”却把那份思念的痴情通过联想表达得淋漓尽致；杜甫的“感时花溅泪，恨别鸟惊心”赋予花鸟以情感，这也是类比与联想。这些联想都是从胸中流出，是不自觉的。作家、艺术家的天才往往在这不自觉的联想和类比中才能充分显现，而艺术的审美价值也只有通过这些不自觉的联想和类比才能更好地表现出来。“大抵古人诗画，只取兴会神到，若刻舟缘木求之，失其指矣。”[①]何谓兴会？“镜中之象，水中之月，相中之色，羚羊挂角，无迹可求，此兴会也。”[②]可见，兴会的状态方是达到不自觉联想和类比的理想状态。

综上所述，原始思维非常注重联想和类比，那种联想和类比同样充满神秘的互渗。原始思维的联想和类比是有意识、自觉的，是为了自觉地达到某种实用的目的。而艺术的联想和类比则抛弃了原始思维中的神秘成分，它是自觉和不自觉的统一。无论是原始思维还是艺术思维，它们的联想与类比都是符号化的。原始的图腾和巫术仪式是符号化的，而艺术联想和类比也是符号化的。只不过是符号化所包含的意义不同，一为神秘互渗，一为审美而已。

三、比兴思维脱胎于原始思维

比兴思维是一种受某一(类)事物的启发或借助于某一(类)事物，综合运用联想、想象、象征、隐喻等手法，表现另一(类)事物的美的形象，展示其美的内涵的艺术思维方式。它是人类思维高度成熟的产物，但是，它的成熟并不是一个短暂的过程，而是一个漫长的历史。我们上文讨论了原始思维的思维特征。从中可以看出，原始思维的神秘互渗包含浓浓的诗性因素，它是人类一切思维形式之源，当然也包括

① 王士禛：《带经堂诗话》，卷三，北京：人民文学出版社，1982年，第68页。
② 同上书，第78页。

中国传统艺术创作的比兴思维。如果我们将比兴思维和原始思维作一下比较，就可以看出它们之间非常亲密的血缘关系。

比兴思维产生的条件是受某一(类)事物的启发，启发它的这一(类)事物可能与整个的作品内容有着密切的联系，也可能毫无关联，只是起着思维上的引导，或者引发作家、艺术家的创作的冲动。我们可以以《诗经》的比诗、兴诗及古代的诗词作品作具体的论证。与作品内容有密切关联的启发事物往往是“隐”，也就是说这个物象包含着极其深刻的符号意义。刘勰《文心雕龙·隐秀》篇说：“隐也者，文外之重旨者也。”这已经是较为“现代”的解释了，这种“隐”在某种程度上可以说是兴。闻一多从中国传统思维的角度对“隐”有一个解说，他说：

> 隐在《六经》中，相当于《易》的“象”和《诗》的“兴”(喻不用讲，是《诗》的“比”)，预言必须有神秘性(天机不可泄露)，所以占卜家的语言中少不了“象”。《诗》——作为社会诗、政治诗的雅，和作为风情诗的风，在各种性质的沓布(taboo)的监视下，必须带着伪装，秘密活动，所以诗人的语言中，尤其不能没有“兴”。“象”与“兴”实际都是隐，有话不能明说的隐，所以《易》有《诗》的效果，《诗》亦兼《易》的功能，而二者在形式上往往不能分别。[①]

这就指出了“兴”的神秘性。在《诗经》里，这种神秘性是普遍存在的。如《周南·野有死麕》：“野有死麕，白茅包之。有女怀春，吉士诱之。”麕乃是獐。白茅包死麕与女子怀春有什么关系？朱熹则言之凿凿：“南国被文王之化，女子有贞洁自守，不为强暴所污者。故诗人因所见以兴其事而美之。”[②]马瑞辰说：“此诗‘野有死麕’，‘野有死鹿’，盖取纳征用丽皮之义。”[③]一说女子贞洁，一说以礼纳聘，都是牵强附会。这首诗可能描写的是原始的婚俗，其中包含着非常神秘的内

---

① 闻一多：《说鱼》，《闻一多全集》(1)，北京：生活·读书·新知三联书店，1982 年，第 118 页。

② 朱熹：《诗集传》，北京：中华书局，1958 年，第 13 页。

③ 马瑞辰：《毛诗传笺通释》，北京：中华书局，1989 年，第 97 页。

容。“野有死麕,白茅包之”可能是一种巫术礼仪,一种求婚方式,以白茅包住死麕能够产生互渗,诱惑怀春女子,达到目的。这是一首典型的带有原始思维风味的诗。

类似的诗歌还有许多,如《卫·木瓜》:

> 投我以木瓜,报之以琼琚。匪报也,永以为好也。
> 投我以木桃,报之以琼瑶。匪报也,永以为好也。
> 投我以木李,报之以琼玖。匪报也,永以为好也。

这首诗和《召南·野有死麕》相比,可能要好理解一些,但是,依然有神秘的成分。我们的思维一般以投桃报李为对等,而这首诗则写的是投木瓜报琼瑶,礼物上呈现出不对等。朱熹曰:“言人有赠我以微物,我当报之以重宝,而犹未足以为报也,但欲其长以为好而不忘耳。”①这是不是一首爱情诗?朱熹怀疑是。其实,这就是一首爱情诗,投木瓜报琼琚并不是朱熹所说的“赠我以微物,报之以重金”,而可能是一种地域的风俗,一种表达爱情的方式,从这个角度来理解这首诗似乎更恰当、更合理一些。

由此可知,“隐”所表现的符号都含有极为神秘的成分,引发诗人产生创作冲动之物一般都与整首诗的内容有关联。这种关联性又不同于一般的隐语,而是一种风俗的、巫术仪式的或某种观念意义的互渗。这是原始思维的遗传。比兴思维虽然是一种较为高级的艺术思维方式,仍与原始思维有关系。

与作品内容无关联的启发事物就不是隐了,但仍然是兴。这类事物只是起着思维的引导,或者说是这类事物引起了创作的冲动,这在《诗经》中的表现也是很多的。如《鄘·墙有茨》:

> 墙有茨,不可扫也。中冓之言,不可道也。所可道也,言之丑也。
>
> 墙有茨,不可襄也。中冓之言,不可详也。所可详也,言之

① 朱熹:《诗集传》,北京:中华书局,1958年,第41页。

长也。

墙有茨，不可束也。中冓之言，不可读也。所可读也，言之辱也。

茨，蒺藜之谓。墙上长有蒺藜，不可去除，与诗的反复陈述的言之丑、言之长、言之辱的不光彩之事有什么关联？按照人们一般的思维习惯，应该是没有什么关联的。在这里，“墙有茨”只是起着思维的引导，或可以说是这种墙上之茨引起了诗人的创作冲动，借助于它来说出自己想说的话题。“墙有茨”实在没有什么意义。马瑞辰在释这首诗时说：“诗以墙茨起兴，盖取蔽恶之义。以墙茨之不可扫，所以固其墙，兴内丑之不可外扬，将以隐其恶也。”①这种解释牵强附会的痕迹极为明显。茨本来就是恶的东西，满身是刺，人不能接近。它的恶，人一看便知，以之为蔽岂不荒唐？只有把“墙有茨”作为无意义的启兴理解似更为通达。它只起着引导思维、引发诗人创作冲动的作用。对“兴”的这种无意义的认识，从明徐谓已经开始了。徐渭说：

则以《诗》之“兴”体超句绝无意味，自古乐府亦已然。乐府盖取民俗之谣，正与古国风一类。今之南北东西虽殊方，而妇女儿童、耕夫舟子、塞曲征吟、市歌巷引，若所谓《竹枝词》，无不皆然。此真天机自动，触物发声，以启其下段欲写之情，默会亦自有妙处，决不可以意义说者……②

顾颉刚对朱熹所注之兴存有百般疑虑，他也看到了兴的无意义，但得出的结论是：兴是无意义的起头协韵。他分析了他所收集的歌谣计九条，看到了起首一句和承接的一句没有关系。“萤火虫，弹弹开，千金小姐嫁秀才。”“蚕豆花开乌油油，姐在房中梳好头。”起首一句和承接一句确实没有关系，但起首一句便不仅仅是起头协韵，同时也引导人的思维，引发诗人的创作冲动。顾先生还举了汉代乐府《古诗为焦仲卿妻作》一诗的开头。“孔雀东南风，五里一徘徊”与紧接着的诗

---

① 马瑞辰：《毛诗传笺通释》，北京：中华书局，1989年，第168页。

② 徐渭：《奉师季先生书》，《徐渭集》(2)，北京：中华书局，1983年，第458页。

句“十三能织素，十四学裁衣”没有一点关系的例子加以说明，以此逆推《诗经》的兴诗都是起头协韵。结论虽有武断之嫌，但是，从另一方面，不能不说顾先生的论述有一定的道理。只不过是，顾先生犯了以偏盖全的错误而已。这些都是说不清楚的，是神秘的。在这种意义上，我们说比兴思维与原始思维有一种神奇的默契。这种默契不容易揭开，搞不清其中的内在结构，只能关注现象。

比兴思维综合运用丰富的联想、想象、象征和隐喻。这些联想、想象、象征和隐喻是受引导人们思维开展的客观物象的启发，或者是受所借助的客观物象的引发。也就是说引导人们思维的客观的物象是联想、想象、象征和隐喻的发生之源。“桃之夭夭，灼灼其华。之子于归，宜其室家。”(《周南·桃夭》)这里，引发人们思维的是“桃”，由“桃之夭夭”，诗人展开了联想。联想到了那女子的美貌，联想到婚姻生活的幸福，可以说，“灼灼其华”的桃花在这里是一种象征，又是一种隐喻。它象征着美貌的女子和她幸福、美满的婚姻家庭生活，也隐喻着她爱情生活的甜美，意义是十分丰富的。“桃”作为一个有意义的观念符号在中国传统文化中已经成为美好的象征，可能就是因为《诗经》中的这首优美的诗，至少它起着推波助澜的作用。然而，桃怎样与女子的爱情、婚姻生活联系在一起？这里依旧存在着一种神秘的关系。这是思维的衍生遗传，在比兴思维中，处处能看到原始思维的痕迹。

《召南·麟之趾》运用的同样是比兴思维。由麟引导诗人思维的开展。

> 麟之趾，振振公子。于嗟麟兮。
> 麟之定，振振公姓。于嗟麟兮。
> 麟之角，振振公族。于嗟麟兮。

朱熹注：“麟，麕身，牛尾，马蹄，毛虫之长也。”又说：“麟之足不践生草，不履生虫。”[1]这是仁义的象征。这首诗的奇特之处在于，麟不

---

① 朱熹：《诗集传》，北京：中华书局，1958年，第7页。

仅引导了诗思的展开，而且还是唯一的咏歌对象。诗中反复说它怎么仁厚（振振），怎么美好，并连连慨叹。这是一种“隐”，即把想要表达的思想和情感隐藏起来，不显山，不露水。显然，醉翁之意不在酒。这首诗仍是赞美人的。朱熹认为：“文王后妃仁德修于身，而子孙宗族皆化于善，故诗人以麟之趾兴公之子。言麟性仁厚，故其趾亦仁厚。”[①]暂且不管它歌咏的是谁，朱熹的思路大致不错。这里包含着多么丰富的联想、想象、象征、隐喻。由麟这种动物引发展开联想，把它想象成一个仁义的人，同时，麟也成为了一个象征，一个隐喻。从不同的角度说，它的意指就会有所不同。麟的形象俨然一个完美的艺术形象。但是，这里又包含着极为浓重的原始思维的联想与类比的成分。原始思维非常崇拜图腾，认为图腾能够给人们带来好的运气，是一切美好的象征。麟的形象明显地保留着图腾崇拜的观念。

由原始思维到比兴思维，存在着一条看似极为清晰的进化轨迹，这表现在艺术意象和原始兴象的关系上。在原始思维中，凡事都归因于原逻辑的神秘互渗，作为图腾或原始兴象的动、植物，原始人类就是把它们看得有灵性，认为他们有生命意志。或者认为它们就是人类自身。波罗罗人就是相信他们自己是金钢鹦哥变的，他们与金钢鹦哥是同一的。在塔拉胡马尔人的眼里，动物根本不是低等动物，它们也懂得巫术，知道许多。“春天，鸟啼，鸽鸣，蟋蟀叫，总之，草地的一切居住者发出的声音，在塔拉胡马尔人看来，都是在呼吁神降雨。”[②]这种万物有灵的观念深入原始人类的意识之中。比兴思维虽然也能够把动物、植物描写得有生命，有意识，但是，那是有意识地去运用文学艺术的手法，以使得文学艺术亲切感人，并非真诚相信万物有灵。从《召南·麟之趾》这首诗中，我们可以洞见原始思维和比兴思维的根本区别。

比兴思维虽然综合运用联想、想象、象征、隐喻，是一种成熟的艺术思维，但是，它是从原始思维中的类比与联想发展而来的，联想、想

---

① 朱熹：《诗集传》，北京：中华书局，1958 年，第 7 页。
② 〔法〕列维—布留尔：《原始思维》，丁由译，北京：商务印书馆，1994 年，第 243 页。

象、象征、隐喻均脱胎于原始思维。在上文中,我们讨论了符号的联想与类比,将原始思维的联想、类比与艺术思维的联想、类比作了一个简单的比较。在这一比较的过程中,实际上就隐含了我们的一种企图,那就是力图证明比兴思维胎脱于原始思维的联想与类比。关于这一点,叶舒宪与我们有相似的态度。他说:"'兴'的思维方式既然是以'引譬连类'为特质的,它的渊源显然在于神话思维的类比联想。"①所谓神话思维当属列维—布留尔所说的原始思维的范畴,所谓"兴的思维方式"并不等同于我们所说艺术创作中的比兴思维,而范围更大。它是指中国传统的推理方法,是理性思维的流行模式,是一种颇具文化特色的诗性智慧。叶氏的视觉虽然和我们不一样,但在比兴作为一种艺术(诗性)的思维方式及其所具有联想、类比特征这一点上与我们却是相合的,同时还都强调比兴源于原始思维(神话思维)。

首先,比兴思维中的想象和联想是源于原始思维的。原始兴象之所以能够成为一种观念的形象,就在于原始人类的神秘的联想。原始人类的联想可分为几个类别:第一,推测联想。这种联想在原始思维中的表现是非常普遍的,只不过这种推测不是一种逻辑推测而是一种原逻辑的推测。人由于疾病死亡或者由于其他原因死亡,在原始人看来不是正常的,他们都推测是巫师干的,巫术是造成死亡的理由。在罗安哥,"设若有谁掉进水里淹死了,他们会对你说他是着了魔;假如有人被狼或虎吃掉了,这是因为这个人的敌人借助巫术的魔力变成野兽来吃了他;如果一个人从树上掉下来,如果他的房子被烧了,如果雨季比往年长,所有这一切统统被认为是由某个坏人的莫亏纪的巫术力量造成的"。② 这实际上不是真正意义上的推测,仍是神秘的互渗。第二,目标联想。原始人类的生活有一定的目标,如打猎和捕鱼等,他们的目标都是明确的,那就是要捕猎到他们想要捕猎到的实物。一切巫术仪式都为这一目标的实现而努力。他们模仿动物的动作,联想这

① 叶舒宪:《诗经的文化阐释》,武汉:湖北人民出版社,1997 年,第 409 页。
② 〔法〕列维—布留尔:《原始思维》,丁由译,北京:商务印书馆,1994 年,第 357 页。

个动物被捕获的场景;他们施行“鱼讲道”,劝告鱼类,恳求它们出现,落到网里来。[1] 这种奇特的联想同样是神秘的。在原始人的观念里,这种目标的联想是必要的。第三,图腾联想。这是对他们身份的联想。他们联想到他们和某一图腾的血缘关系,把作为图腾的某一动物、植物也看成有血有肉有感情的,认为图腾能给他们提供各方面的庇佑,能给他们带来运气与幸福,对之顶礼膜拜。这些联想虽然都带有神秘互渗的特征,但是极为形象、生动,充满情感色彩。文学艺术的联想与想象正是脱胎于原始思维,比兴思维也不例外。请看《诗经》《魏・硕鼠》:“硕鼠硕鼠,无食我黍。三岁贯女,莫我肯顾。逝将去女,适彼乐土。乐土乐土,爰得我所。”硕鼠在诗人的观念里不讲情义,没有良心。诗表面上写硕鼠,实际上是写人。通过诗人的艺术联想,将老鼠比作无情无义,丧尽天良的人。这是比兴思维的具体运用。在这里,神秘互渗的意味失去了,只留下人们都能意会的生动的形象。再看《小雅・采薇》:“昔我往矣,杨柳依依。今我来思,雨雪霏霏。行道迟迟,载渴载饥。我心伤悲,莫知我哀。”杨柳和雨雪也似有生命和情义。“依依”写出了杨柳的柔情,“霏霏”描绘了雨雪的凄凉悲哀。诗人以充满感情的拟人化的笔法写出了杨柳和雨雪的神韵,诗意的联想极其浓郁。比兴思维的联想和想象虽脱胎于原始思维的神秘联想,但是却舍弃了它的神秘性和互渗性。比兴思维虽然是一种直觉,但是,并不是低级的直觉,而是一种较为高级的艺术思维方式。

其次,比兴思维中的象征源于原始思维。原始图腾和原始兴象有很多都带有神秘象征的意蕴。如原始图腾本身就是象征,原始的集体表象也是象征。波罗罗人之所以以金钢鹦哥作为氏族的图腾,是因为金钢鹦哥与他们有宗族关系,因此,金钢鹦哥就成为他们氏族象征。中华民族以龙作为自己的图腾,龙是一个幻想中的形象,龙也是一种象征。但是,在原始人的思维中,这种象征起初并没有明确的意义,只

---

① 〔法〕列维一布留尔:《原始思维》,丁由译,北京:商务印书馆,1994 年,第 232—233 页。

是以互渗的性质将其加以固定的。只能说,这仅具有了象征的某些成分,还不是真正意义上的象征。黑格尔在描述埃及人的面具象征时说:

> 动物面具特别是用在描写制造木乃伊过程的作品里。在制造木乃伊这种职业里,解剖尸体取出内脏的人们都戴着这种动物面具。这里动物的头显然不是代表它本身,而是要暗示一种和它有别的普遍意义。此外,动物形象还和人的形象混在一起来用;我们看到人身狮首,人们认为这是代表智慧女神明诺娃;还有人身鹰首,而天神阿蒙的头上还长着一对角。这些显然都有象征的意味。①

正是这些具有象征意味的形象演化为文学艺术中的象征。原始人的集体表象和图腾是艺术象征发展的第一阶段,或曰前历史阶段,只有这些形象真正成为具有意义的观念形象才成为象征,成为纯粹的艺术象征。在诸多的文学艺术的表现手段中,象征的符号性最为强烈,它可以以图像的形式表现,使人看到这种图像,就联想到某种观念的意义;它也可以以文字的形式表现,借助于文字意象使人领略某种深刻意蕴。例如,我们看到龙凤在一起飞舞的形象,联想到吉祥如意;在文学作品中读到梅、兰、竹、菊的意象,往往是人品格的象征。因此,象征也是一种集体表象,它是一种现代人的集体表象。

在《诗经》中,已经非常成功地使用象征了。我们上文例举的桃和麟的意象已经是较为成熟的象征。实际上,《诗经》借助于外物表达思想情感的比诗和兴诗多有象征的意味。这是由比与兴的隐所决定的。朱光潜先生说:"《诗经》中比兴两类就是有意要拿意象来象征情趣,但是通常很少完全做到象征的地步,因为比兴只是一种引子,而本来要说的话终须直率说出。"②《诗经》的象征意味经过孔子等先秦诸子的阐释,又多了一层伦理道德的含义,这在一定程度上充实了《诗经》的象征意蕴,对文学创作有积极的意义。屈原可以看做是忠实地发挥先秦儒家理性主义的诗人,他诗中的象征成为后世诗歌创作

---

① 黑格尔:《美学》第2卷,朱光潜译,北京:商务印书馆,1997年,第73页。
② 朱光潜:《诗论》,北京:生活·读书·新知三联书店,1998年,第71页。

象征的典范。“善鸟香草，以配忠贞，恶禽臭物，以比谗佞；灵修美人，以媲于君。”①《离骚》中所描写的草木零落、美人迟暮，象征着贤人的失宠和郁郁不得志，也象征着有抱负的君子政治生命的终结。后来，象征被用于各种题材形式的文学艺术创作中。“春蚕到死丝方尽，蜡炬成灰泪始干。”（李商隐《锦瑟》）春蚕、蜡烛均象征着爱情的忠贞不移。“总畏浮云遮蔽日，长安不见使人愁。”（李白《登金陵凤凰台》）“浮云”象征着谗佞小人，“日”则象征皇帝。“春华秋月何时了，往事知多少！”（李煜《虞美人》）“春华秋月”象征逝去的年华及由此引发的无限悲愁。这些象征，已经没有原始兴象的神秘意蕴，摆脱了巫术的枷锁，已成为纯粹的审美意象。但是，它们的根源还在于原始思维，依据人们的集体表象，遵循人们认识的规律。

最后，比兴思维中的隐喻源于原始思维。原始图腾和原始兴象的神秘特征在于隐，即把原始人类认为有关联的事物之间的联系的原因隐藏起来。这样，隐不仅仅孕育了象征，而且孕育了隐喻。原始人类认为一种动物或植物是本氏族的图腾，它何以成为本氏族的图腾？原因非常复杂。可能因为一个非常荒唐的遭遇，也可能因为一个离奇的梦。在互渗原则的指导下，原始人类在打猎的时候往往不说猎物和猎人的名字，而是借助于别的名称代替。散塔尔人打猎时遇到豹或虎却喊猫，契洛基人称被响尾蛇咬为被刺花李刺，打死了一只鹰称打死了一只雪鸟。这是非常原始的隐喻。隐喻的目的不在于表达出一种情趣或一种观念的意义，仅在于适应互渗的原则。这是原始思维隐喻的特征。随着社会的发展，人类文化的进步，原始图腾和原始兴象的神秘互渗消失了，借助于一种事物言说另一种事物已经具有了非常明确的情趣和观念的意义，这便是现代意义上的隐喻的生成。因此“隐喻是建立在相似基础上的替代”，“是一种移位和凝缩的心理运作过程”也就不是一句空话，而有了实在的内容。② 隐喻最早也是在《诗经》中

① 洪兴祖：《楚辞补注》，北京：中华书局，1983 年，第 2 页。

② 参见耿占春：《隐喻》，上海：东方出版社，1995 年，第 41 页。

有成熟表现的。如《国风·关雎》中的“关关雎鸠”,《邶·燕燕》中的“燕燕于飞”,《王·扬之水》中的“扬之水”,等等,都是较为成熟的隐喻。“关关雎鸠”隐喻爱情婚姻生活的美满幸福;“燕燕于飞”隐喻依依惜别;扬之水隐喻思念的情感。朱光潜先生将《诗经》中的隐喻归为以下几类:“有时偏于意象,所引事物与所咏事物有类似之处”;“有时偏重情趣,所引事物与所咏事物在情趣上有暗合之处,可以由所引事物引起所咏事物的情趣”;“有时所引事物与所咏事物既有类似,又有情趣方面的暗合默契。”①这实际上适合后世文学作品中的所有隐喻。隐喻具有微言大义的特点,但并不是所有的微言大义都是隐喻。这一点只要实地考察一番就会非常清晰。

隐喻之成为文学艺术表现中极有魅力的表现手段和比兴思维重要的运思方法之一,是得益于原始思维。它作为具有美学意义的一个重要的范畴在中西文艺学和美学领域独领风骚,它对比兴思维的意义更是非同寻常。尽管如此,它的古老的根源仍在原始思维,这正应了传统的一个隐喻:“贵珠出乎贱蚌,美玉出乎丑璞。”②

综上所述,比兴思维是脱胎于原始思维的。它与原始思维的关系只有拨开层层迷雾才能够看得清楚。比兴思维的想象与联想源于原始图腾和原始兴象的联想,它的象征源于原始图腾和原始兴象的神秘象征意蕴,而它的隐喻则源于原始图腾和原始兴象的神秘的隐。这些足以证明原始思维与比兴思维的血缘关系。没有原始思维,不可能有中国古代成熟的艺术思维方式——比兴思维。探讨原始思维的思维特征,对我们更好地把握比兴思维的思维特征有重要的帮助和启发,进而,对深入认识艺术思维都是有益的。

李健(1964—),男,安徽宿州人,文学博士,深圳大学文学院中文系教授,主要从事中国古典文艺学和文艺美学研究。

---

① 朱光潜:《诗论》,北京:生活·读书·新知三联书店,1998年,第41页。

② 葛洪:《抱朴子·外篇·博喻》,杨明照:《抱朴子外篇校笺》,北京:中华书局,1997年,第287页。

美国移民文化问题的研究

陈　文

众所周知，美国的法律、自由的资本主义经济体系、文化价值观念、生活方式等都是移民们创造的精神财富。可以说，移民才是这个国家最宝贵的财富。独立战争胜利后，美国开始作为独立的民族国家进入稳步发展期，移民及其文化问题开始也步入美国社会，成为普遍而又敏感的社会问题。在这里我们主要探讨美国移民文化问题形成的历史成因、几种文化模式的变迁，以及文化现代化问题等。

一、主流文化与族裔文化、社团文化的冲突和几种文化模式的理论

（一）主流与非主流的文化冲突

美国文化的发展主要分三个阶段：第一，文化整合阶段。即美国自独立战争胜利之后，建立美利坚合众国，各种族裔、各种文化体系相互碰撞、相互融合，逐渐形成一种新型的美国民族文化阶段，确立了盎格鲁—撒克逊主流文化的地位，其他移民的民族文化非主流化。第二，文化多元化阶段。20世纪以来，文化多元化向主流文化挑战，各个族裔要求确立自己的文化地位、传播方式及其价值。第三，文化新移民阶段。即20世纪后半叶后工业时代，美国通过市场移民向全球输出美国的意识形态和文化价值观，文化“同化”的概念已经从国内向全

球延伸,形成新一轮的文化殖民。

首先,美国的主流文化是美利坚作为单一的民族和国家成型之后逐渐形成的。

在殖民者到来之前,美洲大陆是印第安人和他们的部落文化。印第安人创造了自己的文明形式和文化内容,尽管并不就是后来的美国文化。随着殖民时代的来临,美洲大陆的情形变得复杂起来,那个时期的美洲大陆,没有形成统一的国家,没有统一的意识形态,社会是移民社会,文化也是散漫的格局,由于英国殖民的势力最大,移民人数众多,因此英格兰文化逐渐占据霸主的位置,而其他文化如印第安人文化、西班牙文化、法国文化等渐渐地非主流化。在英属殖民地时期,美国的移民文化具有强烈的殖民气息,美国文化特色尚在形成之中,而大洋彼岸的英国文化作为高级文化自然而然地成为仿效的对象,比如诗人安妮·布拉兹特里特模仿法裔英国畅销诗人杜巴塔斯的风格写作,自她之后形成的模仿英国风格写作的传统一直延续到19世纪末。

在北美土地上,移民大部分是英格兰人,可是还有不少苏格兰人、荷兰人、法国人、德国人、非洲黑奴移民等,形成美国自建国以来从未间断的主流与非主流之间的文化冲突与碰撞,自然而然,也形成了美国移民社会的基本特色:文化价值多元化,文化理念多元化。不过,也正是由于空旷的北美大地以其巨大的宽容心怀接纳了形形色色的移民,相对优越的自然环境和民主氛围,以及没有历史的包袱和偏见等因素,使美国建国初期的开国者们富有历史远见地创造人类历史上第一个"自由宪章":人人享有信仰自由、言论自由、出版自由和陪审团制度。美国的"独立宣言"和"权利法案"既使美国精神的体现,又是移民文化的产物,因为移民文化本身具有开拓性、开放性、包容性。

19世纪初美国与欧洲之间的差异已经十分明显,尤其是在学者爱默生等人的呼吁下,美国的文化逐渐摆脱依赖宗主国文化、缺乏自信的困境。爱默生时代是美国文化第一次自我调整,处理内部文化结构上的冲突和矛盾,并确立盎格鲁—撒克逊的主流文化地位的时代。爱默生于《1837年8月31日在麻省剑桥镇对全美大学生荣誉协会发表的演说》中提到："我们倾听欧洲典雅的艺术女神的声音，已经为时太久。人们已经怀疑，美国自由人的精神是否是胆怯、模仿或温顺的代名词"，"我们要用自己的脚走路；我们要用自己的手来工作；我们要发表自己的意见"。[①] 爱默生一系列的演讲对美国社会产生了广泛而深刻的影响。由于美国是一个移民国家，要实现真正意义上的民族融合，需要强调在法律意义上的公民平等，而不是区分各个种族、文化和价值观等方面的优劣。但是确立盎格鲁—撒克逊的主流文化地位本身就有可能导致社会排斥非主流文化和煽动种族主义情绪，美国的历史尤其是它不断变化的移民政策的确也证明了这一点。

所谓"盎格鲁—撒克逊的主流文化"的内容首先表现在语言方面。英国作为美国早期殖民者的霸主，英语随之成为美国的主流语言，英语在自身的发展中吸收了其他语种的词汇，被改造成美式英语，为大众广泛使用。由于移民群体多种多样，其他语种也可以使用，但基本上局限在族群内，难以受到主流社会的认可。主流语言存在的本身显示了盎格鲁—撒克逊文化优越的主流地位，因为语言可以影响并形成人们对世界和文化的态度，而在一个持有共同语言的文化群体里，可以顺畅地交流并将他们的文化理念付诸实施。语言潜在的含有某一文化群体的共同的信念、价值系统或文化原则等。使用什么样的语言，表现了使用者的文化身份、交流模式和共同享有的社会经验。作为有着复杂的各种移民文化群体的美国社会，要同化各个不同的族群，使他们归位于一个民族中，那么语言的统一就有着重要的文化意义。但是少数族群常常倾向于保留母语的使用，母语——是他们曾经生活并体验这个世界的重要手段，也是他们与母国的文化传统保持联系的关键纽带。美式英语的主流地位可能意味着忽视其他语种，进而忽视对带着各种文化背景和语言来到美国的移民群体的重视和关注，此即为文化冲突原由之一。

---

① 〔美〕波尔泰编，赵一凡译：《爱默生集·论文与演讲录》（上），北京：生活·读书·新知三联书店，1993年，第83—84页。

其次,表现在宗教方面。美国社会在宗教方面强调宗教自由和宽容思想,这也是移民文化的产物之一。但是在多种宗教并生共存的情况下,新教、天主教和犹太教仍占据主流的地位,尤其是新教的势力最大。这三教源出一脉,其他教派如佛教、道教、印度教、摩门教和印第安教等在美国社会则为非主流宗教思想。"上帝"这一代表宗教信仰的绝对符号,深入于美国社会生活的各个层次,在美国国歌、总统就职宣誓、政治演讲、婚丧典礼、体育赛事、文艺演出甚至在美元上都能找到"信仰上帝"之类的话语,足见整个社会对基督教思想具有的虔诚态度和诚挚的情感。但是这类态度和热情也可以在其他的世俗事务上找到,到底它能在多大程度上推进宗教事业的发展、深化宗教的意义,还值得研究。不过至少说明了美国主流文化是由欧洲传统与文化延续而来,并且实体不变。主流文化需要通过宗教的形式将它的文化观念内化为各色人群的潜意识。或者我们也可以说,宗教成为主流文化的一部分确立其崇高的地位,是表现主流文化优越性的重要工具。

再次,表现在教育方面。美国的快速发展与它的教育事业的发展是同步的。据有关书籍记载:1635 年波士顿建立了最早的正规学校,1642 年马萨诸塞殖民地颁布了第一个教育法,其后各州也渐次颁布了有关教育的法令。通过发展初级教育,第一代欧洲移民中 2/3 的男子和 1/3 的妇女具备了基本的阅读能力,新英格兰地区居民的识字率甚至比英国还要高。1852 年,美国开始建立公立小学义务教育制度。而高等教育也建立于殖民时代,1636 年哈佛学院的诞生开创了美国大学的传统。到美国内战前后,美国 27 个州中有 25 个州建立了综合大学,全国的高等学府增加到 260 所。1900 年,美国已有 150 所大学建立了研究生院,其中 1/3 的高校开设了博士生课程。1980 年以来在校大学生维持在 1800 万左右,20% 以上的美国人受过各种形式的高等教育[①]。教育是国家整体国力提升的前提,教育的发展有利于提高国

① 杨会军编著:《列国志——美国》,北京:社会科学文献出版社,2004 年,第 456—463 页。

民素质,推动工业化发展进程;又反过来推进了美国社会文化的多元化。因为美国民族发展的历史使人们认识到,在移民社会中,统一的民族并不意味各个族群在文化方面绝对一致,而是文化宽容和文化交流,更能促进族群间的和谐,保障社会秩序的稳定,推动社会进步。教育的深化发展有助于整个社会对这些问题的理性反思。

美国虽然重视教育,但是在教育方面也存在主流与非主流的问题。比如在教学内容上,早期美国学院授课使用拉丁语,重视古典语言文学、神学和哲学,这种经典教育模式具有贵族教育倾向;在招收学生方面,排斥女性和黑人。随着美国公共教育的发展和社会意识的进步,女子和黑人也可以入学,但是种族差异和性别差异还长期存在于教育的体制内,不容易彻底根除。但在教学的理念和内容上则随着社会的进步变化较快,因为传统教育模式不适应现代工业竞争性的概念,实用科学和技能教育的发展体现教育应当向不同阶层的民众的真实需求倾斜,女性、黑人和其他少数族裔也逐渐拥有接受高等教育的机会,体现教育平等的理念。

(二)“熔炉同化”理论的实质

美国社会从移民国家向民族国家转型是成功的,有一个词语可以描述之,即“熔炉同化”,或曰“美国梦”。“熔炉同化”创造了美国文化的基本样式:讲美式英语,接受资本主义经济制度,信仰基督教,吃汉堡包,过中产阶级的生活。熔炉理论并不鼓励多元文化,相反它要求新移民摆脱各自的文化传统,完全融入于主流文化,即“盎格鲁—撒克逊文化”,也即“欧洲文化中心主义”。据说同化程度的标准是移民在多大程度上与母国文化传统绝离。伍德罗·威尔逊总统1915年在费城归化公民大会上致辞说:“一个认为自己是属于在美国的特别民族集团的人,就还没有成为美国人。”[①]依据这样的思维和理论,东南欧

① 密尔顿·戈顿:《美国生活中的同化问题——种族、宗教信仰和原族裔的作用》,参见邓蜀生著:《美国与移民》,重庆:重庆出版社,1990年,第383页。

裔、亚裔、部分拉丁美洲裔和非洲移民开始艰难的自我改造的历程，但是不是因此就能被接受为真正的“美国人”？从历史上看，即使接受改造，完全美国化，诸如讲一口流利的英语，接受高等教育，信仰基督教等等，也未必就能进入主流社会而不受到排斥，根源就在于种族问题。第一次世界大战期间由政府主导在美国社会广泛掀起了一场“美国化”运动，矛头直指外来移民和侨民，甚至不惜使用非法拘禁和驱逐出境的方法迫害被认为是还未归化的移民。从长远来看，“美国化”的运动不能完全切断外来移民与原民族种种心理上、精神上的联系，但毕竟强化了美国作为单一民族，而不止是一个大移民社会的事实。

美国历史上不断变化的移民政策，说明美国社会存在种族主义的偏见与歧视，并且从未完全消除。排斥其他的民族，即意味着盎格鲁—撒克逊民族的优越，马萨诸塞州联邦参议员亨利·卡伯特·洛奇曾定义“盎格鲁—撒克逊民族”即撒克逊人、盎格鲁人、朱诺人、诺曼人和凯尔特人组合的“英格兰民族”，而“新大陆民族的形成不过是来自旧大陆这些种族的重新组合”[①]，这个“英格兰民族”的组合体是优秀的，与之比较其他民族是劣等的。《美国与移民》一书提到，20 世纪美国社会仍存在事实上的种族阶梯，阶梯的顶端是英国人、土生土长的白人和加拿大人，而阶梯的最下层是黑人、日本人、中国人、印度人、土耳其人[②]。同时，还可以从美国社会阶级结构的区分状况来认识这一问题。

《美国阶级结构》一书谈及阶级结构时说，美国的阶级结构主要分三层：上层阶级、中层阶级和工人阶级。划分的依据是 20 世纪初美国工业化快速增长时，全国阶级划分变化后的状况[③]。美国的上流社会包括旧的大庄园主和殖民期通过创办实业积累庞大财富的人及其后代，就是人们所说的“名门望族”，在工业经济时代又包括了新兴的工

---

① 洛奇的观点引自《交流》(美国新闻总署出版)1983 年第 4 期第 9 页，威利·保罗、亚当斯：《移民问题和美国的经验教训》，参见邓蜀生：《美国与移民》，重庆：重庆出版社，1990 年，第 403—404 页。

② 邓蜀生：《美国与移民》，重庆：重庆出版社，1990 年，第 404 页。

③ 〔美〕丹尼斯·吉尔伯特、约瑟夫·A. 卡尔：《美国阶级结构》，北京：中国社会科学出版社，1992 年，第 72—73 页。

业资本家，以当时垄断美国经济的八大财团为主。中层阶级过去主要指小企业主，如农民、店主、独立经营者等，工业化后中层阶级由白领职员构成。工人阶级处于美国阶级结构中的最下层。上层阶级还分顶层和下上层，顶层的祖先是第一批到美国的英国新教徒，其后裔继承祖先遗产，依靠债券和股票生活，拥有常春藤大学的学位；上层和下上层是工业与金融资本家和获得巨大成功的高级官员、医生、律师等，他们虽没有值得炫耀的家族背景，但其基本成员来自种族阶梯的顶端，有名牌大学的学历。产业工人的来源是移民，有南欧和东欧的白人、非裔黑人和亚裔。中层阶级一般受过大学教育或高中教育，有各色人等。就黑人和有色人种而言，只有他们中的成功人士方能进入中产阶级，他们也是族群中美国化程度较高的。美国社会还存在被视为低贱与危险的下层阶级，下层阶级的收入很低，经常遭受失业的打击和公开的歧视。下层阶级中有白人，但更多的是黑人和少数族裔，他们通常聚集于少数民族聚居区，很难仅依靠自身的力量改变贫穷的痼疾。不论是上层阶级还是下层阶级占人口比例都为少数，但是少数的上层阶级却集中了大量的私人财富和社会权利，他们的财富或奠基于祖先开拓美洲时的积累，或完成于资本扩张时期，他们被视为社会的精英，实际掌握着国家的权利，主导政治经济的发展方向，而他们大部分具有新英格兰人的血统。因此我们说主流文化的实质是血统论，“盎格鲁—撒克逊民族文化主义”维护的是这个所谓优越民族的政治经济利益和文化权利，黑人和少数民族无论如何努力也难以克服根深蒂固的种族论的敌意。

通俗说法的“美国梦”表现了移民们向往人人平等的社会理想，但是现实是，社会存在着等级差别的不平等事实。在美国社会主流与非主流的尖锐冲突尤其表现在种族关系问题上。熔炉理论站在文化优越论的基点上，强调移民放弃各自的文化背景和传统，融入美国社会，成为一个合格的美国公民。或者说，如果移民不能放弃原有的文化背景和传统观念，对美国而言，移民就是麻烦和包袱，甚至会威胁社会的安全，美国建国以来大大小小的排外运动反映了主流社会对移民群体政治文化背景的恐惧。种族问题在美国首先表现在对待黑人的态度上,其次表现在对待少数族裔的态度上。

黑人问题在美国十分敏感,在殖民时代,黑人是奴隶,没有公民权,被视为低等民族而与白人隔离,尤其是在美国南部地区,黑人受到残酷的、不公正的待遇。虽然1875年美国联邦国会通过第15条宪法修正案,规定政府不能因肤色、种族等因而剥夺公民的选举权,但是黑人的境遇并没因此而改变多少。20世纪五六十年代以后美国黑人的境遇才获得很大改变。20世纪20年代美国成立全国黑人种族协进委员会,保障黑人在社会上的平等地位和公民权利,罗斯福"新政"时期进一步增加黑人参政的权利及改善黑人就业和生活条件。20世纪五六十年代美国发生全国性的民权运动,加之大众传播媒介的迅速发展使美国社会逐渐普遍认同黑人与白人平等的理念,不再把黑人当做二等公民看待,"种族隔离"政策渐被废除,黑人中产阶级队伍逐步扩大,黑人文化在社会上受到尊重和认同。但是就整体而言,黑人的受教育程度、就业率、收入、参政机会和社会影响力仍远不如美国的白人。

少数族裔在美国的境遇也许比黑人要好些,但是在生存与发展的道路上也会触碰到敏感的种族问题。美国是移民国家,2.5亿的美国人中除少数土著外,绝大多数是移民及其后裔,美国是100多个民族的混合体。所谓少数民族并不仅仅以人数的多寡而论,而主要指非盎格鲁—撒克逊族裔。在美国的历史上发生过排斥法国移民、德国移民、爱尔兰移民、犹太移民等事件,但到19世纪以后对欧洲白人的排斥逐渐消除,而且欧洲白人经过一、二代人的变迁,易于融入美国的社会生活,正如哲学家拉尔夫。爱默森所言:"爱尔兰人、德意志人、瑞典人、波兰人和哥萨克人,以及欧洲各个种族的精力,将建造一个新的种族,一个新的信仰,一个新的国家,一个新的文学,他们就像从黑暗时代的熔炉中冶炼出新欧洲那样生气勃勃。"①我们可以将爱默森的"新

---

① 马尔德温·琼斯:《美国的外来移民》,第160—161页。参见邓蜀生:《美国与移民》,重庆:重庆出版社,1990年,第400页。

的种族”、“新的国家”理解为以盎格鲁—撒克逊族裔为主的美国白人群体,因此少数民族的概念,后来可以定义为有色人种的外来移民族群。美国历史上的“种族隔离”、“种族歧视”主要是指白人对黑人的偏见与政策,但是事实上对其他有色人种及其族群也是歧视的,或采取过隔离措施。以华人为例,华人以苦力和劳工方式移民美国,为美国的农业、铁路建设等事业做出了巨大的贡献,但是他们收入低廉,没有任何人身保障,被视为印第安人种而不受法律的保护,在社会上备受打击和歧视,美国历史上曾经多次掀起排华浪潮,制定歧视性的排华法案,地方性的立法和条例层出不穷。梁启超《新大陆游记》附录“记华工禁约”中写道:“美国禁例,非特内地人瞠乎未闻也。即旅居彼中数十年者,尚或茫然不能穷其形,因定例既已烦苛,而例之外复有一案,一案之行,而后复援以为例,其税关及司法之人,任意上下其手,而我莫能与校。故案之多益不可思议。”①不仅对劳工如此,华人学者、学生、商人、访问者也同样受到欺辱对待,使华人在美国的生存境遇十分艰难。实际上华人移民人数不多,不致对美国社会形成任何压力和损害,而他们之所以受到如此待遇,其原因之本就是种族歧视,可见美国熔炉理论的实质是怎样的了。当然华人今天在美国的处境有了很大的改善,转折点是20世纪四五十年代,不仅美国的民权运动使美国人重新反思对于有色人种的态度,而且中美关系的格局也发生了很大的变化,华人在美国社会各个领域突出的成就塑造了华人集体的形象,受到美国社会的尊重,华人文化也逐渐融入美国社会的主流文化之中。

(三)向多元化文化模式的转化

早期美国的融炉理论既含有统一国家和民族的积极意义,又有种族主义的消极性,体现了以盎格鲁—撒克逊族裔为主的美国白人群体

① 陈翰生主编:《华工出国史料》第7辑,北京:中华书局,1984年,第30页。参见邓蜀生:《美国与移民》,重庆:重庆出版社,1990年,第223页。

的文化价值观念的核心地位和权利意识,对于非白人群体的价值观和文化身份的态度是消极的、优越屈尊式的。要证明之,在美国的政治和文化史上不乏其例。种族文化一般来说是以世代相继的历史和包含着语言、仪式、生活习惯等文化规范为基础的,而民族文化是指生存在同一国家内的人们经过长期的社会化过程而共同接受某种特定的价值观、信仰和行为方式。在美国有色人种有着各个不同的族群,族群的人数虽然可能不多,但大多有着明显的不同于白人的种族特征,这些特征有的可以经过二、三代人的社会化过程而淡化,而有些是难以改变的,如肤色、起源感、信仰、集体无意识等因素,尤其是当某种种族特征或生活习性受到来自主流文化的批评时,就会激化种族矛盾,反而促使移民回归自己的文化传统,挑战主流文化。因此美国第一次世界大战后,熔炉理论受到社会有识之士的质疑,出现了拼盘文化模式、马赛克文化理论等。1924 年德裔犹太学者霍勒斯·卡伦首创"文化多元化"的概念,并随着社会意识的逐步进步,而被人们普遍接受。当今美国社会强调文化多元化、社会多样性,甚至今天保守的熔炉理论也承认移民将自己的文化传统添加到熔炉中演变为熔炉的一分子,不失为一种很好的文化策略。

"移民文化"一词在美国有比其他国家更为特殊的意义,是一个特殊语境下的代码。美国是民族国家、移民社会,民族性发展的历史不过百年,因此强化民族性的熔炉理论才受到社会的广泛认同,而文化多元化的理论即使得到认同,比如在学术界,也仍然是有争议的,操作起来有一定的难度,比如说多元文化在美国到底是不同族群将自己的文化传统融入主流文化,转变为美国文化的一部分,还是保留各个族群独特的习俗、语言,以及认知方式,被视为多元化的一元而受到维护,就体现了民族主义与种族民族主义的区别,其政治立场与历史观念有极大的不同。前者在今天也仍然是美国主流思想的一部分,受到主流社会的充分肯定,如政府、教育界、传媒业等;后者的影响正在扩大。广义上的"文化多元化"理论,是在不完全否定两者的情况下,更为强调文化互动、跨文化交流。尤其是进入 21 世纪,"多元化"已经成为社会的普遍共识。但是在实践方面不如熔炉理论成功,族裔文化相对地社区化,成为美国丰富多彩的社区文化的一部分。它可以表现美国文化是富有弹性的,但归根结底资本主义经济体系、美国化的道德标准、生活方式和文化优越感等比种种文化理论更深入人心,或者说美国的主流文化所强调的“民族性”十分顽强,因此少数族裔在美国不管如何努力都会遭遇文化焦虑。

(四)美国文化的新动向——族裔文化与社团文化

“文化”是一个复杂的概念,它不仅指文学、音乐、雕塑、电影之类的文化产品,它还是指可以普遍的让人们从中识别出完整而统一的民族风貌的事物。哲学、宗教、科学和社会思想的成熟与发展,有赖于民族统一体的完成,而每个民族为大多数认同的价值观和行为体系,总会通过个体的思维和行动方式表现出来,这是文化。故而,在“文化”这个概念前冠以“民族”两个字,目的是显示与其他文化系统的距离和自身明显的可识别性。文化是形成的,是在同一民族内部不断对不同的事物进行反复调适和重新整合的一种特殊系统。文化认同感基于人们日常经验的现实,如果把文化比喻成一台结构精密复杂的仪器,那么,要了解任何文化形态都必须认识组成这台仪器的每一个部件及部件之间的联系。

以上我们解释“文化”的定义,是为了说明为什么经过文化同化运动后,美国社会仍然顽强存在着族裔文化及社团文化,并且在当代越来越活跃。其深层次的原因来自“文化”自身的特性。

族裔文化的历史由来已久,随着不同的移民团体移入美国,始终与熔炉文化模式相抗衡,保持自身非美国化的色彩。

美国的移民背景十分复杂,除英国人外,1619—1808 年有 50 多万非洲黑人被贩卖到美国,直至今天,非裔美国人占美国总人口的 12.7%,共有 3674.6012 万人。1840—1860 年有 11.812 万爱尔兰人移民美国。1848—1849 年大量德国人移民美国。1820—1870 年约有 20 万犹太人移民美国,1880 年后又有 200 多万犹太人移居美国。20

世纪50年代,约有400万拉丁美洲移民涌入美国。1849年入境旧金山的华人有791人,1850年增至4025人,至1873年移民美国的华人达到15万人左右。继华人之后,日本、印度、巴基斯坦、菲律宾和朝鲜等亚洲移民相继进入美国,据美国人口普查2002年7月资料显示,美国已有亚裔人口1155.9027万人,占美国总人口的4%①。

客观的说,早期有色人种的外来移民包括土著美国人(即印第安人)普遍受教育程度不高,文化知识水平有限,又受语言的限制,就业面不广,失业频率高。既影响了他们的种族形象和职业形象,又影响了他们的收入水平,使他们很难跃升到较高的社会等级中。再加上种族歧视的阻碍,使美国少数民族的生存境遇雪上加霜。少数民族实际上面临双重歧视:种族歧视和经济歧视。他们大多只能在社会底层徘徊,与白人收入水平极不平等,即使同工也不同酬。少数民族在美国遭遇贫穷的灾难比美国的白人要深重的多。美国白人大多倾向于认为原因是少数民族受教育层次低,文化水平不高,而不大愿意承认是种族歧视造成,即使谈到种族问题,也认为存在种族差异理所当然。20世纪60年代以后,美国社会开始缓和对移民的歧视性态度,采取缩小种族差别的一系列措施,少数民族也尽最大的努力来提高知识水平,缩短与白人的距离,尤其是黑人在提高教育水平的努力方面为世人瞩目,年轻一代的黑人受教育程度高,由此在经济和社会地位上获得相当大的提升,这是老一辈黑人难以企及的。但即使如此,"美国黑人中产阶级的平均收入只相当于白人中产阶级收入的54%。更重要的是黑人作为一个拥有2650万人口的族裔,大多数人的处境是贫穷的或是拮据的……1988年,年收入低于1.2091万美元的4口之家就是贫穷之家,这一年,低于此水平的黑人家庭达30.6%,白人家庭占101%"。② 再比如,在各个少数民族中,亚裔美国人平均比白人受教育

① 以上的数据资料均来自杨会军编著:《列国志——美国》,北京:社会科学文献出版社,2004年,第31—36页。

② 迈耶、鲁德韦克:《从种植园到黑人聚居区》,第215页。参见张友伦等著:《美国社会的悖论》,北京:中国社会科学出版社,1999年,第212页。

程度高,其中华人历来重视教育,但是受过良好教育的华人子弟,在收入和职业地位上仍然比教育背景大致相同的白人低,甚至低于黑人。高水平的教育和相当的社会成就,并没有使亚裔美国人在主流社会占有一席之地。可见,少数民族不仅是要改变教育的问题。专业和技术水平能改善个人的收入与职业状况,但无助于改变整个社会对少数民族的歧视,政治地位的不均衡状态,会影响到个人的收入和职业前景。因此加强民族内的团结,提高政治参与度,提升整个种族的社会地位,以影响美国经济和政治政策的变化,冲击主流社会的文化偏见,才是少数民族发展的根本之路。这也是当代族裔文化活跃的原因所在。

社区文化是随着社会工业化、城市化的发展而产生的,美国社会遍布大大小小众多的社区,社区有自身的权利机构,能够对社会施加一定的影响力并且参与政治,社区具有一些明显的特征,构成颇具特色的美国社区文化。社区是人群的聚集地,俗话说,物以类聚,人以群分,美国不同阶级的人们定居地不同,所以社区文化有明显的阶级、种族、财富、地位等因素的烙印,不同族群的人通常不会混合居住。比如在美国的历史上,白人与黑人就不居住在同一街区,曾发生黑人搬入白人街区,白人集体迁出事件。美国人的居住地既有等级之分,又有种族之别。上层阶级通常选择纽约、芝加哥、旧金山、费城、巴尔的摩等地居住,居住区通常是小镇乡村风景优美的地方,或者是都市内的豪宅。选择的标准是居住地有荣耀的历史或有历史悠久的学校、博物馆、音乐厅、高质量的新闻报纸,非有色人种聚集地等。上层阶级包括顶级阶级保留明显的英式文化传统,外人很难进入,居住地一般比较隐蔽。而社区文化通常指在城市中由中产阶级以下或新移民聚集地所形成的特定的文化样式。社区文化不同于主流文化,它是美国文化的补充形式,自第二次世界大战以后发展起来,并在当代美国社会扮演着越来越重要的角色。它既是工业化和城市化的产物,也是大众文化的产物。相较于主流文化而言,社区文化更有包容性和开放性。

美国移民居住地的分布受历史因素和地理位置的影响,而且同一民族的移民倾向于群居一处,因此形成许许多多的种族移民社区,如纽约、得克萨斯州、芝加哥等地有德国移民社区;迈阿密住有大量的古巴移民,亚利桑那州主要城市凤凰城和加州南部的圣迭各住有大量的墨西哥移民,日本人多居于夏威夷、加利福尼亚、旧金山等地,有日本人社区;犹太移民主要聚集于纽约、洛杉矶、费城、芝加哥、波士顿、迈阿密、华盛顿特区、巴尔的摩、克利夫兰、底特律等城市,有许多犹太人社区;黑人社区有:"在纽约有西60街的'圣胡安山'和在18个街区内超过35000人[聚居的]哈莱姆区;在费城有第十七沃德街;在芝加哥有州街,在华盛顿有西北邻里;在巴尔的摩有德鲁伊德山大道;在路易斯维尔有粟树街和雾城;在亚特兰大有西端和奥本大街"①等。华人社区最有名的是"唐人街",遍布美国13个州和1个特区,美国人称之为 Chinatown。据《美国与移民》一书载唐人街较著名的有19处,在这些唐人街中,以纽约为最大,而纽约华人最集中的居住区是曼哈顿岛下城区的老中国街,20世纪80年代去的大部分台湾移民则多移居弗拉兴,形成第二个中国城,香港和大陆的新移民常常移入布鲁克林,形成第三个中国城。老华人在聚居区里多以经营餐馆、洗衣店、制衣店、杂货店、古玩店等服务性行业为主,新移民则倾向于投资地产、银行、珠宝等②。

种族社区文化的作用首先是合作、互助,保护种族成员的安全,帮助解决生存和就业的危机。比如华人移民来到美国往往寻找社区的帮助,"唐人街"的存在满足一代又一代的华人移民生存和亲情需求;其次是政治参与,打造种族形象,提升种族团体在美国的影响力,攻击主流文化的壁垒。如美国黑人作为劳工大批进入北部城市,生活和劳动条件极差,人权没有任何保障,由于黑人社区渐成规模,黑人积极采取行动,集会和结社来捍卫自己的公民权利,争取以合法的方式改变黑人遭受不公正的社会待遇。华人社区在20世纪80年代也开始改变往日明哲保身的形象,团结起来,参与政治,争取华人民权,对抗种

① 邓蜀生:《美国与移民》,重庆:重庆出版社,1990年,第284—285页。
② 同上书,第203页。

族主义的歧视与排挤,并且取得了一定的成就。

社区文化的发展,是美国多元文化的有效组织之一。它体现了美国当代社会对文化差异的宽容度大大增强。文化差异不仅指种族与种族之间,也指同一种族内不同等级之间的文化差异。当代社会与传统社会有很大的区别,在传统社会里,人相对稳定的生活于某一地区、某一阶层、某一职业圈中,交流的圈子也较封闭,因此人们比较注重等级的差别和种族的地位,文化观念也是二元对立的模式;当代社会是流动性的社会,全球化的市场和全球村的生活改变了人们的传统观念,文化交流的渠道多样化,二元对立式的文化观念基本消解,种族和血缘意义上身份认同大为削弱,过去一些边缘文化正在向中心挪移,而一些过去中心化的文化观念也可能边缘化。人们普遍意识到不同民族、种族,不同信仰、观念,不同文化背景、生活方式的人们可以和平共处,美国当代多元化社会活跃的族裔文化和社区文化正说明了这一点。

20 世纪后半叶后工业时代来临,移民行为和移民文化已经脱离了传统的范式和意义,变的更为积极与主动。如果我们以美国移民历史为文化镜像,来印证启蒙思想有关人类进步的宏伟叙事,似乎是行得通的。但是不可忽视当代社会,资本与市场对于移民的流动方向和文化选择所起的主导性作用。当代美国的移民文化出现了新的意义框架,即通过市场移民向全球输出美国的意识形态和文化价值观,文化"同化"的概念已经从国内向全球延伸,形成新一轮的文化殖民。

二、启蒙叙事下美国文化的民族性和现代性

从整个世界移民文化史来看,美国是一个很有趣的案例,其文化的现代性是在自由市场经济条件下产生的,从它产生之日起就试图超越民族性和传统的樊篱,向人类普遍追求的价值和实践靠近,当然,前提条件是社会始终保持着开放的状态和创新的活力。剔除掉文化冲突、种族歧视和主流文化优越感因素之外,美国文化的确是博采众长,

说它是拼盘文化也好，说它是杂烩文化也好，说它是“熔炉文化”也好，它有独创性，而且有卓越的文化贡献。美国文化的创造主体是源源不断的移民，美国文化也就是移民的文化，有关“民族性”问题的讨论在美国社会始终十分尖锐，这是个不容易讨好的话题，远不如文化的多元化和文化的现代性之类话题更受人欢迎，因为将不同种族、肤色、性别、信仰的移民凝结起来向一个目标前进的与其说是民族认同感，不如说是一种以“美国梦”的方式向世界展示的资本飞速发展所带来的普遍富裕的前景。

美国的历史是资本发展的历史，早期欧洲移民纷纷进入富饶的美洲大陆梦想发财致富，尽管北美的前身是新英格兰即英属殖民地，决定了美国政治—文化的发展模式与母国有着千丝万缕的联系，但是美国从一开始就没有硬套英国的模式，而是采用“拿来主义”的态度，汲取西欧一切具有现代性的政治、经济和文化资源，走现代化的道路。比如在文化资源方面，富有活力和开拓精神的开国者们将欧洲近代的启蒙思想广泛地运用于国体、法律、商业和意识形态领域的建设，这是不争的事实。可以说，肇始于欧洲的启蒙之思，最终在美洲大陆开花结果。

启蒙思想是思想精英们创立的大众哲学，它要推动欧洲这辆古老的战车向现代挺进，曾经历了比较艰难而缓慢的过程，但要推动美国这辆新式跑车奔向它的目的地，相对就容易得多。美国社会一直是现代型的大众社会，没有根深蒂固的封建制度，即使早期南方种植园经济体系存在奴隶制，那也是美国早期资本主义成长的一种模式。启蒙派所提倡自由平等的观念十分合乎大众的胃口，早期社会与欧洲相比的确较少等级差别，尤其西部地区，传统、身世、权威不起决定作用，一切取决于自己的表现。敢于竞争，走在别人的前头，被视为美国人的民族性格。

启蒙的宏大叙事的确深刻影响和塑造了美国，早期美国领导者应是启蒙运动的真正信徒，从他们充满激情，大刀阔斧的改革背后可以看出审慎的理性，有保留的选择，因而避免将社会引入狂热、独裁或革命，这符合启蒙的精神；异议、批评、自由的交流有助于将人们从偏见、偶像精神的束缚中解放出来,获取有价值的社会观念。美国独立战争的胜利实践了启蒙运动的理想和目标,尽管美国的自由民主远不尽人意,但相对于西方社会曾有的各种政治—经济体制而言,它仍不失为一次卓越的实践,通过这次实践美国逐渐建立起开放而多元的社会。

启蒙运动反映了近代西方国家对现代化的追求,为了反对封建专制和神权,自由和个人的权力被提到一个神圣不可侵犯的高度,但是彻底的自由和个人主义极有可能导致无政府主义和混乱的社会,所以启蒙者们大抵也认同个人仍然要把他们的部分自由和权力交给政府以换取安全和保障,因此,欧洲启蒙思想始终无法解决个人自由与国家权力、个人自由与社会公平之间的深刻矛盾,美国历史上左派和右派,保守主义与自由主义之争的根本问题也在于此。在思想文化上表现为,文化的多样性和差异性面临被同质化的危险,以及不同质的文化始终不放弃争取话语权的斗争。比如美国文化常被人称 WASP 文化,所谓 WASP 人即美国盎格鲁—撒克逊白人新教徒,他们自认为美国民族的正宗,欧洲文化中心论便成为美国的主流文化。大凡一个国家或民族愈强大自信,便愈加强调民族性,以彰显民族统一体和民族认同感。美国独立之后自然需要一种民族认同感。世界上许多国家内部大多有少族群裔,但基本上以一个多数民族为主导。美国的情况不同,美国民族和种族种类十分复杂和多样,甚难说谁是美国社会占绝对多数的民族,把 WASP 人视为民族的正宗,与其说是因为人口数量方面的因素,不如说是因为政治—文化上的考量。第一次世界大战时期,美国社会要求民族归化的呼声越来越高,而爱默生、惠特曼、梅尔维尔等一批文化名流也推波助澜,"美国化"运动走到极端处,自然就产生了狂热、暴力和迫害。

民族归化的要求是合理,是社会和文化交互作用而产生的必然性要求。不同的民族、血统、种族的人共同参与社会事物,共同参与和享受文化制度,也就会形成该民族成员共同拥有的文化精神,也就是民族性。从各国发展的历史看,文化民族性是该民族自然地、历史地形成的事物,它与种族血缘可能有亲缘的关系,但不是必然性的联结。

美国移民的后代与第一代移民的民族情感是不同的,人们生活于斯的土地自然会产生归化力。如果仅从 WASP 人的权利出发,使用强力和理念来同化其他族裔的民族意识和生活习性,那势必会严重地影响少数族裔的民族情感,过于强调民族同化、文化的民族性问题,虽然容易产生文化的同源意识,弊端是会形成文化歧视和文化封闭性,造成社会一部分代表主流意识形态的人们的优越感和非理性的行为,这种声音常借道德之名,本质上却违背了启蒙的主旨和美国借以立国的自由精神。

美国是移民国家,文化冲突是普遍存在的,美国文化冲突表现于一系列的移民社会问题上,如种族歧视、文化差异、妇女问题、堕胎、同性恋、家庭教育等,从社会学的角度看,文化冲突主要是弱势群体主张自我权力而引发的社会矛盾,实质上文化冲突不一定是破坏社会和谐安定的因素,相反文化冲突可能成为文化推动力,关键在于如何理解和解释各民族文化的价值。充满活力的美国文化汲取了持有各种信仰的移民所带来的不同文化传统的营养,文学艺术、自然科学、宗教和社会思想等领域都显示多元文化交流互补的态势,这是不争的事实,"大熔炉"文化整合的企图并未取消文化的多样性,甚至有人提出"色拉碗比熔化锅强"。

20 世纪 60 年代美国兴起了反传统、反文化运动之后,出现将多种族演化为多元文化的势态,产生文化激进主义和多元文化主义理论,这些理论深入探讨后工业社会深刻的文化困境,实质上把启蒙运动没有解决的问题重新提了出来,质疑资本主义文化的现代性,以及后工业社会政治、经济、意识形态领域内的深刻矛盾。丹尼尔·贝尔在《资本主义的文化矛盾》一书中认为现代文化已经面临自我毁灭式的解体,之所以造成这种局面是与资本主义经济冲动有关,两者都出自有关自由和解放的启蒙思想,由此加深了经济生产组织和文化内部的深刻矛盾,致使现代社会失去文化支撑点,大众文化取代精英文化,而大众文化是现代公司经济制度的产物,因而具有非道德、猎奇、入时的特点。美国后现代社会流行的快餐式文化即是明证,它逐渐瓦解了由 WASP 主流文化所构造的民族性。

一般而言,新的事物总是脱胎于旧的事物,两者之间存在必然的联系,美国的后现代文化性格亦是如此。

美国文化演变过程体现了现代思维的转变,向后现代的转变并不等于全面否定启蒙思想,尽管有关启蒙的话题在当代的学术界看来是落伍了,但是后现代文化的主要命题实质上延续和拓展了启蒙思想,重新反思以西方文化和价值观来评价其他文化传统的历史。这种反思在美国社会到底有多少共鸣还值得探讨,至少保守派们是反对完全消解"西方文化中心论"的观点,而在当代的美国社会,保守派的势力正呈上升趋势。

在世界范围内,文化发展是不平衡的,以美国为首的后现代文化重提民族的特殊性,多民族主义和少数民族文化就是为了改变过去对文化的单一解释而取消了各种文化的差异,这是伴随着资本跨国运作和经济全球化的趋势而产生的文化反应,不同于一般意义上的民族主义文化讨论,它也仍然是由第一世界把握的话语权力,这说明工业资本主义社会最深层的文化危机需要透过其他文化价值系统来反思现代性的意义,克服现代性的缺点;也说明经济的增长并不必然带来普遍文明,美国当代文化的发展就是一个典型的例证。

美国移民文化具有多元结构,那么文化的多样性与文化的统一性必然产生矛盾,后现代的美国社会解决文化冲突的基本方法是协调策略:承认文化多样性的客观事实,肯定少数民族的文化价值,保护少数族裔的权益,提升种族社团的社会地位,平息种族歧视和仇恨。这种变化来自美国社会结构与文化间的剧烈冲突,唤醒种族意识,催生文化多元主义,当然这一变化是有限的,还有人认为这将对美国社会造成巨大威胁,助长种族狂热使美国社会零碎化,这类观点似乎持之有据,但却忽略了这是保障启蒙思想所推崇自由民主在新的历史条件下仍有其合法性的努力,这一努力值得我们注意和深思。

陈文(1966—),女,安徽六安人,深圳大学文学院中文系副教授,从事文艺理论教学与研究。

走向跨地域的"中国现代诗学"

——海外华人批评家的启示

李凤亮

新世纪以来，有关海外华人学者批评理论的考察日渐成为跨学科研究的一个重要命题。这一涉及20世纪中国文学、文学理论、比较文学、海外汉学、华侨华人研究诸领域的崭新论题，随着海内外学术交流的频密，其学理意义与实践价值得到不同科际学者的关注和思考。在"批评理论"研究不断受到重视的语境下，海外华人批评家的跨国批评实践，提供了一个考察当代西方批评理论、20世纪中国文学研究崭新而特别的视角，其对中国当代批评建设的借鉴意义格外突出。海外华人学者批评理论研究所引发的诸多问题，如全球化时代的"学术流散"倾向、中西文化交流中的"话语权力"关系、20世纪中国文学批评"现代性"的复杂面貌，等等，正日益重要地凸显在文学理论及比较诗学研究的视域中。一种跨地域的"中国现代诗学"，正向我们走来。

一、中国现代文学研究中的"他者"

海外华人批评家进入中国大陆学者视野，最早出现在20世纪80年代国门再开后的中外学术交流。1983年，经钱钟书先生的联络，美国中国现代文学研究的奠基者夏志清教授回大陆访问，掀开了海内外中国现代文学研究交流新的一页。接着，海外中国现代文学研究界领军人物的论文陆续见著国内学术刊物。较早进入大陆中国现代文学研究界视野的是李欧梵[①]。1985 年,《中国现代文学研究丛刊》第 3 期发表了李欧梵、邓卓的《论中国现代小说(摘要)》,李的另一篇论文《世界文学的两个见证:南美和东欧文学对中国现代文学的启发》[②],发表后在大陆中国文学和外国文学研究界产生了不小的反响,并被广为征引。颇有意味的是,1986 年,李欧梵两次在大陆发表介绍美国中国现代文学研究情况的文字[③]:一次是与李陀、高行健、阿城三人在天津《文学自由谈》编辑部的座谈,另一次则是回到家乡河南大学的讲演。这两篇文章无疑透露出这样一种信息:随着国门的打开,海内外中国现代文学研究界的交流、互动及影响正在不可避免地加强。

事实也正如此。20 世纪 80 年代末以来,海内外中国现代文学研究界的交流呈现出一种“加速”趋势,海内外学术研究的“整合”也出现了一些成果。如果说 1987 年开始推出的“海外学人丛书”尚是海外人文社科学术成果的全面展示的话,那么 20 世纪 90 年代中期以来对海外华人批评家群体的关注则显得更为集中:1997 年王晓明主编的《二十世纪中国文学史论》、《批评空间的开创》就收录了多篇海外华人学者的批评文章,显示出将海外批评家群体融入“20 世纪中国文学”研究界的努力;1999 年上海三联书店推出“海外学术系列”,包括刘禾、郑树森、张错、杨小滨等人的论著;2001 年许子东、许纪霖主编的“边缘批评文丛”由上海文艺出版社出版,收录了赵毅衡、黄子平、唐小兵等人的著作;2002—2003 年复旦大学出版社出版的“十讲”书系收录了李欧梵的《中国现代文学与现代性十讲》和王德威的《现代中国

① 1983 年及其后几年大陆译刊的夏志清论文,主要是在中国古典小说领域,如夏志清:《论〈水浒〉》,《阜阳师范学院学报》(社科版)1985 年第 4 期;《论〈儒林外史〉》,《阜阳师范学院学报》(社科版)1986 年第 3 期。二文由郭兆康、单坤琴译自夏志清《中国古典小说导论》英文版第三、五章;该书第一章译载刘世德编《中国古代小说研究》,上海:上海古籍出版社,1983 年。

② 李欧梵:《世界文学的两个见证:南美和东欧文学对中国现代文学的启发》,《外国文学研究》1985 年第 4 期。

③ 李欧梵:《文学:海外与中国》,《文学自由谈》1986 年第 6 期;《美国研究中国现代文学的现状与方法》,《河南大学学报》(哲社版)1986 年第 5 期。

小说十讲》;2006 年上海书店出版社推出的“海上风系列”收录了刘绍铭、李欧梵、王德威、张旭东等人的学术随笔集,南京大学出版社出版的“海外华人学者论丛”收录了张英进、刘康、王斑等人的近著;季进、王尧主编的“海外中国现代文学译丛”2008 年起由上海三联书店陆续出版。近年来,海外华人学者批评理论的出版渐成中国内地学术出版的一个热门选题。

伴随着海外学术成果的译介,对海外华人批评家的研究也渐成热潮。2004 年的《当代作家评论》“批评家论坛”连续刊出李欧梵、王德威、许子东等海外批评家的研究专辑,有关海外华人学者批评理论研究的专题论、个案论陆续成为国内硕士甚至博士学位论文的选题,显示出国内学界对此一研究领域的不断重视。译介与研究伴随着争议。海外华人学者中的一些代表人物,像夏志清、李欧梵、王德威、刘禾等,其著作和观点都曾受到大陆学界不同程度的讨论甚至批评,而由此形成的“批评—反批评”现象也成为近年来现代文学研究界的热点之一。

毋庸置疑,海外华人批评家之进入中国大陆学界,最早是以一种带有异质性的“他者”身份。无论是夏志清《中国现代小说史》对沈从文、张爱玲、张天翼等人的褒掖,李欧梵《铁屋中的呐喊》对鲁迅思想的重新思考,《上海摩登》对上海“孤岛”时期文化性质的判定,还是王德威那一声“没有晚清,何来五四”的断语,周蕾《妇女与中国现代性》颠覆成规与权威的论述策略,抑或史书美“华语语系文学”(Sinophone)论述对“现代中文文学”的挑战,都在刺激着大陆学术界早已麻木的思维和神经。这种挑战性的声音,并不限于上述从台港走进西方的华人学者。即便是 20 世纪 80 年代国门再开后负笈欧美的大陆年轻学人,也不时传回迥异于国内主流的思想和观点,像刘禾对“国民性神话”的批判、唐小兵对“十七年文学”的再解读、王斑对“创伤记忆”的思考、张旭东对“后社会主义”走向的判断、刘剑梅对“革命”与“情爱”关系的叙述、许子东对“文革小说”叙事模式的整理、陈建华对“革命”概念的溯源及“通俗文学”的追问,以及张英进、鲁晓鹏、张真等人对“华语电影”概念不同角度的切入,等等,都曾在大陆学界激起一阵阵的波澜。

从港台或大陆“流散”至“他方”的华人学者，因其对产生于文化母体的中国现代文学的关注，先后扮演起“学术反哺者”的角色。不仅仅由于学术规训的差异，更因为言说位置的区别，海外华人学者的言论从总体上开启了中国现代文学研究的“另一种声音”。这样说，并非暗指海外华人学界铁板一面、意识统一；恰恰相反，海外华人学术圈的内部争议十分明显，甚至时而激烈，而这些争议往往关联着发言者的身份、学科、年龄甚至场合。但不可讳言的是，作为“整体”的“海外华人批评家”，在中国当代文学批评的发展进程中切实起到了“他者”的作用。这一批评理论刺激了大陆学界陈陈相因的学术话语，呈现了别样的观念与方法，彼此构成了较为热烈的互动（不管是以赞同还是争论的方式）。打破统一性之后的大陆现代文学研究界，再也无法忽视大洋彼岸这真实的“另一元”了。

二、多元比较的“中国现代诗学”

作为“彼岸性”存在的海外华人批评家，不只相对于大陆现代文学研究界、批评界充满了“比较”意识，而且就其自身的形成和现状来讲，也呈现出斑驳鲜明的“比较性”特质。这种特质，使得海外华人批评家内部呈现出缤纷多元的研究走向，同时也给大陆的现代文学研究不断带来新的气息。海外华人批评家的这一比较气质似乎是与生俱来的——不仅是因为地理空间上与中国大陆的延异，更指向一种学术话语空间上的差别。

海外中国现代文学研究界的比较意识首先植根于它的学科属性和批评家的身份背景。海外华人批评家，不论是来自大陆、台湾，均以外语出身的居多，出国后多攻读比较文学学位，或从事东亚区域的历史和文化研究。他们取得学位后，又多以从事中国现代文学研究为职业，其切入比较文学研究的入口，大体也是中国现代文学与文化。这一点，在作为海外中国现代文学研究重镇的北美表现得特别明显。事实上，经过数十年的发展，比较文学在美国已发展成为一个偏重理论的“精英学科”，比较文学研究成了西方各种文学理论的操练场。在这一学术语境中从事比较文学与中国现代文学研究的海外华人学者，无疑也濡染了这样的批评气质。中国比较文学学会旅美分会的成员，大多是从事现代文学研究的比较文学学者，似乎也从一个角度证明了海外中国现代文学研究比较意识的由来。

其次，海外华人学者的比较意识，还植根于一种问题意识。“什么是理论？就是‘问题意识’。”哥伦比亚大学刘禾教授的这句话，把海外比较文学研究者偏爱理论的本质说得再明白不过。在她看来，所谓“理论”，就是“提出别人没有提过的问题，它不是炫耀名词概念，更不是攀附知识权贵”。[①] 经受比较文学理论训练的海外华人学者，也将这一“问题意识”贯穿于中国现代文学的研究中，刘禾本人即是这方面的一个典型学术个案——她对“国民性神话”的质疑，研讨路径是对语词译介及流变过程中增值或耗损意义的分析，归根结底，还是源于刘禾写作中无处不在的现代思想史旨趣。王斑的《历史的崇高形象——二十世纪中国的美学与政治》一著的方法和立论似乎也可佐证海外学人的“问题意识”。该书历史跨度大，从晚清改革到共和国时代的建立，再到新中国政权和“文革”始末。作者选择 20 世纪中国美学和文化活动中一系列重要的人物和事件，透视其间潜存的历史意义，以“崇高”为关键词，讨论美学思潮、政治运动和文化传统之间相互作用的关系。这一探讨反映出作者强烈的主体意识，即给历史另外一种系统阐释的可能性。用王斑自己的话说，就是“观念姿态比较强”，而观念“主要是从当代历史中产生的，像世界主义、民族主义等问题，并不是因为观念本身重要，而是因为它们在当下这种环境下很重要。所以我往往有一种先入为主的观念，对观念非常感兴趣，然后回到历史中去”。[②] 带着“问题”先入为主，虽有“主题先行”的嫌疑，却为海外中国

---

① 刘禾、李凤亮：《穿越：语言·时空·学科——刘禾教授访谈录》，《天涯》2009 年第 3 期。

② 引自李凤亮：《美学·记忆·现代性：质疑与思考——王斑教授访谈录》，未刊稿。

现代文学研究开拓了一片风景独好的天地。

最后,海外华人批评家的比较意识,还受到其所在学术语境的影响。以较典型的美国学界为例,其中国现代文学研究经历了一个从无到有的奠定过程,作为美国庞大学科体系中的“小众”,中国现代文学的学科化目前还不能说彻底完成——既没有一部真正成体系的《二十世纪中国文学史》,也没有一套完整的英文版《鲁迅全集》,有的只是零星的研究、选择性的译介。海外中国现代文学研究的这种“边缘性”,必然要求从事这一研究的华人学者进行研究策略上的选择和调整——他们要么继续以英文写作,用欧美的文学尺度丈量中国现代文学的高度,或以欧美作家作品为比较对象,以获得主流学术界的阅读兴趣和学术认可(如夏志清的《中国现代小说史》,就多以欧美作家作品为比较对象);要么换以中文写作,在汉语世界求取更广泛的知音之声(赞许甚或是质疑)。海外中国现代文学研究的这一处境,还导致了另一种学术倾向,即在研究方法上,流散、后殖民、身份意识等成为一种基调,这既契合了海外中国现代文学研究本身的处境,也暗含了海外华人批评家一种巧妙的学术策略——以边缘谋取中心,这也正是当前美国人文知识界的学术游戏规则之一。海外关于“华语语系文学”的探讨,正是这一规则践行的一个例证。

在分析了海外华人批评家比较意识的成因之后,我们不妨更进一步,探讨一下其比较实践的具体形态和特质。应该说,海外华人学者从事文学比较的学术空间十分开阔,其中,既有中国现代文学的西学阐释(周蕾)、中国经验世界意义的揭示(张旭东),又有跨国(境)文学批评的实践(张错)、跨语际交流的考察(刘禾)、跨国文学概念的尝试(如“跨国华语电影”、“华语语系文学”),还包含了对中外文化交流使者的个案分析(赵毅衡)等。跨科际、跨媒介、跨语言的比较与整合,日益成为海外华人学者批评理论的重要特征。

伴随着科际整合和媒介跨越,海外中国现代文学研究的边界大大扩容。如果说早期的中国现代文学研究还较多地坚守着文学这一阵地,那么20世纪90年代以来,在文化研究等潮流的裹挟下,海外华人批评家不断将研究的触角旁及文学之外的其他领域，开展跨学科研究。视觉文化首先进入海外学人的研究视野，华语电影研究的盛行，适应了海外华人学者从事中国文学教学及顺应文化研究潮流的双重需要。除此之外，早期美术、海报、月历、刊物、中国当代艺术、电视等一批视觉文本成为海外学者观照的对象，媒介研究成为跨文本分析不可缺少的一部分，海外有关 Sinophone 的研究，就是这种科际和多媒介整合的产物。在此情形下，坚守文学文本分析的学者，往往会秉持某种特别的认识或定性，如王德威就认为，海外华人批评家的跨界研究，跟中国现代文学研究在美国历史较短、尚未定型有关，虽然视觉文化研究是大势所趋，但每一行仍应有其特别的风格。① 除了视觉研究，历史、思想、城市、社会、人类学等多个学科和领域进入海外华人批评家的比较视野，使中国现代文学研究呈现出更加斑驳的面貌，大有从比较文学转到比较文化研究之势。海外中国现代文学研究的这一转向，仍应溯源至相关的学科设置。在美国大学中，中国现代文学研究隶属于开展区域研究的东亚系的“中国研究”项目。一般来说，“中国研究”涵盖人文社会科学的多个领域，如哲学、宗教、历史、政治、文化、文学、艺术等，中国现代文学研究仅是其中极小的一个分支，教师往往不仅要讲授中国现代文学课程，更需讲授先秦以来的整个中国文学史，有时还需兼任中国历史、文化方面的其他课程。作为“小众”的中国现代文学研究，必须考虑为自身的存在寻求更广阔的学术空间，于是，向视觉文化、思想史、城市研究、性别研究等方向兼顾或转移，便成为不可避免的一种学术抉择。美国唯一的《中国现代文学》杂志更名为《中国现代文学与文化》，不妨可以看做这一研究领域在美国学科设置中所处情境的一个缩影。

---

① 李凤亮：《海外中国现代文学研究：历史与现状——王德威教授访谈录》，《南方文坛》2008 年第 5 期。

三、海内外中国现代文学研究的“整体观”

至此，我们似乎能够讨论海内外中国现代文学研究的一种“整体观”了。

这里所讲的“整体观”，主要还不是针对作为对象的“20 世纪中国文学”的打通，而是指向作为主体的海内外“中国现代文学研究者”，强调的是通过海内外学人的互动，更新传统的中国文学“研究观”，尝试以跨国意识、比较视野构建中国现代文学研究的新气局。

事实上，自 20 世纪 80 年代中期北京、上海学者分别提出“二十世纪中国文学”（黄子平、陈平原、钱理群）、“中国新文学整体观”（陈思和）以来，打通 20 世纪中国文学研究已渐成学术界的一种共识，由此还形成了几次“重写文学史”的浪潮。不用讳言的是，大陆学界“重写文学史”的呼吁，本身也是海内外学界互动的结果。正是有了近 30 年的“请进来”、“走出去”，大陆现代文学研究中的一元化意识才得以逐步消解，一系列基于“现代”意识的广义“中国现代文学”概念才得以真正诞生。

在海外华人学者那里，这种“20 世纪中国文学整体观”似乎走得更远。在学科意识明确的王德威笔下，这种整体观体现得尤为显著。王德威的“中文小说”研究大体上呈现出这样三个特征：一是空间上跨越现有的政治地理疆界，涉及大陆、台湾、香港、海外；二是时间上打破大陆学界关于现当代的分立，甚至将视野引入“晚清”这一重要领域；三是在写作思维上超越文学、历史、政治、思想、想象的交叉领域，体现明显的跨科际特点。当被笔者问及是否有意识地追求这种中文小说研究的“整体观”时，王德威这样回答：

> 对于打破时间和地理疆界这么一个做法，我的确是有意而为的，而且一开始就觉得我应该利用在海外的优势。这种优势在台湾也做不到……我不敢说我做了多少，但是我确实是有意识地在做，我也期望我在海外的其他同事，能够利用我们的优势——就

是在海外比较远离国内政治语境的优势——来做一些真正交流和沟通的工作。①

经"整体观照"后的海外中国现代文学研究,确实呈现出一种阔大的学术气象。仍以前阶段海外讨论热烈的"华语语系文学"(Sinophone Literature)为例,虽然海外学人对这一概念的理解依然存在较大差异(如史书美倾向于以此指称"中国大陆以外的华语文学"),但较主流的看法,仍是包含全球的华文写作。这种"打破中文小说研究的划地自限"(王德威语)的做法,展示出研究思维上的拓进与务实。值得注意的是,这种广义的"华语语系文学",其研究旨归、价值立场和理论方法,同中国大陆的"世界华文文学"研究仍有较大的分野,但二者的对话空间显然已被强烈放大。

海外华人学者的"20世纪中国文学整体观",对于启发我们打通海内外研究界的努力不无裨益。虽然因种种原因,无论在海外中国现代文学研究界内部还是海内外的学术交流中,仍然存在着"学术政治的凸显"和"理论方法的碰撞",海外的"去意识形态化"学术写作也不免还有"另一种偏见",但彼此的交流仍有极大意义:唯有交流,才能祛除误解,减少偏见;唯有交流,才能在"双重彼岸与多元思考"中构建起一种大的中国现代文学研究意识,实现海内外的互动与双赢。

交流并非要谋求所谓的"一体化",也并不排除差异的继续存在。实际上,正是有了观念、立场、视角和方法上的差异,才可能造就对话和互动的学术空间。一切有价值的交流,都应是在尊重差异的前提下发生的。同时,交流也应该是双向的,不应再像过去30年间那样,以大陆学界对境外的"单向接受"为主。事实上,随着海外研究资源的不断开放,海内外的学术落差正日益缩小,海外华人批评家们业已感到:海外中国现代文学研究界过去拥有的学术资料和理论方法的两重优势,已不复存在,甚至发生了逆转;海外的宽松学术环境,也因华人学

① 李凤亮:《20世纪中国文学研究的整体观及其批评实践——王德威教授访谈录》,《文艺研究》2009年第2期。

者需通过不断重回“中国现代文学”的发生地获得“现场感”而弱化。一个显见的事实是,海外学人正日渐感受到因传统学术优势丧失而带来的心理落差,频频回国兼职或短期工作,这成了满足其多方面学术和心理需求的一个重要途径。近年来,除少数台湾背景的学者外,海外中国现代文学研究界的多数学者均以不同的方式回到大陆开展学术交流,很好地说明了这一点。

海内外中国现代文学研究的“整体观”,为我们带来了一系列新的学术话题。比如,可否尝试邀集不同国别的华人学者,运用新的体例或思路,以不同语言编印全新的《中国现代文学史》或《二十世纪中国文学史》?再如,在学术日益全球化的今天,能否对海内外中国现代文学研究的“影响”模式进行归结,从中寻求合作交流的新路径?又如,在尊重差异的前提下,能否借助于会议、项目、出版、互访等方面的学术合作,逐步推进跨地域的“中国现代诗学”的形成?

上述构想似乎并非不可能。一个显见的事实是,海外学人将跨文化、跨学科、跨媒介、跨语际的研究观念投射到国内,很大程度上打破了过去中国文学研究的封闭单一视角,在某种意义上已经改变了20世纪中国文学研究的总体格局。今天海内外中国现代文学研究界的各自成就,严格意义上讲都曾得益于“彼岸”的存在。虽然学术背景、出场语境、问题意识、研究方法等仍存在着差异,但在以对话与交流为主调的当代,打破观念性、时间性、空间性的自我设限,寻求跨地域、跨科际的学术整合,早已成为一种必须而且可行的研究路向。我们并不奢望中国现代文学研究“大同世界”的到来,却有理由相信,跨地域的“中国现代诗学”正以一种顽强的生命力弥散于不同语言和国家的华人学者之中。

李凤亮(1971—),男,江苏阜宁人,文学博士,深圳大学副校长、文化产业研究院院长,教授,主要从事文学理论与文化产业的研究。

论马克思历史辩证法中的感性向度

陈海静

近年来，随着马克思主义研究的不断深入，越来越多的人认识到，马克思主义辩证法不是自然辩证法，而是历史辩证法，因而，不是与人相独立的自然而是人类社会才是辩证法运动的主要载体。但是，就人们对这一辩证运动的过程和内容所做的具体阐释而言，感性和审美的因素却很少被谈及，这不能不说是一个欠缺。我们认为，感性的向度也是马克思主义历史辩证法中的一个内在向度，因此，在马克思的历史辩证法中必然也存在着一个"感性生成的辩证法"。缺少了这一向度，我们对马克思主义辩证法的理解必定是不完整的。本文将结合异化与审美的关系来对此进一步加以讨论。

一

之所以选择异化与审美的关系问题作为我们研究的切入点，乃是因为它最为本质地关涉了马克思主义辩证法在感性向度上的核心内容，不过，由于国内学界最初只是将其看成是专属于美学和心理学的一般性问题，并没有上升至历史辩证法的原则高度来做进一步地探讨，所以一定程度上也限制了这一研究的深入拓展。这里我们首先就前人的相关讨论归纳了两种典型的看法。

一种看法认为，异化就是美感的对立面，美感乃是对异化的否定和超越。比如，早在 20 世纪 80 年代，实践美学的代表人物李泽厚先生就曾明确指出:"美和审美"乃是"一切异化的对立物"。①

另一种看法则认为,审美体验离不开异化,异化和审美既相反又相成。这一看法较为辩证,但对其做出深入阐释的人并不多,其中较有代表性的当属成复旺先生在《审美、异化与实践美学》一文中所做的论述。他这样说道:"正是异化丰富了审美的意蕴,深化了审美的境界。这只要比较一下未谙世事艰辛的儿童和饱受异化磨难的成人就清楚了。儿童的心理经常是自然地处于审美状态的,那天真烂漫的幻想,那歌泣无拘的纯情,令所有的成年人自惭形秽。但是,在审美体验的深度和广度上,在审美意蕴的震撼人心的力量上,成年人的审美又是儿童所无法比拟的。正是异化,使人感受到了人生的深度,体验到了心灵的呐喊。……'赤子孩提'还没有真正投入异化的社会生活,还没有'我身非我有'的异化之感,即'身心犹相凝聚',故'欣欣常是欢笑'。待长大成人,开始了'心为形役'、身不由己的异化生活,便不免会'愁苦难当'了。但正是这'愁苦难当',产生了自觉的审美需要,涵养了深邃的审美意蕴"。所以,"审美与异化,既相反,又相成。"②

总体上来看,在上述两种看法中,第一种看法虽然道出了部分事实,但由于缺乏辨证的眼光仍不免有些武断和简单。相比而言,第二种看法则因其辩证通透的视角而显得更为全面,由此也获得了不少人的赞同。然而,如果将其与马克思的异化观及辩证法思想加以比照,那么就会发现,这一观点对于异化现象之辩证作用的理解并未超出经验主义心理学的窠臼,因而,它与马克思主义历史辩证法所能达到的高度还有不少差距。鉴于此种看法在学界的影响,有必要对此加以进一步辨析。

我们认为,异化与审美的关系问题并不仅仅是一个普通的心理学美学问题,在更为深远的意义上,它乃是统摄人类感性进化历程的核心性问题,因而也必然是马克思主义历史辩证法研究所不可回避的重

---

① 李泽厚:《美学三书》,合肥:安徽文艺出版社,1999 年。

② 成复旺:《审美、异化与实践美学》,《马克思主义美学研究》2001 年第 1 期。

要问题，有鉴于此，对于这一问题的探讨就不能仅仅停留在心理体验的层面，而是要深入到历史的向度中去。由此反观前面提及的第二种看法，我们可以清楚地看到，虽然论者对于异化与审美心理之间的辩证关系的认识不能不算深刻，但他终究未能将这一问题与人类社会的深层结构及其历史发展进程结合起来进行考察，而缺少了这一环节，无论对于人的心理辩证机制做出如何微妙的揭示和描述，最终都难免会因其历史性内涵的缺失而蜕变为一种人本主义的抽象说辞。

那么，究竟怎样才能将上述问题的研究准确置入历史向度之中并进而赋予其应有的历史性内涵呢？这种历史性内涵又是依据对于历史的何种理解来制定的呢？我们认为，按照马克思主义的相关原理，一种具有历史性内涵的研究至少包含这样两个方面的特征：其一，它能够对历史现象的本质性根源做出准确定位；其二，它亦能够对这一现象在整个历史发展进程中所处的阶段做出合理的划分。

首先，依据前一个方面而言，不论是对于异化现象根源的研究，还是对于异化之于人的感性心理的辩证作用的研究，都不能仅仅停留在经验主义心理学的研究范式之内。虽然异化有时会不可避免地要表征并显现为某种心里体验（异化感），但它绝非只是一种孤立而封闭的心理现象。在这一现象的背后，涌动并勾连着的是复杂的社会关系。而在所有的社会关系当中，生产关系又是居于基础性地位的重要因素，它不仅包藏着异化现象据以产生的深层根源，而且还从根本上塑造了人类感性体验的基本模式。所以，只有从社会生产关系的内部结构——即由劳动实践、社会分工和生产、生活资料的占有与分配等因素共同组建而成的社会结构入手，才有可能准确切中异化与人的感性心理之间的历史衔接点。反过来，也可以这样说，只有由人所处的社会关系（主要是生产关系）直接或间接产生出的、与人的自由本质相背反的现象才可被冠之以异化之名，因此，异化只能是社会历史的产物，那种把人类的任何“愁苦”和“磨难”都归并于“异化”的做法显然是对其历史性内涵的模糊与泛化。

其次，依据后一个方面而言，就是要从历史辩证法的原则高度来理解人的感性演化过程与不同历史分期之间的内在对应性。虽然在很多实证主义式的研究视野中历史也是可以被分期并因此而具有了某种时代差异性,这一点单凭历史考古学就可以证实,比如,通过对不同历史时期艺术遗迹的考察,我们可以推断出古人的审美趣味与今人的审美趣味存在着明显的不同,然而,这种差异还仅仅是外在的、表面的,因为它还是建立在一种线性的时间序列之上的,所以根本就不曾触及历史性的内在本质。马克思主义唯物史观对于历史差异性的理解却与此完全不同。在马克思看来,人类历史的演变轨迹并不是一个数学意义上的线性过程,而是一个否定之否定的辩证过程,因而,对于历史的分期就可不必按照传统的编年史路径来进行。早在1844年的《巴黎手稿》中,马克思就曾这样指出:"共产主义是作为否定的否定的肯定,因此它是人的解放和复原的一个现实的、对下一段历史发展说来是必然的环节。"①如果说手稿中的这种表述还没有完全上升到唯物主义历史分期学的高度,那么到了1857年,马克思则明确地将人类的历史划分成了三个不同的阶段,这三个阶段更为具体地标明了对于历史的否定之否定的辩证分期。他这样说到:"人的依赖关系(起初完全是自然发生的),是最初的社会形态,在这种形态下,人的生产能力只是在狭窄的范围内和孤立的地点上发展着。以物的依赖性为基础的人的独立性,是第二大形态,在这种形态下,才形成普遍的社会物质变换,全面的关系,多方面的需求,以及全面的能力体系。建立在个人全面发展和他们共同的社会生产能力成为他们的社会财富这一基础上的自由个性,是第三阶段。第二个阶段为第三个阶段创造条件。"②

有必要着重指出的是,在这三个形态当中,第二个形态——即资本主义阶段的社会形态——正是需要重点研究的一个阶段。我们之所以将这段历史单独提出来加以强调,不仅是因为当今世界的发展现

---

① 马克思:《1844年经济学哲学手稿》,北京:人民出版社,2000年。
② 《马克思恩格斯全集》第46卷(上),北京:人民出版社,1979年。

状正处于这一阶段,而且还因为这一阶段的历史包含着一个重要的化时代悖论:它在将人的异化最大限度地绽露出来的同时也为异化的扬弃,以及人类的解放(包括感性的解放)奠定了最后的基础。所以,马克思才说“第二个阶段为第三个阶段创造条件”。事实上,早在1844年的手稿中,马克思就已经意识到了这一点,他这样指出:“自然科学却通过工业日益在实践上,进入人的生活,改造人的生活,并为人的解放做准备,尽管它不得不直接地使非人化充分发展。……因此,通过工业——尽管以异化的形式——形成的自然界,是真正的、人本学的自然界。”[①]这里的“工业”当然不是指某种单一的产业门类,而是泛指资本主义社会存在的总体方式。显然,此时的马克思就已经发现,在人类历史进入资本主义社会之后,异化现象就已经呈现出了一个前所未有的时代特征,这个特征乃是和资本主义高度发达的私有制生产方式(工业)密切结合在一起的,它隐秘性地包含了人的发展及其解放的基本前提。也正是在这一阶段,以工业生产为主体的社会存在方式使得异化第一次成为了带有普遍性的社会现象,并最为深刻地影响着其中的每一个人,同时也为整个人类的解放奠定了最终的基础。而在前资本主义阶段,由于社会生产力发展的程度所限,异化还没有被普遍性地展开,也没有成为一种带有本质性的社会现象,更不具有影响社会历史变革的根本性意义。马克思之所以把那种嫉妒任何私有财产的平均主义称为“粗陋的共产主义”和“对整个文化和文明世界的抽象否定”[②],并将那种留恋于人类原始状态的情绪斥为感伤主义,就在于它们缺乏历史辩证法的眼光,因而看不到扬弃异化的历史条件——高度发达的资本主义私有制,以及异化扬弃后的最终结果——共产主义。

毫无疑问,对于历史性内涵的这一双重理解不仅为我们准确透视资本主义制度之下的感性存在与感性意识提供了一个基本的理论构

---

① 马克思:《1844年经济学哲学手稿》,北京:人民出版社,2000年。

② 同上。

架,同时也为我们准确理解异化之于感性心理的辩证关系创造了条件。以此为基础可以清楚地看到,人的感性心理对于异化现象的辩证转化并不只是一个孤立的心理学事件,从更为宏观的视角来说,它也是整个社会历史辩证过程中的一个内在的方面,因此,感性心理生成的辩证法也自然构成了整个社会历史辩证法的一个必要组成部分。下面,我们就联系当代学人的相关研究,以及马克思本人的相关论述来就此做进一步阐发。

二

从目前已有的研究文献来看,当代学人对于异化现象之于人类社会发展的辩证作用早有关注,在他们的研究当中,马克思有一个论断经常被引用。他这样说道:“全面发展的个人——他们的社会关系作为他们自己的共同的关系,也是服从于他们自己的共同的控制的——不是自然的产物,而是历史的产物,要使这种个性成为可能,能力的发展就要达到一定的程度和全面性,这正是以建立在交换价值基础上的生产力为前提的,这种生产才在产生出个人同自己和同别人的普遍异化的同时,也产生出个人关系和个人能力的普遍性和全面性。”[①]然而,在马克思留下的全部著作中,有关异化之辩证价值的类似表述却非常稀少,这也对后人深入理解其中的要义构成了一定的困难。虽然学界一直以来都有人针对这些有限的表述在做进一步地阐发,但是,迄今为止,这些阐发大多仅限于私有财产的积累与共产主义物质分配的关系、社会分工与人的能力全面发展的关系等方面,至于异化对于人的感性生成的辩证作用,就笔者目前所掌握的材料而言,还未见有深入揭示,大部分人要么把异化的存在与感性的解放看做是两个完全对立的阶段,从而忽视了异化的发生过程与人的感性生成之间的辩证关联,要么还只是从经验心理学的角度来看待这一问题,从而陷入了

① 《马克思恩格斯全集》第46卷(上),北京:人民出版社,1979年。

人本主义的迷障。

那么,根据马克思的异化理论,人的感性的演化与解放是否也是上述异化过程的一个辩证结果呢?我们的回答是肯定的。对此,我们可以从马克思有关感性的诸多认识中找到印证。

学术界一般认为,马克思对于人的感性心理的研究起始于他对黑格尔的唯心主义和费尔巴哈的人本主义的双重批判,这一双重批判最早可以追溯至写于1844年的《巴黎手稿》。在这部手稿中,马克思首次将辩证法思想运用于对人类感性心理的分析,并初步地对于感性和历史之间的关系进行了考察,从而明确地提出了"感性的解放和复归"这一重要的理论命题。当然,从整体上来看,马克思在这部手稿中所做的一系列论述在今天看来还很不系统,有些甚至还只是一些笼统的感想,但是,不容否认的是,正是在这些不甚系统的语句中却包含着众多有待于进一步挖掘和阐发的深刻思想,而且,也正是在这里,马克思就已经与传统的人本主义感性观划清了界限。传统人本主义感性观——比如费尔巴哈的感性观的一个主要的缺点就是机械直观地来看待和研究感性,因而,这类观念对于感性的认识还仅仅停留在了生物学和实证心理学的层面之内,它既不懂得社会所有制基础对于人的感性存在的决定性意义,更不懂得感性的演化与人类历史发展之间的辩证关系。马克思对于感性的研究则完全突破了人本主义的上述局限。这一点,我们可以在手稿中找到大量的文字例证。比如,他曾经这样写到:"工业的历史和工业的已经生成的对象性的存在,是一本打开了的关于人的本质力量的书,是感性地摆在我们面前的人的心理学。"[①]在他看来,私有财产不过是"异化了的人的生命的物质的、感性的表现"[②]。在此,把工业的历史看成是感性的心理学、把私有财产看成是异化了的感性表现实际上正是意在强调人的感官感觉与社会存在之间的内在关联,尽管这一关联还只是一种异化了的否定性关联,

① 马克思:《1844年经济学哲学手稿》,北京:人民出版社,2000年。

② 同上。

但它毕竟从一个侧面显示出了人的感性心理与人的实践活动,以及人所生存于其中的工业的、私有制的社会生产关系同构而在的深刻事实。另外,马克思还通过对于工人在异化劳动中的心理感受的考察和记录进一步为此提供了现象的佐证。总之,所有这一切都无不表明,马克思对于感性心理的认识早已超越了人本主义心理学的视野而深入到历史的维度中来了。

不仅如此,马克思还在这部手稿中首次为我们指明了感性解放的必然出路,他这样说道:

> "对似有财产的扬弃,就是说,为了人并且通过人对人的本质和人的生命、对象性的人和人的作品的感性的占有,不应当仅仅被理解为直接的、片面的享受,不应当仅仅被理解为占有、拥有。"①

"对私有财产的扬弃,是人的一切感觉和特性的彻底解放"②,只有"私有财产的积极扬弃"才能使"人以一种全面的方式,……作为一个完整的人,占有自己的全面的本质"③。

显然,从马克思的上述论断可以看出,只有扬弃了私有制,人类才能从异化状态中彻底解放出来并真正自由地、全面地享有自己的劳动成果,人的感性也才能获得最终的解放。那么,依此而言,这是否意味着私有制的存在与人的感性解放之间是完全对立的呢?这是许多人所关注的一个问题,也是很容易被误判的一个问题。我们认为,尽管私有制从根本上造成了人的感性的异化,但私有制的存在与人的感性解放之间同时也有着积极的、辩证的历史性关联,因此,二者之间仍然存在着内在的统一性。马克思在论述感性意识的生成史时曾这样说:

> "不仅五官感觉,而且所谓精神感觉、实践感觉(意志、爱等等),一句话,人的感觉、感觉的人性,都只是由于它的对象的存

① 马克思:《1844 年经济学哲学手稿》,北京:人民出版社,2000 年。
② 同上。
③ 同上。

在,由于人化的自然界,才产生出来的。五官感觉的形成是以往全部世界历史的产物。”①

……

“通过私有财产及其富有和贫困——或物质的和精神的富有和贫困——的运动,正在生成的社会发现这种**形成**所需的全部材料;同样,已经生成的社会,创造着具有人的本质的这种全部丰富性的人,创造着**具有丰富的、全面而深刻的感觉**的人作为这个社会的恒久的现实。”②

马克思的这些论述启示我们,人的感性的解放乃是以往全部历史发展的一个结果。所谓“以往全部的历史”当然包含资本主义私有制存在的这段历史,而且,我们在前面也曾指出过,只有这段历史才为人类的解放(包括感性的解放)奠定了最后的基础。正如对资本主义私有制的扬弃并不是完全毁掉私有财产而是重新对其加以分配和利用一样,人的感性的解放同样也不是对过去这段历史的简单否定,毋宁说,资本主义私有制存在的历史乃是感性的演化和解放所必须要经历的一个必然阶段,因而,发生在这一时期的异化现象对于人的感性的生成和解放同样也是必要的。归根到底,就这一历史阶段而言,感性的生成与解放和资本主义私有制的产生与扬弃乃是同一段历史。马克思说:“自我异化的扬弃同自我异化走的是一条道路。”③显然,这一“道路”同样也适用于人类感性演化的过程,在表现形态上,它不是一个线性延续的过程,而是一个以资本主义生产关系这一异化形式为中介性环节的辩证发生过程,因而,也可以这样说,不经历这一否定性的异化过程,人的感性可能就无法达到它应有的“人的本质的客观地展开的丰富性,主体的、人的感性的丰富性”(马克思语)。这便是异化对于人的感性生成的辩证意义,也是马克思历史辩证法中的一个题中

① 马克思:《1844年经济学哲学手稿》,北京:人民出版社,2000年。

② 同上。

③ 同上。

应有之意。对于美感体验的发生而言,这一过程和机制同样有效,因为人类的美感体验并不只是人对审美对象的直观的、表面的感受,从更为本源的意义上来说,它也是人在历史的异化过程中所生成的一种感性深度,所以,只有将异化与审美的辩证关系问题纳入到这一历史向度中来,我们才能对此做出更为全面地理解和阐释。

三

以上我们结合马克思的异化思想就感性生成的历史辩证过程进行了概要地说明。由此可以看到,感性的向度也是马克思主义历史辩证法中的一个内在向度,这个向度的主要表现就是异化对于人的感性生成和解放的辩证作用,如果缺少了这个向度,我们对马克思主义历史辩证法的理解肯定是不完整的。

最后,有必要加以补充的是,我们肯定异化的历史辩证作用并不意味着是在替异化做辩护,而且,也不是所有的异化都具有本文所说的这种作用。作为一种历史评价,本文并没有放弃应有的批判立场。但是,应该看到,自古至今,异化现象作为一种事实的存在确实持续了很长的时间,并且,它也必定会在某些方面继续长期地存在下去,因此,如何在保护和张扬人的感性权利的同时更为辩证合理地认识已经存在着的异化现象也是摆在我们面前的一个重要的课题。在这方面,当代美学研究还有大量的工作要做。

陈海静(1975—),男,山东德州人,文学博士,深圳大学文学院中文系副教授,主要从事文艺理论的研究与教学。

“抒情美学”:现代形态与中国经验

沈一帆

“中国抒情传统”是20世纪五六十年代以来,海外华人学者建构中国古典文学传统之大叙事的典型尝试。这一研究谱系,发轫于美籍华裔汉学家陈世骧[①]的文类理论,关注因由中西文学传统对文类的不同偏好而引发的文学趣味及价值的不同取向,然而,陈世骧的这一论断根源于当时流行于比较文学界的平行研究,更多是一种基于个人经验的推断,并未有可靠的实证分析和哲学基础。至20世纪70年代末,西方文学美学领域对理论的“体系化”诉求,在结构主义风潮中达到高潮,建立“包容万有”的阐释系统,成为当时理论研究者的普遍理想,“抒情传统”的论断也在此一时期被新兴的汉学家重新发掘,为建构中国文学经验的系统阐释开拓领地。华裔汉学家高友工的“抒情美学”正是其中的代表。

① 陈世骧(Shih-hsiang Chen)(1912—1971),字子龙,号石湘。祖籍河北滦县。幼承家学,后入北京大学主修英国文学,1932年获文学学士。1936年起任北京大学和湖南大学讲师。1941年赴美深造,在纽约哥伦比亚大学专攻中西文学理论。1947年起长期执教加州大学伯克莱分校东方语言文学系,先后任助理教授、副教授和教授,主讲中国古典文学和中西比较文学,并协助筹建该校比较文学系。在此期间,他结交杨联陞、吴鲁芹、夏济安、夏志清兄弟等留美学者,延揽张爱玲入加州大学研究,同时作育英才无数,聂华苓、郑愁予、痖弦、商禽、杨牧等一大批台湾作家、学者都直接间接受到他的指点和提掖,为开创五六十年代美国华人学者人文社会科学研究的新局面颇多贡献。1971年5月23日以心脏病猝发逝于加州伯克莱。见《陈世骧文存》之《出版说明》,沈阳:辽宁教育出版社,1998年。

1978 年,美国普林斯顿大学东亚系教授高友工①返台,在其母校台湾大学客座讲学一年,引发了所谓"高友工旋风"的热潮,在这一年中,高友工完成了他关于"文学研究之美学问题"的理论著述,并初步提出了"中国抒情美学"的构想。高氏的研究以美学理论之思考而起,亦以美学史之梳理而终,通体渗透着强烈的"形而上"色彩,与前辈学者陈世骧重材料考据的风格大相径庭,在高友工的努力下,"中国抒情传统"研究显然已不满足于文学现象的比较,而试图从哲学思辨的"本体论"高度建立中国古典文化新的研究体系和理论观念。正是高友工的"抒情美学"为"中国抒情传统"研究打下了坚实的理论基础。

一、经验与形式:抒情美学的现代形态

什么是文学?什么是文学研究的对象?文学研究的方法又有哪些?对此,从美学角度切入说明,正是自现代以来文学获得自身合法性和根本解释的重要途径之一,更为现代学者重新阐释传统提供了新的角度和方法。

从西方文学批评的历史来看,我们今天所常用的"文学"观念,是一个以美学规定性为基础的现代概念,而西方现代意义上的"文学理论"亦是接受了以"审美"为学理基础的"纯化"洗礼,而最终确立的以"语言艺术"为论述范围的现代学科:

> 美学在 18 世纪后半期的出现为文学和文学研究提供了具有现代色彩的学科框架和话语方式,正是在传统诗学不断美学化的过程中,诞生了现代意义上的文学观念和文学理论的观念,从而

---

① 高友工(Yu-Kung Kao),1929 年生,1952 年毕业于台湾大学中文系赴美深造,于 1962 年获哈佛大学博士学位,并自该年 9 月起任教于普林斯顿大学东亚研究学系,至 1999 年 6 月荣休止,是当代重要的美学家及中国文化的诠释者,也是昆曲研究专家。他于中国古典诗歌研究中率先引入新批评、结构主义等语言学批评方法,在深入研究文学形式的基础上,挖掘文学形式之下的潜含美学,提出与"抒情美学"的"美典"问题,,使"形式与意义"批评方法成为"美典"批评的基本范式,对 20 世纪 70—80 年代的北美及台湾古典文学研究发生过重要的影响。

使得西方文学理论通过审美现代性的获得实现了现代性的转化。①

20世纪以来,现代美学的创构始终离不开两大主题,一为“审美心理”,一为“艺术形式”。始自鲍姆嘉通对“感性认识之完善”的立论,美学自命名之初就从追问本质的形而上学转向了对于主体心理结构的探究,自此“美感经验”(审美经验)成为现代美学研究的一条主线,其鼎盛之时当属20世纪前15年的审美心理学时代,此间以心理学为基础的一系列研究,使得“感觉”、“情绪”、“想象”、“记忆”、“直觉”等概念进入了现代美学体系,并构成了一个动态的审美欣赏的过程理论。受此影响朱光潜先生写就了中国第一部现代美学著作《文艺心理学》,全面疏理了这一流派的基本观点及得失,并以此构筑了自己的美学体系。

现代美学的另一重要成果则是对“艺术形式”的开拓。自1913年英国美学家贝尔(Clive Bell)在其《艺术》一书中提出“有意味的形式”这一个概念以来,“形式如何从自身成为审美对象”就成为俄国形式主义、英国形式主义、英美新批评等众多流派不约而同的目标,在这场声势浩大的运动中,“形式”作为艺术美学新的本体和“自律性”的说明,获得了自身的意义。表现在文学中,则是对于语言和文本的空前崇拜,以及以语言学为学理基础的“文学性”本体论的确立。这一影响也体现在朱光潜先生的另一本著作《诗论》中,此书第八至第十二章,专门讨论中国传统诗歌之独特形式及其形成的原因,并注意到中国抒情诗体系中最具民族特色的“律诗”形态,以中西比较的立场发出了古典诗歌通向现代形式美学的先声。

经过这两个理论创构阶段,现代美学原理即可概括为“美即美感”和“形式即本体”②。由此考查20世纪五六十年代如苏珊·朗格的《情感与形式》、杜夫海纳的《审美经验现象学》或阿恩海姆的《艺术与

---

① 陈跃红:《比较诗学导论》,北京:北京大学出版社,2005年,第83页。
② 张法:《二十世纪西方美学理论》,成都:四川人民出版社,2007年。

视知觉》等现代美学的体系性著作,则可发现“经验”和“形式”正是现代美学理论的两个基本支撑点,而这也是进入高友工“抒情美学”基本原理的最佳门径:

(一)美感经验

“美感经验”是高友工抒情美学研究的基本对象。相较于陈世骧自文学客体——文类——解释抒情诗的策略,高友工则开创了从主体立场——“美感经验”——解释“抒情”活动的美学路径。

美学与艺术哲学的区别是其确定美学研究对象的依据。在多篇文章中,高友工一再指出“美学关注个体的创造性体验,而艺术理论则关心和研究艺术的本质”①。美学的出发点是作家,因而侧重于以“美感经验”为基础的“创作心理”和“创作标准”等“创作过程”;而艺术哲学的对象则是“艺术品”本身,故将其视为一个独立自足的个体进行关照。“抒情美学”这一命名的目的正在于突出此理论对艺术创造过程中“为什么创造”和“怎么创造”的关注,从而把艺术创作的精神状态——美感经验——作为研究的中心。作为高友工“抒情美学”在心理学范畴上的基本解释,“经验”在时间上表现为“现在”与“过去”的并存,在对象上则是“自我”与“客体”的共显。他特别强调文学创作中的“主体经验”和文学欣赏中的“主体再经验”之间的关系,认为通过“经验的再经验”过程,创作经验在欣赏经验中得以保存。因此“创造的目的不是在艺术,而是在其经验本身”,而“创作经验”的重要性也在于它是无限多“再经验”的永恒原形。正如高友工所言:“对许多阐释者来说,理想的审美体验就是重新激活那起初导致艺术对象产生的体验”②,抒情艺术的特殊性正在于它必须进入创作经验,而不是仅仅依靠审美活动的解释。高友工的“抒情美学”正是选取了“创作”这

① 高友工:《中国抒情美学》,见《北美中国古典文学研究名家十年文选》,南京:江苏人民出版社,1996年,第2页。

② 高友工:《中国抒情美学》,见《北美中国古典文学研究名家十年文选》,乐黛云、陈珏编,南京:江苏人民出版社,1996年,第4页。

一纬度，以抒情艺术对“经验”保存的特殊方式为考察对象，展开其对中国美学的重新思考。

在此基础上，他以“内化”和“符号化”为抒情艺术的基本经验形态。内化是审美活动中把外在材料转化为内在心象或心境等精神式样的意识活动；而符号化则是通过艺术媒介把心理意识转化为符号形式的物化活动。内化使零散的外在刺激融为完整统一的“心象”和“心境”，实现了一种“情境”和“物我”的“同一关系”；符号化则通过构筑物化系统而保存“美感经验”（抒情艺术的符号化通常表现为意象的）。因此，内化和符号化发挥了“整合和结构化”的功能，使得抒情艺术表现出“一”与“和”的基本风格，形成既简单又复杂的形式，“简单是因为所有的因素都浓缩成一个整体，复杂是因为内在的结构可以由各种不同的层次和趋向组成”。同时，作为创作者的个体活动，“经验”的“自我”与“现实”性又使得“内化”和“符号化”的实现过程体现了“动”的特征。因此，“和谐与流动”体现着抒情艺术的理想风格：“和谐是将各种不同性质溶合为一个统一的形式的描述；而流动则突出了在创作过程中，对不同特性的瞬间的融合与渗透。”[①]然而，高友工并不满足于把抒情传统视为“专指中国自有史以来以抒情诗为主所形成的一个传统”[②]，而更强调其在广义上并不限于“专指某一诗题、文体，也不限于某一种主题、题素”，而是“涵盖了整个文化史中某一些人的‘意识形态’，包括他们的‘价值’、‘理想’，以及他们具体表现这种‘意识’的方式”[③]。就此而言，“抒情传统”更需要通过形式以外的种种“外缘解释”获得深层次的说明，以生命价值和文化理想为其最重归宿。在此基础上，“抒情美学”重新审视中国古代艺术理想的境界，认为中国传统艺术追求的正是这样一种建立在感性基础上的结合了形式和生命直觉之反思的“美感经验”，从而为中国古代文学重视经验

① 高友工：《中国抒情美学》，见《北美中国古典文学研究名家十年文选》，乐黛云、陈珏编，南京：江苏人民出版社，1996 年，第 19 页。

② 高友工：《中国美典与文学研究论集》，台湾：台湾大学出版社，2004 年，第 105 页。

③ （台湾）《中外文学》第 7 卷第 12 期，1979 年，第 44—45 页。

的传统找到一种现代依据和一个西方知音,使"中国抒情传统"在借用语言学方法论时不至于深陷科学理性之牢笼,而迷失了中国古典艺术精神的实质。

(二)形式与意义

对抒情文学创作架构中的两大要素——形式与内容——的关注,在陈世骧的《中国的抒情传统》一文中已初见端倪,他指出"以字的音乐做组织和内心自白做意旨是抒情诗的两大要素",而由《诗经》和《楚辞》开启的中国抒情道统结合了这两大要素,"时而以形式见长,时而以内容显现"。高友工的古典文学研究,最早也以自觉运用西方现代语言学研究方法而著称。他敏锐地注意到中国古典诗歌自身严密精准的声律体系为现代语言学批评理论提供的诸多便利条件。在1968—1978的十年间,他与美籍华人语言学家梅祖麟合作完成了三篇从语言学角度讨论唐诗"诗学"的重要论文[①]。其方法从最早的新批评之微观细读(close reading)过渡到后来的结构主义理论对深层结构的探究,自始至终皆贯穿了语言学本位的态度。罗曼·雅各布森的结构主义诗学对高友工产生了重要影响,雅氏赞同索绪尔提出的"选择和组合构成了语言符号排列的两种基本方式"[②],但他认为诗性语言与普通语言之不同在于"诗的作用是把对等原则从选择过程带入组合过程",即是指"对等原则"在普通语言中,仅仅只是选择词语的某种机制,并不具有组词成句的功能,但在诗歌语言中,"对等原则"通过相似或相反使"不相邻"成分获得联系的功能取代了"延续原则"通过语法连接"相邻"成分的功能,成为构句的首要原则。这一论断使高友工

---

① 三篇论文分别是:《杜甫的〈秋兴〉——语言学批评的实践》(1968年,《哈佛大学亚洲研究学报》第28期)、《唐诗的句法、用字与意象》(1971年,《哈佛大学亚洲研究学报》第31期)、《唐诗的语意、隐喻和典故》(1978年,《哈佛大学亚洲研究学报》第38期)。三篇文章见中文译本《唐诗的魅力》,上海:上海古籍出版社,1989年11月。

② 选择即指一种"纵聚合"关系,体现为一个结构中某一位置上可以相互替换的相似或相异成分的集合,其构成了"对等原则"的基础;组合则是一种"横组合"关系,表现为以线性序列为特征的句段关系,发展出以语法逻辑为特征的"延续原则"。

初步注意到“抒情诗”的基本组织原则与结构主义诗学所提出的“对等原则”之间的关系。通过“对等原则”与“延续原则”在抒情诗句式和意义中的考察,高友工以“材料——结构——意义”的渐进解释突破了传统“形式与内容”论的二元对立,把体现美感形式的结构作为沟通感性材料和理想境界的中间环节,真正实现了以微观文本结构之美展现哲学境界之美的批评实践。

抒情美学的三个层次确切的说是其核心概念“美感经验”的分析方法,但其中却深深渗透了高友工多年语言学批评的理念,内在地体现了从新批评到结构主义再到高氏通过引入“传统”这一价值判断而实现对结构主义之超越的尝试。首先,高友工的“经验材料”是直接引起“快感”的材料,组成十分复杂,高氏显然对其采取了一种解剖式的条分缕析,这一过程十分类似新批评对语言形式的解剖,而他们的效果也十分相似,都是矛盾张力的显现,各种感觉层次的交响类似于语言中“肌质”的效果;其次,“结构美感”又类似于结构主义对新批评单个效果的模式整合,而且直接采用结构主义的“对等原则”和“延续原则”,进一步把结构主义的方法从意义分析扩大到经验分析的领地,它是整个美感经验层次中直接体现形式的部分。可以说,材料与结构都隶属于传统批评中的“形式”成分,其独特处正在于充分利用了现代语言学对“细读”和“系统”的发现,使形式分析不仅限于个别体裁的精密解说更上升到一种模式及美典的普遍形态。高友工抒情美学中一系列的文本分析,正是利用这一语言学理念的实践。最后,高氏提出的“境界”层次强调的正是抒情艺术特有的价值追求,它必须引入超出作品系统的外部研究因素才能实现,这正好与其提出的“传统”这一概念相对应,是对于结构主义理念的超越,因而也可以说是所谓“意义”的阐释。

二、回归中国经验:从“抒情美学”到“抒情传统”

自近代以来,西方艺术逐渐与技术和科学相区别,发展为以“追求美”为基本属性的“美的艺术”,因而美学又称为艺术哲学,形成了以艺术分类体系为主要构架的研究范式,试图把艺术门类、审美类型及其历史发展结合起来,推衍各类艺术的共性,建构包容万有的美学体系。“抒情美学”的共时性原理,同样可视为这种现代艺术哲学范式下的产物,其论述的对象并不限于中国文学艺术,而是一切文化中的“抒情”文类,用高友工自己话来说“任何伟大的文化必然地包括着两种传统”(抒情传统与叙事传统),“但也必然地会有所偏爱”[①],中国文化也不例外。一旦结合“文化史”或“艺术史”的历时性演变来考察,“抒情美学”就显然代表着中国艺术发展中的主流,进而可以从这普遍性的“抒情美学”中推衍出针对中国古典艺术的“抒情传统”。从“抒情美学”到“抒情传统”正是从“共性”到“差异”的理论演进,而在架构上则表现为从共时性的美学原理到历史性的艺术史勾勒。

就此而言,20 世纪前半期,宗白华先生“研寻中国艺术之意境的特构”亦是在现代美学对艺术的统合效用下,立足于古典语境和文化差异,发掘中国古典艺术共同的内在精神和理想。其理论的两大突出特点:一是“跨艺术门类”的研究对象;一是 以“意境”为核心的理论框架。前者超越了文学之苑囿,以史学的胸怀观照中国艺术的整体面貌;后者则以“意境的创造”为旨归,把文化现象上升到哲学的高度,完成了中国艺术史乃至文化史特征的理论归纳,为在现代美学规范下寻找跨艺术门类的民族美学理论开创了典范。就此而言,正如萧驰先生指出的那样,“中国抒情传统”从学术形态上看始于“陈世骧《中国的抒情传统》一文所开创的学术传统”,而更根本地说,则是“一个滥觞于宗白华先生对‘中国意境特构之研寻’的现代学术领域”[②],从这个意义上来说,高友工先生承继的正是宗白华跨艺术门类之美学研究的路径。宗白华立足于古典文化语境,发掘出**“意境美学”**,而高友工则在文类比较的立场中,发现了**“抒情美学”**。虽然他们对中国文化精神之“道统”的概括不尽相同,但其始终立足于跨越艺术门类的立场和对

---

① 高友工:《文学研究的美学问题(下):经验材料的意义与解释》,载《美典:中国文学研究论集》,北京:生活·读书·新知三联书店,2008 年,第 77 页。

② 萧驰:《中国抒情传统》,台湾:允晨文化实业股份有限公司,1999 年 1 月,第 1 页。

民族审美理想的哲学审思却不乏异曲同工之妙,皆是艺术哲学与文化史融会视野下,发掘文化理想及其精神的独特成果。

(一)共时性美学原理:抒情经验的三个层次

在确立"经验"与"形式"为抒情美学研究的基本对象后,高友工从"美感经验"之"观念—结构—境界"的三个层次出发描画了抒情美典"快感—美感—悟感"的经验过程和经验价值,从共时性的角度为"抒情美学"提供了一个适用于各文化传统的抽象理论构架:

1. 观念:快感与心理学方法

对"抒情美学"快感层次的分析,高友工与20世纪30年代的朱光潜有着相似的立场,即以"心理学"作为美学研究的重要途径,通过分析"美感经验"的发生机制和心理结构来建构美学大厦的根基。在《文艺心理学》中,朱光潜把"美感经验"视为"我们在欣赏自然美或艺术美时的心理活动",因而以快感、美感、移情、联想等心理学概念的区分来解说美学及其批评原理,这一研究路径在高友工的抒情美学中同样清晰可辨。他认为"内化"和"符号化"是抒情艺术的两面,而"内化"则决定了美感经验首先是一种感知活动,是交织了"感象"、"记忆"、"想象"、"情绪"、"认知"等一系列复杂心理活动而形成的内化的观念印象,给人以强烈的感官愉悦,依赖于直接的感觉刺激。因此,对各种经验材料的心理学现象分析构成了"抒情美学"中"快感"层次的主要解释方法。

2. 结构:美感与语言学方法

在结构层次,经验超越了直接的感官愉悦,通过反省自身而表现为外在形式的完美统一,此时经验作为客体得以在一种静观的距离中成为结构分析的对象,集中反映着"抒情自我"及"抒情现实"的内在结构。高友工批判性地借用结构主义诗学大师罗曼·雅克布逊(Roman Jakobson)关于日常语言的理论,认为艺术美感经验中的结构原则由"等值"(equivalent)和"延续"(continuous)两种基本原则共同构成,而由"等值通性"到"延续关系",由"延续关系"到"转移关系"的层层演变，决定了“抒情过程”和“描写过程”的分野，进而形成“抒情精神”与“悲剧精神”的不同传统。

3. 境界：悟感与经验价值

经验结构的美感来源于反省时有距离的审视，但“一个深刻动人的经验是在感觉及反省之后一定会对我们个人的精神生命有一种冲击”，它不仅给人以艺术的美感，更显示了生命的意义，此时美感、真理、道德融为一体，这个层次即为“境界”，高友工把其译为“inspace”，特别强调一种内化的经验特征。“抒情美学”一方面借鉴语言学的批评方法具体地分析“经验表达”的结构，另一方面则立足于“经验”对于生命价值的揭示和肯定，使中国古典美学超越“结构的表象”直抵“抒情的境界”。

（二）历时性艺术史勾勒：中国艺术史中的抒情传统

抽象的普遍性理论适用于任何一种文化，从共时性角度展开的“抒情美学”也不例外，但高友工并不把这一哲学思辨的成果作为美学建构的根本目标，而是在历史现象的描述中寻求理论架构的证明。以中国古代五大艺术门类在抒情传统形成中的美学趣味及历史兴衰为考察对象，高友工勾勒出“中国抒情美学”的历时性画卷：

1. 音乐

中国抒情艺术的发端样态是音乐。其内在层次渐进地表现为诉诸快感的“声”、体现结构性的“音”和展现人生境界的“乐”，既与美感体验的三个层次相互对应，又形成了以境界之乐为“君子之乐”的理想。“乐”在外部是一个大的文化活动的一部分，履行其外在的社会功用；在内部，“乐”又是一种内在经验的象征性表现。“乐由中出，礼自外作”的古训，即体现出“作为艺术的乐”的内化特征，以及“作为礼仪的乐”的道德功能间的基本关系。在此基础上，“乐和同，礼辨异”所表征的“和谐与内在生命力”也成为中国抒情美学的理想。

2. 文论

语言的“指称性”制约了早期文论的发展，故而“中国文学的抒情传统可以远溯至先秦时代,但文学理论却只是政治或哲学理论的附庸”①,因此高友工把自建安时期出现的个人抒情倾向视为抒情文论真正的登场:《古诗十九首》开创了一种新的抒情题材,实现了由“赠答体”向“自省体”的转变,是“抒情走向内化”的关键;曹丕提出的文气问题则极大的推动了文学由社会功用向个人表现的转化;陆机的《文赋》是中国文论走向抒情传统的宣言,他首次把创作过程作为研究对象,实现了文学研究中心从作品到作者的转移;《文心雕龙》则借“神思”和“情文”分别阐述了“内化”的创造性心理过程和“符号化”的语言形式。这一时期的文论奠定了抒情文学创作的基本标准和理想。

3. 律诗和书法

书法和律诗同是以“文字”作为媒介的艺术,二者在隋唐时期,皆经历过一个“内容与形式”相结合的内化过程,但却分别发展为精神境界的“内构”和气势的物化“外现”两种美学趣味:

> 前者是将物象化为心象,因而是一种内在的形构。后者则是将心象转化为艺术性的物象,这是一种外向的流转。②

作为“意的形构”,律诗通过其音律、句、联所构筑出的时空结构象征地表现内在境界,是“内容与形式”的完美融合:《古诗十九首》中的咏怀诗,从“立意”的角度引导着律诗在“内容”上的“内省方向”;而齐梁时期的“咏物诗”则通过首联与末联的内外转换创造了一个“内省的形式”,成为律诗“形式”上的源头。而作为“气势的物化”,书法中的草书则以表现动态的“气”为其主旨和理想,更依仗“物化”形态的意象表达,让欣赏者想象创作者的心理状态,从而重新体验创作过程。两种美典分别代表着抒情艺术中标举和谐的“意境”和体现流动的“气势”。“意境在审美观念所设计的精神空间中实现,而气势则代表了一

---

① 高友工:《中国文化史中的抒情传统》,见《中国美典与文学研究论集》,台北:台湾大学出版社,2004年,第128页。

② 同上书,第154页。

种与线条的演进相联系的生命韵律”[①],因而,唐代以“游心空际和写意物外”为其美学追求。

4. 绘画

绘画在宋元时代自写实艺术转化为抒情艺术,先有山水画对内在空间的象征性勾勒,进而发展出绘画中的“意境”表达;接着水墨画则结合了书法的“笔势”和“墨色”的象征意味,强调抽象形式的内在“气势”;最终,通过“诗意和笔法”的结合,“内化”和“意象”相互融合的抒情理想,在文人画的艺术形式中得以完成。

正如高友工所言,“抒情原则上有一种即兴性、瞬间性、主观性,而它的特色是在它短暂和有限的形式中却要象征一种永恒和无限”[②]。中国抒情艺术的结构洗练精致而其内蕴却丰厚悠远,这一的特性贯穿在诗、书、画“三绝”中,构成了“以画为重心,诗书为辅”的美的历程。

高友工的“抒情美学”对中国五大艺术门类共同遵循的“潜含美学”的理论概括和历史研寻,是借“经验”与“形式”等现代美学形态,对中国古典传统加以“现代性转化”的一次发明。一方面,在西方现代语言学理论的视野下,其极力突出“形式与意义”的分析方法,把现代美学对“形式”的重要发现运用到中国古典文学研究中;同时,他亦从“美感经验”的角度划分出“抒情美典”的结构层次,创构出一套包含“情感”、“经验”、“形式结构”等现代美学要素的中国美学理论,从而“为一向欠缺一个总体的整合框架(甚至问题意识、问题感)的古典文学/文论找到可以安顿它们的各个环节的总体叙事”。[③]

沈一帆(1984—),女,上海崇明人,文学博士,深圳大学文学院中文系讲师,主要从事比较诗学、西方汉学和海外华人诗学研究。

---

① 高友工:《中国抒情美学》,见《北美中国古典文学研究名家十年文选》,乐黛云、陈珏编,南京:江苏人民出版社,1996年,第50页。

② 高友工:《中国文化史中的抒情传统》,见《中国美典与文学研究论集》,台北:台湾大学出版社,2004年,第163页。

③ 黄锦树:《抒情传统与现代性:传统的发明,或现代性的转化》,载《中外文学》第34卷第2期,2005年7月。

《文心雕龙》与中印文化交流

郁龙余

吴越之地，自古得江海沃野之助，人杰地灵，文教昌明。自晋室南迁，中华文化中心遂成南来之势。佛教东渐，吴越因交通之便，不但发祥早，而且长期繁荣，经久不衰。唐人杜牧“南朝四百八十寺”之句，不是夸饰之辞而是大大缩小了的数字。仅梁代就有佛寺 2800 多所，僧尼 8 万多人。寺院经营的“无尽藏”（长生库）资财雄厚，富可敌国。

吴越佛教昌盛，为中华文化建树甚众。《文心雕龙》应运而生，即是一大殊伟贡献。它不仅是中国诗学的巅峰之作，而且与《舞论》、《诗学》在世界诗学领域呈鼎立之势。

一、刘勰：一位不出国门的留学生

《文心雕龙》作者刘勰，祖籍山东东莞（莒县）。祖上因避永嘉之乱南迁，世居京口（镇江）。他生活在南朝宋、齐、梁时期，约公元 463—538 年间。刘勰虽为士族，但家贫早孤，必须尽早入仕。齐、梁时，吴越佛教兴盛。对于刘勰来说，出家事佛是一条捷径。于是，他就投江南名刹定林寺，“依沙门僧佑，与之居处积十余年。遂博通经论，因区别部类，录而序之。今定林寺经藏，勰所定也”（《梁书》卷五十《刘勰传》）。刘勰少年时，立志“纬军国”、“任栋梁”。所以，他身入佛门，心在仕途。所著《文心雕龙》，是他入仕的自荐书。“关于《文心》的写作动机，刘勰在篇末《序志》中写得非常清晰。首先，刘勰以‘七龄'和'逾立'时的两个梦,作为铺垫;接着他讲'经典'对于'文章'、'五礼'、'六典'、'君臣'、'军国'的重要意义;再接着讲经典由于'去圣久远,文体解散,辞人爱奇,言贵浮诡,饰羽尚画,文绣鞶悦,离本弥甚,将遂讹滥。'正是这种文风,促使他写作《文心》,他说:'盖《周书》论辞,贵乎体要,尼父陈训,恶乎异端。辞训之异,宜体于要,于是搦笔和墨,乃始论文。'这样,刘勰将他的从政动机交代得十分明白,《文心》的写作绝不是为文而文,而是有着更大的理想和抱负,套句当下俗话,写作《文心》是他给自己下的'政治任务'。"①

梁武帝在天监元年(502 年)四月即位之初,便颁布求贤诏旨,"求硕学,治五礼","物色幽微,耳目屠钓"。这对于刘勰来说,是一个极大的激励。由于刘勰多年来做好了资料和理论的准备,所以花了一两年时间,《文心雕龙》的著作任务就完成了。刘氏虽然是士族,但此时地位卑下,无以自达。沈约是当时文坛领袖,如能与他结交,就有了入仕的通途。于是,刘勰假扮成卖书人,在沈约经常来往的路旁守候。果然,一次在沈约的车子路过时,他就将《文心雕龙》呈了上去。一切都在期盼之中,沈约慧眼识宝,读了《文心雕龙》之后大为赞赏,称"深得文理,常陈诸几案"。时间不久,刘勰出仕,做太末(浙江龙游)县令。他工作清正勤勉,誉为"政有清绩"。他还"兼东宫舍人"一职。这在当时是一个很好的位子,只要昭明太子萧统日后继位,做舍人的他就有机位高升。可惜萧统才高寿短,31 岁时便英年早逝。

刘勰早年入定林寺侍奉僧佑十余年,但是并未入僧籍。因为他的目的是入仕。他早年的《灭惑论》说:"夫栖形禀识,理定前业;入道居俗,事系因果。"这里,他用佛家语言,为他以后的入仕做好铺垫。但是,刘勰仕途不顺。等到昭明太子萧统去世,他对仕途彻底失去了希望,便下决心出家入籍。出家后不到一年,他便逝世了。从刘勰经历看,虽然年轻时入定林寺而并未入籍,但他毕竟依僧佑十余年之久。晚年他正式入籍,虽然不到一年,但毕竟是以在籍僧人的身份离世的。

---

① 郁龙余:《中国印度诗学比较》,北京:昆仑出版社,2006 年,第 446 页。

综观刘勰一生，他是一位中国僧人，这一点是毫无疑义的。

但是，刘勰不是一位普通的中国僧人。为什么他能写出前无古人、后无来者的诗学经典《文心雕龙》呢？是因为他具备了以下几个特质：

其一，他出身士族，有诗书传统。他急于出仕，就是希望不要家道中落。这是一种强大的奋斗动力。为此，他动尽脑筋、潜心努力。妆扮卖书人向文坛首领献书，这种近乎戏剧表演的真实一幕，说明这种动力的强大和刘勰本人的良苦用心。

其二，他立志高远，出手不凡。在当时等级森严的门阀制度下，像刘勰这样的寒门士族，必须得到达官显贵的推荐，才能入仕做官。刘勰不可回避这条道路，但是他以《文心雕龙》作为自荐书，不得不说他不但志向高于一般人，而且一出手就不同凡响，一鸣惊人。

其三，他身怀奇才，心存允正。刘勰是当时的江南才子、文章妙手。中国人讲究盖棺论定，对碑文、墓志铭的撰写十分看重。“京师寺塔及名僧碑志，必请勰制文。”（《梁书》卷五十《刘勰转》）江南一代名僧僧佑圆寂后的碑文，也是刘勰所撰。刘勰身在名刹，为了入仕，深研儒学，而所撰《文心雕龙》义理允正，毫无门派之见，一片圆融之气。

其四，他投奔名师，华梵兼备。这一点是刘勰所有特质中最为重要的。我们曾经这样说过：“他在紫金山跟随当时中国最著名的高僧僧佑十余年，期间不乏中外高僧驻锡，为他研佛学习印度文化提供了最好的环境。在定林寺，由僧佑主持，开创我国佛教造立经藏之先河。慧皎《高僧传》称僧佑：‘造立经藏，搜校卷轴，使夫寺庙广开，法言无坠。’而这一活动，刘勰相随左右，从事整理厘定，区别部类并加以序录。这对刘勰来说意义重大。有学者研究了《出三藏记集》和《文心雕龙》之后认为，‘刘勰从少年时代开始，在师僧佑身边作了长达十余年的钻研，说刘勰把僧佑的治学方法和思想方法极为忠实地学到了手，那是毫不足怪的。’[1]僧佑编制《出三藏记集》十五卷，是中国佛教

---

① 〔日〕兴膳宏：《兴膳宏文心雕龙论文集》，济南：齐鲁书社，1984年，第91页。

经录之祖。另外，他还撰有《弘明集》十四卷、《法苑集》十卷、《释迦谱》五卷、《十诵义记》、《萨婆多部相承传》、《法集杂记传铭》十卷、《世界记》五卷等。同时，僧佑还是一代工艺大家，他监造的丈九铜像，精美庄严，号称东方第一。僧佑是当时最著名的经律大师，教导门下，重视文史，驰誉江表，备受齐梁两代朝野崇敬。可以毫不夸张地说，僧佑是当时最优秀的教授，他主持的定林寺是最好的学校。刘勰在他门下受教十余年，名师出高徒，自然了得。可以说，刘勰是一位没有出国的留学生，他是中国文化和印度文化联合培养出来的诗学家，其学识不同于没有印度文化背景的中国诗学家，也不同于世界其他没有跨文化背景的诗学家。"①

二、《文心雕龙》与吴越佛教背景

作为中国诗学第一经典的《文心雕龙》，在吴越之地横空出世，除了刘勰的内因之外，还有重要的外因——吴越佛教。南朝是诞生《文心雕龙》的时间要素，吴越是诞生《文心雕龙》的空间要素。这两大要素的汇合之所以能产生在中国诗学史上具有里程碑意义的诗学巨著《文心雕龙》，是因为佛教在这一时空里获得了巨大发展。

自汉末佛教东渐，经历了漫长的发展过程。"初传其道，唯听西域人得立寺都邑，以奉其神。其汉人皆不得出家，魏承汉制，亦循前轨。"②到西晋时，"沙门徒众，皆是诸胡，且王者与之不接。"（王谧《答桓玄难》）进入东晋，情况发生质变，名僧谈玄，名士谈佛，儒佛道合流。刘义庆的《世说新语》对此多有记述。其中一则讲王羲之初任会稽太守（内史），轻视名僧支遁，不和他交谈。但他后来态度大变：

> 后正值王当行，车已在门，支语王曰："君未可去，贫道与君小语。"因论庄子《逍遥游》。支作数千语，才藻新奇，花烂映发。王

---

① 郁龙余：《中国印度诗学比较》，北京：昆仑出版社，2006年，第468页。

② 《高僧传合集》，上海：上海古籍出版社，1991年，第65页。

遂披襟解带,留连不能已。(《世说新语·文学第四》)

这则故事说明,名士与名僧的交谊是建立在互相欣赏的基础上的。他们的活动地点,大都在吴越地区。因为这一时期,吴越大地经济繁荣,思想活跃。史书记载:“会稽有佳山水,名士多居之,……孙绰、李充、许询、支遁等皆文义冠世,并筑室东土,与羲之同好。”(《晋书·王羲之传》)

到了刘勰时代,不但儒释道和风劲吹,而且还迎来了一位“博综兼容、三教并纳”的皇帝——梁武帝。他“少时学周孔,弱冠穷六经”,“中复观道书”,最后笃信佛教,一往情深,甚至四次舍身同泰寺为奴,每次由群臣以一亿万钱,“诣寺东门奉表,请还临宸极,三请乃许”。但是,“综观梁武帝一生,在学问上,他是三教并治,儒、道、释互用互补。他的佛教观是带儒道色彩的佛教,他的儒道是带佛教色彩的儒道。三教在他的心目中,是儒为主,释道为辅,择其适者而用之,无所偏废”。[①] 这评价是公允的。身临其境又做昭明太子舍人的刘勰,深受这位皇帝的思想影响,是毫无疑义的。

除了皇帝之外,作为东宫舍人,刘勰受太子萧统的影响自然不少。据史书记载:萧统“性宽厚容众,喜愠不形于色,引纳才子之士,赏爱无倦。恒自讨论篇籍,或与学士商榷古今;闲则继以文章著述,率以为常。于时东宫有书几三万卷。名才并集,文学之盛,晋宋以来未之有也。”(《梁书》卷八)萧统以《昭明文选》名,刘勰在萧统门下工作,自然如鱼得水。他因著《文心雕龙》而入东宫,也完全可能因参与《昭明文选》编选,而进一步修改润色他的《文心雕龙》。刘勰得遇萧衍、萧统父子,可谓生逢其时。《文心》、《文选》并辉,是南朝吴越之幸。

从东晋到刘勰的齐、梁时代,长期的谈玄论佛,再加上皇帝的崇佛,中国文坛特别是吴越文坛,审美情趣发生了莫大变化。正如刘勰所说:“宋初文咏,体有因革,庄老告退,而山水方滋。俪采百字之偶,

① 洪顺隆:《萧衍作品中的宗教风貌》,《中国诗歌与宗教》,香港:中华书局(香港)有限公司,1999年,第90页。

争价一字之奇，情必极貌以写物，辞必穷力而追新，此近世之所竞也。"(《文心雕龙·明诗》)刘勰抓住了晋宋之际，中国玄言诗向山水诗发展的这一重大文学现象。为什么会出现这种情况呢？在众多原因中，蒋述卓认为佛教，尤其是它所包含的佛教哲学，对玄言诗向山水诗过渡起到了重要影响。首先，"玄言诗发展到东晋，不仅杂进了佛理，而且已有了山水的加入。""当山水诗勃兴之时，并不意味着老庄(包括佛教)本体的完全消失，而是意味着老庄(包括佛教)本体的转移，即从'空'、'无'转向具体的自然山水之中了。"作者还认为："佛教的义理，以及观照方式都可以给文学艺术的审美方式以有益的启示。晋宋之际的山水诗人正是从这种启示中，使山水文学创作出现了新的境界。"①

刘勰博大精深，《文心雕龙》的许多命题和概念，至今仍是学者研讨的热点所在。有学者撰文《〈文心雕龙·神思〉质疑》，对"神思方运，万涂竟萌"、"规矩虚位，刻镂无形"、"登山则情满于山，观海则意溢于海"、"意翻空而易奇，言征实而难巧"等进行别开生面的解释。②如果考虑到刘勰"深通佛理"这个因素，就可以对《文心雕龙》的许多命题和概念理解得更加深入。正如吴功正所说："佛教文化是一种智慧文化，其机锋含有特定的灵思。它体现了思维的敏捷和在直觉爆发中所闪烁的灵光。"③这里，还有一个言意关系问题。"言、笔终归有尽，而神却永远无限，神思至精至变含摄丰富的艺术表现才质。所谓伊尹难言鼎中美味，轮扁难语轮斤巧技，既生动表明了言辞的窘境，也客观揭示了言外之意存在的事实。"④

吴越文化向来发达。从"吴钩越剑"的尚武文化，到"丝竹软语"的诗书文化，一直和中原文化成呼应之势。但自晋室南迁，吴越文化便获得空前发展。这种超常规的跃升，除中原士族大规模南迁之外，

---

① 蒋述卓：《佛教与中国文艺美学》，广州：广东高等教育出版社，1992年，第200页。
② 杜道明：《中国古代审美文化考论》，北京：学苑出版社，2003年，第281—296页。
③ 吴功正：《六朝美学史》，南京：江苏美术出版社，1994年，第183页。
④ 向世陵：《中国学术通史·魏晋南北朝卷》，北京：人民出版社，2004年，第556页。

佛教在吴越获得空前发展也是极重要的原因。谈玄论佛,不仅仅是社会现象。实际上,它是儒释道融合、也就是中印文化交融的重要表征。在这融合过程中,儒释道三家都得到了发展。和而不同,各美其美,美美与共,在交融中发展自我,是中国文化发展的可贵经验。直到今天,儒释道依然是中国文化的主要组成部分;吴越佛教依然卓而不群,而又与各地佛教和悦共鸣。正是刘勰与众不同的特质和温婉深沉的吴越佛教,蕴育了伟大的诗学经典《文心雕龙》。

关于《文心雕龙》受佛教影响的问题,是一个深层次的问题。我们曾这样说过:"《文心》受佛教影响,主要在以下几个方面。一是认为《文心》的框架结构受到了佛经的影响。范文澜说:'彦和精湛佛理,《文心》之作,科条分明,往古所无。自《书记》篇以上,即所谓界品也,神思篇以下,即所谓问论也。盖采取释书法式为之,故能明理晰若此。'[①]二是《文心》中有极少的佛教用语,如《论说》云:'然滞有者,全系于形用,贵无者,专守于寂寥,徒锐偏解,莫诣正理。动极神源,其般若之绝境乎?''般若'为梵语 Prajñā 音译。佛门为避俗少用意译智慧而多用音译。三是认为《文心》体大思精,受到佛教因明学的影响。还有人认为《文心》中的有些概念含有佛教成分。张少康则认为,《文心雕龙》的'神理'说,本体观和'折衷论',受到佛学的影响。"[②]

刘勰作为一个事佛、研佛十余年的人,在其著作中出现佛教影响是十分自然之事。令我们奇怪的是,与名僧僧佑居处十余年、"博通经论"的刘勰,在《灭惑论》中大肆讨伐道教,并认为"释精儒粗",而在写《文心》时竟如此扬儒隐佛,不是刻意为之是很难解释的。[③] 现在看来,《文心雕龙》将佛教的显性影响降到最低,简直到了隐迹的程度,使其回归诗学本位,从客观效果上讲,不得不佩服这位僧人的智慧。

---

① 范文澜:《文心雕龙注》下,北京:人民文学出版社,1978 年,第 728 页。
② 郁龙余:《中国印度诗学比较》,北京:昆仑出版社,2006 年,第 448 页。
③ 同上。

三、对《文心雕龙》的三次评价

刘勰《文心雕龙》评价史，有着一个独特的发展过程。"第一位认识其价值的应该是沈约，认为'深得文理，常陈之于几案'。昭明太子萧统对他'深爱接之'。梁元帝萧绎作《金楼子》用了其中的文字。但其后的一段时间，《文心》'未为时流所称'，没有引起应有的重视。"[1]唐初刘知几将《文心雕龙》纳入《通史》，而且许多典籍都将《刘子》一书归于刘勰名下，今人王重民和林其锬、陈金凤夫妇也都力挺刘子即刘勰说。杨明照、陈应鸾经过辨别，认为"《刘子》之非刘勰著作已无可置疑"。[2] 作者虽然否定了《刘子》对刘勰的历史附会，但对刘勰《文心雕龙》的评价十分妥贴到位，如"《文心雕龙》以儒家思想为主，《原道》、《征圣》、《宗经》、《正纬》、《序志》等篇最为显著"，又如"《文心雕龙》的文笔流畅，生动，俪句多，善自铸伟辞（《文心雕龙》中绝无像《刘子》那样的缉录前人著作辞句）"。[3] 古人、今人将《刘子》一书附会刘勰名下，既有以讹传讹之失，也有托名家传世之想。

《文心雕龙》之后，于梁武帝天监十四年（515 年）钟嵘的《诗品》问世。并提、并论是一种特殊的评论方法，常收到事半功倍之效。初唐诗人卢照邻是第一次将《文心雕龙》和《诗品》相提并论之人，他说："近日刘勰《文心》、钟嵘《诗评》，异论蜂起，高谈不息。"之后，历代谈论、评价《文心雕龙》、《诗品》的文章始终不断，建国之后此类文章更多。曹旭对此有专门的比较研究[4]。

我们曾说："《文心》问世 1500 年，其接受史或影响史，大体可分为三阶段。从问世到隋、唐、宋为第一阶段，《文心》有一定影响，对刘知几、苏轼、黄庭坚等人的影响较显著，但总体上未引起足够重视，没有

---

① 郁龙余：《中国印度诗学比较》，北京：昆仑出版社，2006 年，第 465 页。
② 杨明照校注、陈应鸾增订：《增订刘子校注》，成都：巴蜀书社，2008 年，第 56 页。
③ 同上书，第 55 页。
④ 参见曹旭：《诗品研究》，上海：上海古籍出版社，1998 年，第 26 页。

获得应有的地位。元、明、清为第二阶段，流传逐渐广泛，影响日益扩大，评价也有很大提升。进入现代，为第三阶段，《文心》地位发生了翻天覆地的变化。'龙学'成了国际显学，除了各种校注本，还有研究论文上千篇，专著上百部，形成中国大陆、港台和海外三大研究中心。现代以来，《文心》地位的飙升，因素众多，但西方诗学的观照是最主要的。"[①]最早将《文心雕龙》用西方诗学来观照的是鲁迅。他说："篇章既富，评骘自生。东有刘彦和之《文心》，西则有亚里士多德之《诗学》。解析神质，包举洪纤，开源发流，为世楷式。"（《诗论题记》）由于有了亚里士多德《诗学》的观照，鲁迅就能高屋建瓴、洞若观火，将《文心雕龙》的评价提升到全新的高度，他是现代"龙学"的真正开创者。

但是，对《文心雕龙》的研究与评价并未结束。以前的研究与评价，是在中国语境和中西语境之中进行的。现在我们将《文心雕龙》放在中西印语境中，重新加以考察分析，进行多视角的梳理研究，得出了全新的评价结论。

我们以古代印度婆罗多的《舞论》为镜，对《文心》的品德和光辉看得更真切和周全。仅以西方诗学为参照，好比照镜子，只能看见自己的前身，若再有印度诗学这面镜子，就可以照见背面和两侧。我们以前说，《文心》体大虑周，体大思精。经过和《舞论》、《诗学》比较，对"体大"就有了新的思考。从规模上讲，《文心》不及《舞论》，也不及《诗学》。所以，《文心》体大是以中国古代文论著作为参照的。然而，《文心》内容宏富，从对历代文学、文论的总结，到文体论、创作论、审美论、作家论，等等，几乎诗学的所有重要命题，都涉及了，所以说其"体大"又是名实相符的。《文心》的"体大"与"虑周"结合在一起，由"虑周"积累和支撑。《舞论》虽然规模大，译成汉语有 20 多万字之巨，也涉及了诗学的许多方面，但它毕竟是戏剧学专著，包容的诗学内涵不及《文心》全面。《诗学》的情况也类似，虽体量比《文心》大，研究诗学命题较多而重要，但它的重点是悲剧和史诗，所涉及的诗学的本质内

---

① 郁龙余：《中国印度诗学比较》，北京：昆仑出版社，2006 年，第 466 页。

容不及《文心》全面。所以,和《舞论》、《诗学》相比,从内涵宏富、全面上讲,《文心》的"体大"是完全可以成立的。

"思精"是《文心》区别于《舞论》、《诗学》一大特征。尽管《舞论》、《诗学》号称经典,《舞论》又以创造之神大梵天的名义制造,具有神圣的灵光,《诗学》出于古希腊著名哲学家之手,精于逻辑推理,但《文心》在"思精"上不让二者而优于二者。所谓思精是指思想精准和行文精要。刘勰志存高远,一生三次入定林寺学佛,整理经藏。他第一次入寺,给僧佑当助手,长达十余年,对佛理包括因明学有深切体悟。其思辨之精细,分类之准确,开凿之深邃,与他十余年研佛有着密切的关系。《文心》在"思精"上优于《舞论》、《诗学》,因为刘勰具有知识结构上的优势。婆罗多是一位戏剧工作者,是印度文化培养的戏剧学专家。亚里士多德,博学多才,健笔纵横,但从总体上说只是一位欧洲文化培养的哲学家、诗学家。以往在国人眼中,刘勰只是一个"中国和尚",对其跨文化的学术身份缺乏认识。可以说,这是以往对《文心》研究的一个缺失,今后应用跨文化的视角给予新的审视。为什么《文心》在"思精"上能优于《舞论》和《诗学》?我认为得益于他的学历。印度佛教辨析的精微,是《文心》"思精"的重要成因,更重要的是中国学术惜墨如金、增损一字予千金的精文传统的影响。两种伟大文明的合力,形成了《文心》的"思精"。当然,刘勰同样受到佛经鸿篇巨制的结构的影响,所以《文心》的规模远大于以前所有的中国文论著作,甚至在中国整个古代都是独大的。但他为了追求"思精",不可能在规模上将《文心》做得像《舞论》、《诗学》那么大。刘勰特别优秀的写作心态是《文心》成功的重要保证。刘勰所处的时代,梵风佛雨,铺天盖地,上至皇室,下至平民百姓,烧香叩头,为僧为尼,连皇帝都几次出家;文化学术界,去圣久远,文体解散,离本弥甚,将随讹滥。刘勰事佛多年,但他没有跟风。他写《文心》完全是一种经过深思熟虑的科学的工作态度,不是从某教某派的立场出发,而是审时度势,用一种完全超乎时人的平和、堂正、公允、冷静的心态,来写作《文心》。时至今日,人们在《文心》中寻找儒、道、佛,感叹其不偏不倚,唯有"凭性逐物"。

用今天的话来说，就是依凭自然本性，追寻文学规律。了不起啊，这比“吾爱吾师，更爱真理”更难，也更伟大。刘勰在梵佛思潮滚滚而来的大背景下，没有失语，没有惶惑，而是熔铸百家，思接华梵，以一颗学者之心为中华学术史谱写了崭新的一章——《文心雕龙》。

至于文辞，《文心》要比《舞论》、《诗学》更美。《诗学》是散文体，自然在修辞上不像韵文那样严格。更何况它属于 akroatikoi logoi，“不是一篇完整的、经过作者认真整理润色的、面向公众的著作”。[①]《舞论》以诗体为主，韵散结合。这种文体在印度很平常，印度许多古代的科学著作也是诗体的。我们并没有发现有印度学者说《舞论》的文辞如何顶尖，而另一部文法经典《波你尼经》的文笔则受到高度称赞。《文心》则不同，它全书五十章通篇是优美精妙的骈文，仰摘云锦，俯拾典故，驱辞用采，如行云流水，自合骈体章法，可谓信手拈来，精义自呈，生趣飞动，妙句天成。即使不研究诗学，仅仅欣赏行文之美，它也是我国文学史上的一篇著名韵文。

综上所述，我们将《文心》放在世界诗学的展台上，以《舞论》和《诗学》来观照它，得出的结论是：《文心》不但体大、思精，而且文美。[②]

刘勰和他的《文心雕龙》，是中国诗学的骄傲，中印文化交流的硕果，也是吴越佛教留给我们的一笔丰厚的精神财富。

郁龙余（1946—　），男，上海人，深圳大学印度研究中心教授，主要从事印度文学研究。

---

① 陈中梅：《诗学·引言》，见亚里士多德：《诗学》，北京：商务印书馆，1996 年，第 8 页。

② 郁龙余：《中国印度诗学比较》，北京：昆仑出版社，2006 年，第 466—470 页。

俄罗斯文学对中国文化的深层影响

吴俊忠

俄罗斯文学的内涵十分丰富。我们现在所说的俄罗斯文学,既包括十月革命前的俄国古典文学,又包括此后的苏联文学(苏联文学是俄罗斯文学发展史中的一个特定阶段),以及苏联解体后的当代俄罗斯文学。

俄罗斯文学对中国文化的影响,时间跨度长,涉及领域广,影响程度深。从接受的层面看,经历了清末民初的早期译介、五四时期的"俄罗斯文学热"、20 世纪 50 年代的全面接受、20 世纪 60 年代中后期的相对冷却、改革开放后的新热潮、20 世纪 90 年代的理性调整等几个不同阶段。主要表现为文学思潮影响、文学接受影响、文艺政策影响和文学精神影响等方面。研究俄罗斯文学对中国文化的深层影响,对于全面认识中俄文学关系,反思中国文学的发展进程,认清俄罗斯文学对中国文化影响的积极意义和负面作用,调整当代中国文学发展的指导方针,无疑有着十分重要的意义。

一、文学思潮影响:设定了中国现当代文学在一定历史阶段的发展轨迹和文化内涵

俄罗斯文学跨越几个历史阶段,历经多次社会变革,文学思潮十分活跃,各类文学思潮均对中国文学的发展产生了一定影响。比较突出和集中的有:"为人生"的文学观念影响;"文学是人学"的观念影

响;"社会主义现实主义"创作方法的影响;苏联文学理论体系的影响。这些影响在很大程度上设定了中国现当代文学的发展轨迹和文化内涵,使中国文学的创作方法、美学特征、思想内涵等与俄苏文学有着很大的相似性。

(一)"为人生"的文学观念影响

有学者认为:"俄罗斯文学最直接的影响表现在促进了中国文学在观念和内容上的更新。"[①]这是非常有见地的观点。19世纪俄国批判现实主义作家的文学创作,具有浓厚的人道主义倾向,大多以人生和社会问题为题材,十分注重对社会阴暗面的揭示,并且发出了"谁之罪"、"怎么办"的设问。因此,鲁迅先生认为:"俄国的文学,从尼古拉二世时候以来,就是'为人生'的。"[②]茅盾先生也认为:"俄国近代文学都是有社会思想和社会革命观念……俄人视文学又较他国人为重,他们以为……不但要表现人生,而且要有用于人生。"[③]

俄国文学的"为人生"的文学观念,使五四时期的一批进步中国作家,一改旧文人借文学泄私愤、泼污水的不良倾向,确立了文学"为人生"的宗旨。周作人、茅盾、沈从文、鲁迅、夏衍等人不仅在自己的文章或讲演中积极鼓吹"为人生"的文学观念,明确表示:"中国将来的新兴文学,当然的又自然的也是社会的人生的文学"[④],而且在自己的作品中积极体现"为人生"的文学观念。继鲁迅创作了控诉封建的"吃人"制度的《狂人日记》之后,一系列生活在社会底层的人物形象,纷纷出现在进步作家的作品中,使这个时期的中国文学成为"也是社会的人生的文学"。

---

① 陈建华:《凝眸伏尔加》,南昌:江西教育出版社,1999年。

② 鲁迅:《竖琴前记》,《鲁迅全集》第四卷,北京:人民文学出版社,1981年,第432页。

③ 雁冰:《编辑杂谈》,《小说月报》,第11卷第2号,1990年。

④ 周作人:《文学上的俄国与中国》,《凝眸伏尔加》,南昌:江西教育出版社,1999年,第7页。

（二）“文学是人学”的观念影响

纵贯俄国和苏联两个历史阶段的俄罗斯著名作家高尔基，一直信奉“文学是人学”的观念。他在一封书信中写道：“一般讲来，文学的任务、艺术的任务究竟是什么呢？就是把人身上最好的、优美的、诚实的也就是最高贵的东西，用颜色、字句、声音、形式表现出来。”[①]后来，他又明确提出了“文学是人学”的观点。

俄罗斯文学的“文学是人学”观念，深受中国不同时期作家的赞赏和重视，他们或著文阐述，或在艺术作品中体现这一观念。五四一代作家中，周作人是最卖力的鼓吹者，他发表了《人的文学》、《平民文学》、《新文学的要求》等一系列文章，阐明文学对于人生的作用。后来，巴金在文学创作中积极体现“文学是人学”的观念，他在短篇小说《神·鬼·人》中，通过人与神鬼的比较而高呼：“我是一个人，我像一个人的样子用坚定的脚步，走向人的新天地去！”[②]20 世纪 50 年代中后期，巴人、钱谷融先后发表了《论人情》、《论文学是人学》等文章，针对当时客观存在的文学创作公式化和概念化的弊端，对高尔基的“文学是人学”观念进行了又一次新的呼应。巴人认为，在塑造人物形象时排除人情味，是不通人情的“矫情”；钱谷融则在文章中明确指出：“文学要达到教育人、改善人的目的，固然必须从人出发，必须以人为注意的中心；就是要达到反映生活、揭示现实本质的目的，也必须从人出发，必须以人为注意的中心。”[③]此后，在“文革”后的新时期文学，以及 20 世纪 80 年代以来的中国当代文学中，“文学是人学”的观念一直被大多数中国作家自觉遵从，并在各类文学作品中有着丰富多彩、形式各异的积极体现。

---

① 《高尔基文学书简》（上卷），北京：人民文学出版社，1962 年，第 82 页。
② 汪剑钊：《中俄文字之交》，南宁：漓江出版社，1999 年，第 51 页。
③ 朱寨：《中国当代文学思潮史》，北京：人民文学出版社，1987 年，第 252 页。

(三)“社会主义现实主义”创作方法的影响

据资料反映,最先把苏联文学的创作方法定名为“社会主义现实主义”的,是斯大林本人。1934 年 8 月第一次全苏作家代表大会通过的《苏联作家协会章程草案》,对“社会主义现实主义”做了完整的表述。[①] 自此,社会主义现实主义创作方法便成为苏联文学创作的基本方法。“社现”的本质是从政治上对作家的创作进行统一的规范,其结果必然束缚作家的手脚,妨碍文学的发展。

有学者指出:“‘社会主义现实主义’在中国的命运,是检测中苏文学关系的一块晴雨表,并从特定层面显示出作为接受者一方的中国文学自身演变发展的一个侧面。”[②]社会主义现实主义创作方法在苏联确定之后,很快以多种形式传入中国,对中国文学产生了广泛而深刻的影响,一度成为中国整个文艺创作和批评的“基本方法”和“最高准则”,在中国文坛确立了政治上和艺术上不可动摇的权威地位。后来,在苏联“解冻”文学思潮的影响下,我国对“社会主义现实主义”创作方法的认识和态度虽然有所变化,认识到“应该把社会主义现实主义了解为一种方向,而不能把它当做教条,或者当做创作上的一种公式”。[③] 在实际操作中并没有多大的变化。20 世纪 60 年代中苏关系恶化后,为了摆脱苏联影响,建立自己的文艺理论体系,我国确定了“革命现实主义和革命浪漫主义相结合”的创作方法,但在本质上并没有什么变化,在相当长的时间内并未能改变“社会主义现实主义”思想体系的影响。

(四)苏联文学理论体系的影响

钱中文先生曾以当下的理论话语,把苏联文学理论体系称之为文学理论中的“前苏联体系”。他认为,“这种‘前苏联体系’文学理论的

---

① 汪介之:《回望与沉思》,北京:北京大学出版社,2005 年,第 165 页。

② 同上书,第 163 页。

③ 同上书,第 176 页。

核心问题，主要体现在文学本质的阐释上，它的出发点是哲学认识论，即把文学视为一种认识、意识形态，把文学的根本功能首先界定为认识作用，依次推下去为教育作用，再转而引申为阶级斗争教育、阶级斗争工具，为无产阶级政治服务，文学自身最具有本质性的审美特性，反而被视为从属性的东西。这一理论体系的关键词主要有：认识、形象、典型、意识形态、经济基础与上层建筑、阶级斗争与阶级性、党性、人民性、社会主义现实主义创作方法。”①钱先生的概述全面、准确，也暗示着苏联文学理论体系对中国产生影响的多种层面。

苏联文学理论体系对中国的影响广泛、深远，至今仍未绝迹。其传播方式集中体现为高校文学理论教材的编写和应用。主要有以下几种情况：一是20世纪50年代初聘请苏联专家讲授文学理论课程，并翻译出版他们编写的教材；二是有选择地翻译出版苏联人撰写的文学理论著作；三是参照乃至模仿苏联人编写的文学理论体系，由我国学者主编或撰写文学理论教材。这几种情况基本上把苏联文学理论体系原封不动的搬到了中国。其中最突出的是由以群主编的《文学的基本原理》(1963—1964年出版，上下两册)，这本几乎是照搬苏联体系的文学理论教材，在我国高校长期沿用达数十年之久，影响对象涉及几代人。这种潜移默化代代相传的影响，必然对我国的文学发展和文艺人才培养，产生理论指导混乱的不良后果。

二、文学接受影响：形成了我国一代人的“俄苏文学情结”

五四新文化运动时期，大量的俄罗斯文学作品被翻译介绍过来。20世纪50年代中苏友好，我国出现了翻译介绍、学习研究乃至创作模仿苏联文学作品的“一边倒”现象。所有这一切，不仅使俄苏文学作品大量涌入中国，成为我国读者阅读、鉴赏外国文学作品的第一选择，而

① 钱中文：《文学理论反思与“前苏联体系”问题》，《新华文摘》，2005年第6期。

且在我国一代人中，形成了浓浓的“俄苏文学情结”。具体表现为：对俄苏文学及其相关的俄罗斯文化（如音乐、舞蹈、歌曲等），怀有执著的喜好和偏爱，崇拜俄苏文学塑造的英雄形象，并将其作为自己的人生楷模。有一种自觉或不自觉地维护俄苏文学的心态。

（一）俄苏文学作品大批涌入我国，为“俄苏文学情结”的形成营造了社会文化氛围

20世纪20年代前期和后期，即五四高潮时期和发展时期，俄国文学作品在中国的译介出现了“极一时之盛”的局面，数量上超过任何一个国家。期间，不仅出版了《近代俄国小说集》、《俄国戏曲集》等综合介绍俄国文学的作品，而且出版了《普希金小说集》、《托尔斯泰小说集》、《契诃夫短篇小说集》、《屠格涅夫散文诗集》等俄国著名作家的文集，以及大批其他俄国文学名家的作品单行本。正如茅盾先生所说，当时“俄罗斯文学的爱好，在一般知识分子中间，成为一种风气，俄罗斯文学的研究，在革命的知识分子中间，成为一种运动”。[①]

新中国成立至20世纪60年代中期，大量苏联文学作品被翻译介绍过来。“据不完全统计，在这一时期，有90种以上的苏联文学作品的印数超过了10万册。《钢铁是怎样炼成的》、《卓娅和舒拉的故事》、《拖拉机站站长和农艺师》、《叶尔绍夫兄弟》、《海鸥》的印数在100万和150万册以上。还有几种作品，如《普通一兵》、《古丽雅的道路》等的印数都在50与100万册之间。”[②]一位俄苏文学研究的前辈学者曾这样形容当时的情景：“苏联的革命文学作品迅速地、大量地出现在中国读者手中，成为人人争读的读物，成为滋养人们的一股热流，成为思想工作与群众工作广泛采取的一种手段。”[③]这实际上已为中国读者逐渐形成“俄苏文学情结”，营造了一个浓浓的社会文化氛围。

---

① 陈建华：《20世纪中俄文学关系》，上海：学林出版社，1998年，第66页。

② 孙绳武：《我们的道路和我们的成绩》，森华：《回眸与前瞻》，北京：外语教学与研究出版社，2001年，第6页。

③ 同上。

（二）俄苏文学作品的文化内涵，引导和设定了中国读者的文化价值取向，成为“俄苏文学情结”形成的思想文化基因

俄苏文学作品尤其是苏联文学作品的文化内涵，有许多明显带有政治文化的色彩，革命、斗争、献身成为突出的关键词。在中苏友好、学习苏联“老大哥”的特有文化背景下，这种文化内涵对中国读者所产生的已不仅仅是文学影响，更多的倒是深层的文化价值取向的引导和设定。《钢铁是怎样炼成的》、《卓娅与舒拉》等苏联革命文学作品，很自然地成为中国读者的首选。保尔·柯察金等苏联文学作品中的英雄形象连同他们所体现的革命精神，深深地扎根在中国读者心中。这是中外文学接受史上罕见的一种现象。文学阅读激起的首先不是审美的愉悦，而是政治热情、革命情怀、牺牲精神和奉献精神。最有代表性的事例是，人们读完《钢铁是怎样炼成的》这部小说，对保尔的爱情经历和人生体验常常忽略不见，而是聚焦于保尔的那段关于人生价值的名言。[①] 许多人为了显示自己学习保尔的决心，把这段名言抄在笔记本上，或写成条幅挂在墙上。保尔成了中国读者尤其是中国青年共同学习的榜样，保尔的那段名言，也为中国青年设定了不容置疑的人生价值取向。

（三）俄罗斯文学的艺术成就与美学特征，吸引中国作家学习、借鉴俄苏文学名家的创作经验和创作手法，成为“俄苏文学情结”的特殊表现

十月革命前的俄国古典文学，群星灿烂，成就辉煌，涌现出普希金、果戈理、莱蒙托夫、屠格涅夫、托尔斯泰、陀思妥耶夫斯基、契诃夫等一批享誉世界的文学大师，在世界文学史上具有很高的地位；十月革命后的苏联文学，虽然有“社会主义现实主义”的限定，以及极左文艺政策的干预等不利因素，但仍有许多作家作品达到相当高的艺术水准，如高尔基、叶赛宁、肖洛霍夫、帕斯捷尔纳克等，均在国际上享有盛

---

① 汪剑钊：《中俄文字之交》，南宁：漓江出版社，1999 年，第 106 页。

誉,有的还获得诺贝尔文学奖。

俄国古典文学贯穿着深厚的人道主义精神,体现出"为人生"、"为社会"的文学观念、塑造了忏悔贵族、平民知识分子、"多余人"、"小人物"等多类具有丰富内涵的人物形象,文学作品的思想性和艺术性高度统一,具有很强的艺术感染力。所有这些都成为中国作家学习借鉴的内容,深为中国作家所喜爱。五四一代作家几乎都受到过俄罗斯文学的影响。如鲁迅很早就认为"俄国文学是我们的导师和朋友"。他翻译了果戈理的长篇小说《死魂灵》,创作了与果戈理小说同名的《狂人日记》,并承认受到果戈理的影响;巴金自称在所有外国作家中,他受俄国作家影响最大。他创作的短篇小说《第四病室》就是受到契诃夫《第六病室》的影响。

苏联文学大多以革命、战争和社会变革为题材,虽然不无政治意识形态的因素,但作家创作的现实主义态度和宏大题材的丰富与广阔,使许多苏联文学作品具有鲜明的史诗性特征,如肖洛霍夫的《静静的顿河》,帕斯捷尔纳克的《日瓦戈医生》就是生动的例证。苏联文学名家在形象塑造、心理描写、场景描述、形式创新等方面的成功经验,受到中国当代作家的高度重视。王蒙、冯骥才、张炜等作家都明确表示,不仅在思想上,而且在艺术上都受到过苏联文学的深刻影响。王蒙曾感慨自己"太受苏联文学——主要是法捷耶夫、爱伦堡、西蒙诺夫他们影响了"。[①] 冯骥才富有诗意地宣称:"我们的文化记忆中最深刻的是托尔斯泰、肖洛霍夫……我们几乎被他们全方位地覆盖。"[②]张炜评价"高尔基的流浪汉小说写得无与伦比"。他读高尔基的"那些文论和小说戏剧,常常涌起深深的崇敬之情"。[③]

在苏联文学名家对中国作家的影响中,最典型的当数马雅可夫斯基的"楼梯诗"被中国诗人的学习与借鉴。马雅可夫斯基作为一名未来主义诗人,独创了"楼梯诗"这一新颖的诗歌形式,结构鲜明,节奏短

① 王蒙:《苏联祭》,北京:作家出版社,2006 年,第 179 页。

② 冯骥才:《倾听俄罗斯》,北京:人民文学出版社,2003 年,第 7 页。

③ 张炜:《人的魅力》,上海:文汇出版社,2002 年,第 92 页。

促，音韵铿锵，非常适合表达革命和建设中的苏联人民的激昂情绪。他的长诗《列宁》、《好》、《开会迷》被译成中文，受到我国诗人与读者的广泛欢迎。我国诗人郭小川、贺敬之都深受马雅可夫斯基的影响。郭小川的政治抒情诗《投入火热的斗争》，贺敬之的抒情诗《雷锋之歌》，不仅在形式上完全模仿"楼梯诗"，以直白的"宣传"、"鼓动"替代诗歌的"象征"和"隐喻"，而且在内容上也是以高昂的政治热情"放声歌唱"，唱出时代的"最强音"。对此，王蒙有一段这样的表述："我们这一代中国作家的许多人，特别是我自己，从不讳言苏联文学的影响"；"与其说是作者一定是受到了某部作品的直接启发，不如说是整个苏联文学的思维与情调、氛围的强大影响力在我们身上屡屡开花结果。"

三、文艺政策影响：导致中国出现文学与政治关系的"错位"现象

我们这里所说的文艺政策影响，选取的论域是十月革命以后至20世纪70年代以前（即中国的"文革"结束之前）的苏联文艺政策对中国文学发展的影响。所以选取这一论域，是为了体现跨文化研究的可比性和科学性。在这一论域内，苏联出台的重大文艺政策（含国家领导人和文艺界领导人的重要讲话），面广量大，难以一一列举，其中与中国关系较大的有：《日丹诺夫在第一次苏联作家代表大会上的讲演》、《日丹诺夫关于〈星〉和〈列宁格勒〉两杂志的报告》、联共（布）中央《关于〈星〉〈列宁格勒〉两杂志的决议》、《关于剧场上演节目及其改进办法的决议》、《关于影片〈灿烂的生活〉的决议》、《关于穆拉杰里的歌剧〈伟大的友谊〉的决议》。上述日丹诺夫的报告和联共（布）中央的决议，除了日丹诺夫在第一次全苏作代会上的讲话是侧重强调苏联文学是"最有思想、最先进和最革命的文学"外，其余都是突出对作家、艺术家及其作品的批判。这些报告和决议，"对文艺创作和文艺批评实行粗暴的行政干预，对作家和艺术家进行残酷无情的人身攻击和政

治打击”,“不仅严重打击了苏联文艺界的创作积极性,使许多作家、艺术家受到不公正的待遇,而且其恶劣影响也波及到中国”,[①]导致我国出现文学与政治关系的“错位”现象。集中表现在以下三个方面:

(一) 日丹诺夫的报告和联共(布)中央的有关决议,成为我国指导文艺发展的重要文件,导致对文艺与政治关系的错误认识

日丹诺夫的报告和联共(布)中央的决议,大多是20世纪三四十年代出台的。我国虽然在同期有及时的翻译介绍,但阅读和影响面仍局限在文艺界,并未引起太大的反响。到了20世纪50年代,出于全面学习苏联和强化文艺界的政治导向的需要,我国先后编辑出版了《苏联文学艺术问题》和《日丹诺夫论文学艺术》这两本书。前一本书收入了日丹诺夫关于文学艺术的四次演讲和联共(布)中央关于文学艺术的六个决议,后一本书则收入了日丹诺夫关于文学艺术的全部讲演和报告。这样,就把苏联的那一套东西(有人称之为“日丹诺夫主义”)全部推介给了中国人。尤其突出的是,把日丹诺夫关于文艺问题的报告和联共(布)中央的决议,与马克思主义经典作家的有关著作并列为规定的学习文件,使之成为指导我国文艺发展的重要文件之一。周扬曾在一篇文章中指出:“联共(布)中央关于文艺思想问题的历史性的决议,日丹诺夫同志的关于文艺问题的讲演……所有这些,为中国和世界一切进步文艺提供了最丰富和最有价值的经验,给予了我们以最正确、最重要的指南。”[②]领导人的这些讲话或文章,不仅表明了苏联的有关文艺政策在我国所处的主导地位,而且把文艺与政治的关系简单化,使文艺成为阐释政策、服务政治的工具。

(二) 苏联的有关文艺政策成为我国历次文艺批判的思想指导,强化了批判的“正统性”和“合理性”

20世纪五六十年代,我国有过多次文艺批判,如对电影《武训传》

① 吴俊忠:《跨文化视野中的中苏文艺政策比较》,《中国比较文学》2004年第4期。
② 汪介之:《回望与沉思》,北京:北京大学出版社,2005年,第202页。

的批判,对《〈红楼梦〉研究》的批判,对胡风的批判,等等。发动和实施这些批判的思想指导都有苏联文艺政策的有关精神在直接或潜在地起着作用。有专家指出:"对电影《武训传》的批判,是建国以后我国文艺界第一次规模较大的批判运动。这场批判运动可以说是学习苏联在文艺领域的管理经验的一次尝试,它的指导思想和具体方式都有着日丹诺夫主义的明显影响。"①用当时我国文艺界领导人的话说,"应该好好学习一下苏联的经验"。这表明,苏联文艺政策的思想精神不仅成为我国文艺批判的理论依据,而且也在当时对苏联"一边倒"的文化背景下,强化了文艺批判的"正统性"和"合理性"。

(三)苏联文艺政策的思想精神,成为我国"文革"中思想舆论先行的重要基因,放大了文艺的社会政治功能

"文革"前夕姚文元发表的《评新编历史剧〈海瑞罢官〉》一文,曾被公认为揭开"文革"序幕的舆论准备文章。对此,胡乔木在"文革"结束后,做出如下的回忆和解说:"在全国范围内,由党中央亲自发动批一个剧本,搞得规模那样大,这在国际上是没有先例的,这也受到斯大林的影响。第二次世界大战以后,苏联由日丹诺夫出面,批了好些作品,但是都没有像中国那样搞成大运动。解放以来,批《武训传》,批《红楼梦》研究,批胡风。……《清宫秘史》的批判没有能开展,所以到了'文化大革命'来补课。在这个背景下,为什么对《海瑞罢官》的批判会成为这么大的斗争的导火线,就容易了解了。"②胡乔木的这段话说明,我国的文艺批判受的是苏联的影响,但搞的规模比苏联还大,搞成了像"文革"这样的政治运动,可谓是有过之而无不及。同时也说明,为"文革"这场大规模的运动鸣锣开道的文艺领域的大批判,同斯大林时期的苏联文艺政策,同"日丹诺夫主义"的影响,有着明显的关系。这在客观上是放大了文艺的社会政治功能,使文艺成为政治斗争的工具。

---

① 汪介之:《回望与沉思》,北京:北京大学出版社,2005年,第200页。
② 同上书,第205页。

四、影响何以长存：一种需要深入研究的文化现象

著名作家冯骥才在《倾听俄罗斯》一书的序言中曾指出："一个国家的几代人，怎么会受到另一个国家如此深刻的影响？其实这影响不过十五年（作者所指的是从新中国成立到'文革'前这15年，其实俄罗斯文学对中国的影响不止15年——笔者注）。但那时我们的一切全是'苏式'的。从社会理想、政治制度、行政体制到行为方式，再到语言与词汇。从集体农庄、公有制、书记、集体舞、连衣裙、红头巾、革命万岁到'同志'之称，我们是全盘苏化！"①冯骥才的这一段话，既阐明了我国受苏联影响（包括文学影响）的程度，也提出了对苏联影响的反思问题。事实上，在全球化语境下反思俄罗斯文学对我国文化的长期影响，其意义已经超越了文学。纵观中俄文学关系史，俄罗斯文学所以能对我国产生如此长远、深刻的影响，原因是多方面的。

（一）革命与战争的题材效应和思想效应是俄罗斯文学影响中国的主要原因

十月革命前的俄国古典文学，虽然没有直接标上革命的字号，但它所处的社会历史背景恰恰是俄国废除农奴制前后的社会动荡和社会变革时期，所反映的也是这一社会变革时期的阶级矛盾和阶级斗争，故有"谁之罪"、"怎么办"的发问与思考。因此，列宁把俄国作家托尔斯泰称之为"俄国革命的一面镜子"。也正因为此，五四新文化运动时期，"俄国文学作品已经译成中文的，比任何其他国家作品都多，并且对于现代中国的影响最大"。②

苏联文学历来被等同于革命文学，甚至有"苏联革命文学"之称。这不仅是因为20世纪二三十年代的苏联文学以革命和战争为主要题材，更是因为苏联文学的革命内涵和革命色彩。有学者认为："如果说

① 冯骥才：《倾听俄罗斯》，北京：人民文学出版社，2003年，第7页。

② 陈建华：《凝眸伏尔加》，南昌：江西教育出版社，1999年，第1页。

西欧文学曾经给世界文坛奉献了文艺复兴、启蒙主义，那么，20世纪俄国文学(实质是苏联文学——笔者注)则将革命奉献给了世界。”[①]苏联文学所以具有革命内涵，用托洛茨基的话说，是因为“革命推翻了资产阶级，这一决定性的事实也侵入了文学”。[②]

苏联文学中与革命题材密不可分的是战争题材。苏联的国内战争在某种意义上是十月革命的余波，而抗击德国法西斯入侵的卫国战争，更是保卫苏联社会主义革命成果的英勇壮举。战争对苏联革命和建设所造成的破坏，以及在苏联人民心中所留下的创伤和阴影，促使许多苏联作家理性地去反思战争对人的命运的影响，从不同的角度去描写战争。

以革命和战争为主要题材的苏联文学作品，具有强烈的鼓动性和教育感染作用，这对于中国而言，无论是在为国家兴亡而奔走呼号的新文化运动时期，还是在决定国家和民族命运的抗日战争和解放战争时期，或者是在新中国建立后的革命和建设时期，都会产生强大的鼓舞和激励力量，必然受到中国读者的欢迎和接受。“革命”在中苏文学关系中已成为文化氛围和精神动力的象征。学习苏联“老大哥”就要接受苏联文学，接受苏联文学就要接受苏联的革命思想，就是汲取革命的精神动力，就是立志为革命而奋斗。这在20世纪50年代已是不争的客观现实。

(二) 文学与政治关系的密不可分是俄罗斯文学影响中国的特殊原因

文学接受的取舍，决定于接受者的主体意识，必然是有区分、有选择的。而被政治限定的文学接受，则在很大程度上排斥了接受者的主体意识，体现出被动接受和从众接受的特征。俄罗斯文学(主要是苏联文学)被中国读者所接受，在很大程度上就是被政治所限定的被动

① 刘亚丁:《全身心倾听革命》，刘文飞:《苏联文学反思》，北京:中国社会科学出版社，2005年，第3页。

② 同上书，第4页。

接受和从众接受。20世纪五六十年代中苏国家关系亲密友好。不仅政治上、外交上对苏联“一边倒”,文学上也是以苏联文学为榜样。虽然毛泽东曾有过“古为今用,洋为中用”的指示,但在特殊的年代、特殊的文化氛围下,“洋为中用”就变成单一的“俄为中用”或“苏为中用”。政治需要和政治热情决定了文学接受的选择和取舍。这在国家文学关系史上可以说是独一无二的特例。

也许有人会说,当时的中国民众是发自内心的喜欢苏联文学,并不是按照规定和要求去阅读苏联文学作品的。这种观点忽视了一个事实,那就是当时的社会文化氛围。在苏联文学作品充满书刊市场和图书馆室,甚至“成为思想工作与群众工作广泛采取的一种手段”的情况下,是否阅读苏联文学作品已成为要不要革命、能不能革命的标志。此时,“人人争读”苏联文学作品就不难理解了。这种现象表面上看是自发的阅读倾向,但实质上却是外在的政治文化氛围所限定的,不可避免地带有从众性和被动性特征。

(三)中俄作家的心灵交汇是俄罗斯文学影响中国的文化基因

研究俄罗斯文学对中国的影响,如果只看到社会政治因素,而忽视了文学因素,忽视了作家、艺术家的心灵交汇,显然是不全面的。

我国著名文艺学家钱谷融先生在《俄国文学的百年贡献》一文中曾谈到:“我则可以说是喝着俄国文学的乳汁而成长的。俄国文学对我的影响不仅仅是在文学方面,它深入到我的血液和骨髓里,我观照万事万物的眼光识力,乃至我的整个心灵,都与俄国文学对我的陶冶熏育之功不可分。”[①]王蒙在一篇文章中更加具体地谈到他及我国其他作家与苏联作家的心灵交汇:“是爱伦堡的《谈谈作家的工作》在五十年代诱引我走上写作之途;是安东诺夫的《第一个职务》与纳吉宾的《冬天的橡树》照耀着我的短篇小说创作;是法捷耶夫的《青年近卫军》帮助我去挖掘新生活带来的新的精神世界之美。在张洁、蒋子龙、

---

① 陈建华:《凝眸伏尔加》,南昌:江西教育出版社,1999年,第16页。

李国文、从维熙、茹志娟、张贤亮、杜鹏程、王汶石直到铁凝和张承志的作品中，都不难看到苏联文学的影响。”[①]由此可见，中国作家和俄国作家、苏联作家在心灵上是相通的。文学对现实的精神超拔，对人的理想情怀、精神追求、生存态度、生存方式的艺术描写和现实观照，使中俄、中苏作家天然地有着心灵的契合点。正是在这个意义上可以说，中国作家对俄罗斯文化有一种特别的情感认同方式。他们体验俄苏作家的审美理想和艺术追求，感受俄苏作家的艺术表现和形式特征，学习、借鉴乃至回应俄苏作家的艺术创作，为俄罗斯文学在中国的传播，铺设了一条特殊的艺术通道。

（四）对俄罗斯文化的偏爱与怀旧是“俄苏文学情结”历久不去的根本原因

新中国建立以来，中苏、中俄国家关系，以及与之相适应的文学关系，经历了一边倒、相对冷却、重现热潮、理性调整等几个不同阶段，但民间的俄苏文学作品的接受与阅读却一直没有中断，即便在中苏国家关系最紧张的时期，作为内部读物而翻译出版的《你到底要什么》、《落角》等苏联文学作品，仍有相当数量的读者。改革开放以来，外国文学作品在我国的翻译介绍越来越多，俄苏文学作品“一枝独秀”的状况已不复存在，但仍有许多读者对俄苏文学情有独钟；苏联解体后，苏联文学已成为一种历史的文学现象，但许多读者偏爱苏联文学作品的热情仍没有消减，以至于出版社和书商不断地重印苏联文学名著。究竟是什么原因导致这种别具一格而又十分难能可贵的“俄苏文学情结”绵延不绝、历久不去呢？笔者以为，对俄罗斯文化的偏爱和怀旧，是最根本的原因。

对俄罗斯文化产生偏爱和怀旧心理，有着复杂的社会历史因素。我国自20世纪20年代至40年代出生的那一批人，是伴随着俄苏文学成长、发展过来的。俄苏文学对于他们不仅仅是文学爱好，同时也

---

① 王蒙：《苏联祭》，北京：作家出版社，2006年，第178页。

是价值取向和精神情怀。因此，他们对于俄苏文学及其相关的俄罗斯文化（如音乐、舞蹈、电影等），有着特殊的偏爱，甚至演变成一种文化的执著和思维的定势。在他们看来，否定和舍弃俄罗斯文学与文化，就是否定和舍弃了他们曾经为之热爱和追求的精神财富，就是否定了他们的那一段人生。这无论在感情上还是理智上都是他们所不愿接受的（当然，也不乏理性的反思者）。如今，仍有许多人，每当谈起俄罗斯文学作品和俄罗斯歌曲、俄罗斯电影时，总是津津乐道，眉飞色舞。1996年，俄罗斯红旗歌舞团来华演出时，北京人表现出空前的热情和激动。剧场里那熟悉的旋律响起时，许多人感动得流下了眼泪。这绝不是偶然发生的，它是一种文化情怀和文学情结的延续和再现。

俄罗斯文学对中国文化的影响是个大课题。本文所选择的论域和重点，侧重于影响突出的某些层面，不求全面周到，但求鲜明深刻，因此，肯定有未及论述或挂一漏万之处。如今，俄国古典文学和苏联文学都已成为历史，当代俄罗斯文学正经历着文学观念的更新和作家队伍的重组。俄国古典文学以其经久不衰的艺术魅力，持续不断地对中国和全世界产生文化影响；"苏联文学的影响可能比苏联这个国家的影响更长远。前者毕竟是艺术，是理想。艺术与理想更多地取决于人们的主观感受，更多的是满足人们的精神的需求——所以也谈不上认真的'解体'与消失。"①当代俄罗斯文学正处于调整发展阶段，其对我国的文化影响必将引起我国专家学者的重视和研究。我们坚信，中俄文学关系一定会朝着更加广阔的前景发展。

吴俊忠（1949— ），男，江苏南通人。深圳大学文学院中文系教授，主要从事比较文学、文学理论与社会文化研究。

① 王蒙：《苏联祭》，北京：作家出版社，2006年，第178页。

从略萨看拉美作家与本土文化的疏离

周明燕

20世纪60年代,拉美文学以"爆炸"的方式不仅冲击着它曾经的宗主国西班牙,而且冲击着整个欧洲甚至世界。1982年随着哥伦比亚作家马尔克斯荣登诺贝尔文学奖的宝座,他那神奇的魔幻现实主义又再次风靡了整个世界。他被誉为是"继西班牙黄金时代的天才们之后……最伟大的天才",此后接二连三出现的圣卢西亚诗人沃尔科特(1992年),特尼里达的奈保尔(2002年),此两位虽不属西班牙语作家,但也算这块土地上(诞生)的作家,直到去年获奖的巴尔加斯·略萨(2010年),从那块土地上不断升起一颗又一颗耀眼的明星,让人眼花缭乱。正如西班牙著名作家米盖尔·德里维斯说:"也许我们的欧洲小说创作已经进入了衰退期,而拉丁美洲则相反,它是一个年轻的大陆,从事文学创作人数之多是空前的,那里正出现一片繁荣景象……"[①]拉美确实是一片神奇的土地,在这片土地至今还保存着最原始的刀耕火种的生产方式和最落后的军人独裁制度,但它却孕育了一批最现代的作家和诗人。文章则以拉美诺贝尔文学最新的获奖作家巴尔加斯·略萨为例,与略萨获奖一同到来的是众多的溢美之词。客观地说,略萨确实算是一个比较关注社会民生、反对专制暴力的正直作家。但是由于他先天的西班牙血缘基因和后天对欧美文化的自觉

① 米盖尔·德里维斯:《西班牙人和拉丁美洲文学"爆炸"》,西班牙:新时代出版社,1972年,第124页。

吸收与认同,成为西方思想观念在秘鲁的代言人。尤其是在很多文学读者不甚关心的政治竞选中,略萨集中地表现了他脱离秘鲁社会、极力维护西方跨国资本和秘鲁有产者特权的基本立场,他所进行的这场竞选战争,实质上是代表有产者利益集团对政治寡头之间的战争,与占秘鲁人口绝大多数的印第安人、穷人其实无关。略萨在秘鲁国家发展道路的问题上,自觉地成为了西方新自由主义经济理念的传声筒。同时,也由于他长期定居国外,他对秘鲁本土社会的认识,除了理论上的误区、文化上的疏离、更有感情上的隔膜和对立,反映了后殖民作家与生俱来的局限性。分析了他作为后殖民作家对自己西方文化身份的选择,对本土命运的关怀,以及他与本土文化的疏离甚至排斥,这也许是大多数后殖民作家难以超越的文化宿命。

略萨是荣获 2010 年诺贝尔文学奖的秘鲁作家。

此前国内普通读者其实对略萨关注不多,但从 20 世纪 80 年代起,他的很多作品在中国就已经有译本。学术界对他的评价不低,称之为"结构主义大师"。他在拉美和欧洲曾多次获得各种文学奖项。1979 年,他当选为国际笔会主席。除此之外,他还是一个积极的社会活动家。无论在他的作品还是现实生活中,他都非常关注拉美社会和秘鲁的政治生活,他曾说"文学是一团火,他意味着不妥协,意味着反抗"[①],他正是这样身体力行的。1987—1990 年间他花了三年时间参加秘鲁总统选举,既表现了他对秘鲁社会改革深切的关注,也表现了作家对政治有非常强烈的参与愿望。人们一般对他竞选失败的原因评论不多,可能认为那只不过是他的一个私人行为而已。

也有学者认为他参加竞选是"误入泥潭",或不小心"与政治这个魔鬼签了约",是一时的迷途(以赵德明教授的《略萨传》为代表)。而略萨自己则以"竞选中人们对权力的渴望让大家把人性中最丑恶的一面表现出来","我不是政治家,我是一个作家"[②]来解释自己的失败。

---

① 马里奥·巴尔加斯·略萨:《文学是一团火》,赵德明译,《外国文艺》,2011 年第 1 期。

② 马里奥·巴尔加斯·略萨:《凤凰卫视》,《名人面对面》,http://blog.ifeng.com/article/12174125.html.

在略萨竞选问题上，评论者这样理解他并不奇怪，略萨自己打出道德洁癖的盾牌却显得苍白无力，因为他参加竞选时已年过 50 岁，早已是知天命的年龄，而他也并非是个完全不懂政治的人，他的政治才能从大学时代就已崭露头角。在拉美竞选成功的作家也有先例，如委内瑞拉著名的作家罗慕洛·梅内塞斯就是通过人民直选担任总统的。问题不在于“政治”是否干净，一个有理想的改革者为了实现自己的政治抱负与魔鬼的博弈无可避免，就此而言，权术高下只是一个单纯的技术问题，文人政治手腕拼不过职业政客这不奇怪。但是，除了道德上高于对手或权术低于对手以外，略萨失败的根本原因恐怕在于他对西方文化的主动认同和与本土文化的严重疏离。顺着略萨走过的路可以清楚地辨析一下他的思想发展轨迹。

略萨出生在一个西班牙白人家庭，父亲家族虽然由于政治原因家道中落，但父亲年轻时漂亮帅气的外表证明他的血统原本不差；母亲家族则非常显赫。因为这个家族的第一个来到秘鲁的人，正是带领西班牙军队占领阿雷基帕的军团长，略萨家族以他为荣。从此，这个家族在秘鲁代代相传，到外祖父这一代，虽然经济上只称得上中产，但社会地位却非常牢固，外祖父的表兄任秘鲁总统期间，外祖父官至皮乌拉省长。“这个家族以其祖先是西班牙人，有良好的教养，说话纯正而自豪……”[①]所以略萨与宗主国西班牙的联系有着天然的遗传基因和血缘，他虽然生在秘鲁长在秘鲁，但他并不是秘鲁土著，而是西班牙征服者的后代，这是他与很多后殖民地作家的不同之处。

略萨家族虔诚信奉天主教，略萨从小随家庭信奉天主教，五岁就进入教会小学读书，直到去了欧洲以后才改变宗教立场成为不可知论者。

略萨从小生长在秘鲁，从小学、中学直到大学毕业，他所接受的所有教育与宗主国西班牙天主教文化及欧洲文化一脉相承。用他自己

---

① 马里奥·巴尔加斯·略萨：《水中鱼》，赵德明译，长春：时代文艺出版社，1996 年，第 20 页。

的话来说,直到上军校以前,他一直不知还有另一个秘鲁,不和他说同样语言的秘鲁。“40 年代末……我们这些特权阶层的孩子从来见不到穷苦的孩子们,甚至连他们的存在都没发觉过。……我们如果不离开利马,一生都可能认为,自己住在一个只讲西班牙语的国家里,一个只有白人和印欧混血人的国家里,根本不知道还有几百万(1/3)印第安人讲克楚亚语,过完全两样的生活。”[①]军校是他认识秘鲁社会的第一课,但极为有限。

即使是进了大学,他跟随历史课教授波拉斯做了五年助手,专门研读与秘鲁历史相关的书籍,但所获知识仍只是书面的,而且是遥远的历史,对现实的第二次直观认识还是在大学毕业后的那次亚马逊地区考察。

他看到“从利马到奇凯斯和乌腊库萨这两个村子,就等于从 20 世纪跳回到石器时代,……同生活在最原始状态之中并受着非常残酷剥削的同胞们进行接触。而剥削者也是那些可怜的半文盲商人。”[②]当秘鲁社会刚刚在他面前掀开一角的时候,22 岁的他就立刻拿了奖学金飞往西班牙攻读学位去了。由此可见,略萨与秘鲁的疏离并非从他去欧洲后才有,而是一生下来就开始了。从孩童时代起,他就没有多少时间和机会去真正地认识这个国家。随后转到巴黎,然后在伦敦、巴塞罗拉、巴黎和柏林等几个欧洲大都市流连,间中短暂回秘鲁探亲,在欧洲一待就是近 30 年,直到 1987—1990 年回国参加总统竞选,待了不到三年时间,因竞选失败再次出走,并很快加入了西班牙国籍、定居在西班牙,此后基本上一直待在国外,生命中近半个世纪的时光远离秘鲁。他像所有那些后殖民的作家们一样,都认为生在这块落后的土地是自己的不幸,整个有生之年都极度地不喜欢自己的国家。碰巧他们又是一群幸运儿,当他们在本土通过基础教育了解了外面的世界并向往那个世界的时候,又正好有机会靠着宗主国提供的奖学金到西方

① 马里奥·巴尔加斯·略萨:《水中鱼》,赵德明译,长春:时代文艺出版社,1996 年,第 7 页。

② 同上书,第 17 页。

继续深造，由于长期受西方教育和文化的影响，他们不仅改变了自己的文化、知识结构，有些人甚至连同着改变了自己的国籍身份。从而，完成了他们个人从被殖民地边缘向宗主国中心的转移。这一过程实际上是后殖民地知识分子接受西方文化并认同西方价值观的过程。与此同时，他们和自己生长的国家也自然地渐行渐远了。这样的例子在第三世界国家很多。如奈保尔十几岁就发誓一定要去英国，后来他果然去成了，在那儿他完成了自己的教育，结婚定居，发展事业，一切如意。在他做了英国女王的臣民多年以后，他还时常会被重回特尼里达的噩梦惊醒；南非的库切，年轻时曾努力想留在英国和美国，因为各种原因未能达成愿望，但哪怕是在退休之后，他也还是毅然选择澳大利亚，离开了南非那块令他伤心的土地；再看略萨，同样如此，他曾说“也许说我爱自己的国家是不准确的。我常常厌恶这个国家；从年轻时起，我几百次发誓要远远地离开秘鲁生活，再也不写有关秘鲁的事了，要永远忘掉秘鲁的落后”[①]。

虽然略萨所有作品都非常关注拉美和秘鲁的社会现实，对独裁专制进行尖锐地揭露与抨击。他很希望自己的国家变成一个“繁荣、现代、文明”的秘鲁，也许是出于这样的愿望，他花了三年时间，参加了1987—1990年的总统竞选。

略萨在他的改革方针中提出：秘鲁要走经济自由之路，我们的全部努力都旨在把现在这个贫富悬殊、遍地失业的秘鲁改造成一个充满企业家、产业主和法律面前人人平等的国家。它的核心思想是实现全面的私有化。具体措施内容如下：

（1）实现金融私有化，反对金融国有化；

（2）实现国营企业私有化，必须开放市场、鼓励竞争和发展私有制；

（3）实现农业私有化，实行土地私有制改造；

---

① 马里奥·巴尔加斯·略萨：《水中鱼》，赵德明译，长春：时代文艺出版社，1996年，第58页。

(4) 劳工市场自由化:雇主有解雇劳工的权力;

(5) 精简国家行政机构;

(6) 教育:取消免费教育;以奖学金和贷款的方式取代义务教育。

略萨的出发点也许是好的,他甚至很为自己绘制的这幅秘鲁蓝图而陶醉。但是他的这一套改革纲领却遭到了秘鲁老百姓的拒绝。这是最让他百思不得其解的事情。当然略萨的整套改革计划并非他自己的原创,其实完全是套用了西方自由市场经济的模式而已。略萨一心希望达到的目标就是新自由主义代表人物哈耶克所提出来的文明社会不可分割的三位一体:法制、自由和财产。哈耶克继承的是18世纪启蒙主义思想,尤其强调人的自由,而他认为对一个人或社会所有的自由中,经济自由是最重要的核心。实现这一目标的途径就是市场经济中的自由竞争,他始终把批判的目标指向计划经济,此人1974年与缪达尔一起获诺贝尔经济学奖。

略萨的改革纲领像是一个生硬的毕业论文或设计。这是他读了那么多自由主义思想家的著作并在华盛顿威尔逊中心系统学习的成果。他无比真诚地要把这份精心设计的礼物献给秘鲁,但完全忽略了西方自由经济思想和理论产生的社会条件和背景,任何理论都不可能是一个放之四海而皆准的真理,社会发展也不可能都是一个模式。西方的资本主义发展到今天已有几百年的历史,有一套相当成熟的运行机制,并且有较为完善的法律制度制约和保障,在这一前提下,提出让市场自我调节自由竞争的理论也许有过人之处。即使是如此,市场仍然不可能无边地自由。尤其是在秘鲁特殊的社会条件下,提出这种绝对自由竞争的市场理论,就其本质而言,实际上是一种为少数富人和强人利益开道的理论。就世界范围而言,相信市场经济能自动调节一切问题,显然也是值得怀疑的理论。我们当下正在经历的金融海啸无论是美国还是欧洲,各国政府、各级首脑人物,以及经济学界的精英们,为了自由经济这个潘多拉盒子放出来的怪物,不是正在竭尽全力地围追堵截力挽狂澜吗?如果完全放任其自由发展,后果又将会如何呢?

由此可见,略萨盲目地照搬西方发达国家的自由主义思想,市场经济理论,虽然表达了他的良好愿望,但却颇像他热爱的堂吉诃德一样,以喜剧的方式开场,以闹剧的方式而结束。而他越是真诚也受伤越深。

略萨从20世纪70年代开始迷恋西方新自由主义思想,像莱蒙·阿龙、波贝、哈耶克、费德曼和诺基克等人的思想,主张"维护个人权利,反对国家压迫、坚持权力下放……把经济、社会、团体的责任交给文明社会,而不是集中到高层少数人手中"。[①] 1980年,略萨曾用奖学金在美国华盛顿华威尔逊中心系统地学习了一段经济专业,这或许说明他参加总统竞选并非即兴之作,而是有备而来。

另一方面,不得不承认近三十多年的旅欧生活,略萨对秘鲁的了解和认识必定会越来越肤浅。秘鲁对于他像一个遥远的亲人。年深日久,留在他心中的是那个关于秘鲁的概念,不是有血有肉的真实的秘鲁。就像那些远离父母漂泊在外的游子,几十年不见父母,父母最终也只是藏在他的心里的一个符号而已。多年以后重聚,时间和空间,加上各自完全不同的生活内容和方式,又能有多少息息相关、心心相印呢?

对略萨来说,或许他所了解的只是他那一半西班牙的秘鲁,他的绕着薄雾的宁静的,有着临街的百叶窗的小洋楼的秘鲁,还有外祖父曾担任过最高行政长官的皮乌拉,再开阔一些,也就是被安第斯山脉屏蔽着的沿海发达地区,它是似曾相识的西班牙的任何一个城市。当然,正是因为有欧洲多年生活的参照,略萨很容易看到了秘鲁的贫穷、落后、专制和黑暗,但所有这些岂是一打纲领可以立马改变得了的。

秘鲁最大的问题是地理环境造成的种族隔离,正如弗里德里克所说:"使秘鲁苦恼的地理上的障碍乃是美洲半球最难以克服的障碍之一。"[②]虽然沿海的秘鲁早已开始了现代化的进程,西班牙人带来的繁荣沿着海岸线伸展开来,但整个古印加帝国和它的臣民却被留在了安第斯山脉的背后和亚马逊丛林之中。随着独立后的现代化,沿海城区

---

① 马里奥·巴尔加斯·略萨:《水中鱼》,赵德明译,长春:时代文艺出版社,1996年,第97页。

② 弗里德里克·B.派克著:《秘鲁近代史》,沈阳:辽宁人民出版社,1976年,第13页。

和大山背后的差距越拉越大。这种差距不仅表现在经济和文化上，更重要的是种族之间的隔离和心理上的对抗。

在秘鲁印第安人大约有近900万，占全国人口约40%以上。与其他美洲国家不同的是，一直以来，秘鲁的印第安人自成一体，始终难以与外来者彻底融合。在美洲，有的国家印第安人在殖民者的征服过程中就已被消灭，如美国；有的则是在这一过程中互相同化与融合，形成彼此认同的新的民族国家，如墨西哥。而秘鲁的种族问题则始终是一个癌症。西班牙人及其后裔世世代代在这块土地上生活了500多年，他们既不能提高和改善背后印第安人的生活环境和生活水平，又无法与他们真正地融合为一体，更不用说彻底征服、战胜他们。

整个美洲大陆，秘鲁的印第安人是人口最众多的一群，除了安第斯山这个天然的屏障护佑着他们，在世界的这个角落自在地生存着，在惊叹他们这种顽强的生命力的同时，我们还不得不承认印加王国特殊的社会结构文化传统对印第安人的支撑。

秘鲁印第安人继承的是比阿兹特克文明与玛雅文明更为成熟一些的印加文明。"印加文明始于公元前900年，能确凿证明印加帝王统治的始于第9代印加王帕查库蒂·印加·尤潘基，此王子于1438年继位。"印加帝国被称为"太阳帝国"，这"是因为太阳是印加人的最高神祇。印加人的宗教并不比阿兹特克人的宗教温存。'他们用活人、儿童、野兽献祭，观察他们的心脏，从中得到预兆，与此同时，一边用鲜血洒在众神的脸上，一边大喊大叫，乞求守护神。'印加王是仅次于神的主人，并且自己就是神，就对他的被吓坏了的臣民施行绝对的权威。"①在他的治理下，印加帝国先后征服了各个印第安部落，占领了卡哈马卡、纳斯卡、利马等地，特别是在1470年消灭了强大的奇穆王国后，把一个原是四个部落的印加变成了庞大的印加帝国，其首都设在离利马30公里处的库斯科，意为'大地的肚脐'。"②它是在西班

① 让·德科拉：《西班牙史》，管震湖译，北京：商务印书馆，2003年，第305页。
② 李德恩：《拉美文学流派与文化》，上海：上海外语教育出版社，2010年，第280页。

牙人征服秘鲁之前“最强有力的文化,它从秘鲁一直延伸到玻利维亚,厄瓜多尔,以及智利、哥伦比亚和阿根廷的一部分”[①]。

印加帝国早在13世纪就有等级严密的管理系统,其行政效率非常之高,“修建道路和灌溉工程,修筑城堡和要塞,……使得生产足以养活所有秘鲁人。这一点,以后的任何政权都未能做到”。[②]

正因为秘鲁的印第安人有着这样特殊的文明传统,使他们不仅引以为自豪自傲,主观上也更难以融入别的文明与文化之中,整个民族进步极其缓慢。几个世纪以来,他们经济上受剥削,政治上受压迫,殖民者包括后来的秘鲁白人,除了不断地搜刮他们的自然资源和劳动力,没有给予他们任何权利和资格,尤其是其绝大多数还处于文盲状态,加上语言无法沟通,以致造成了秘鲁目前这种现状,即实际上始终存在着两个民族、两种语言和两种生活形态的对立。

几百年来,历届的统治者都想解决而都未能解决的问题依然存在,面对秘鲁生活的这种现实,略萨的改革纲领同样是加以回避。对于这最大多数穷苦的印第安人的生存状态不理不睬,没有任何具体可行的措施,一味为少数有产者和富人的特权鸣锣开道,置多数人利益而不顾,又怎么可以说是为了秘鲁的进步呢?

在这种所谓的自由竞争中,印第安人连自己的文字都没有,多数也都不会说西班牙语,他们又怎能为自己的权利辩护,表达自己的诉求呢?况且奴隶能说话吗?其实自西班牙人占领这块土地时起,他们早已把所有印第安人文献烧为灰烬,从那时候起,秘鲁的印第安人就早已失语了。秘鲁的印第安人与沿海发达地区居民的差别不仅仅是贫富的差异,还有社会形态与文化的巨大差异,妄想通过自由竞争实现印第安人的跨越式发展没有任何的可能性。唯一的结果就是印第安人勉强维持的原始生活状态将被自由主义经济的飓风连根拔起荡然无存。这种不在同一起跑线上的竞争有什么公平可言?

---

① 马里奥·巴尔加斯·略萨:《水中鱼》,赵德明译,长春:时代文艺出版社,1996年,第3—4页。

② 同上。

按哈耶克、略萨们自由竞争的原则，这些人能力如此低下，他们缺乏应有的竞争力，本来就该自生自灭。这就是资本主义自由经济的原则与后果。哈耶克们反对计划经济，尤其反对对穷人的福利政策。这一套在成熟的资本社会或许具有激励作用，在一个多数人达到中产水平的社会，这种政策确实可以惩罚懒汉，刺激社会发展。可是当一个社会多数都还是穷人的时候，一味鼓励保护富人的权力和财产，置多数人的死活而不顾，这种政策就缺乏起码的公平和人性。这只有像略萨这种鹦鹉学舌的人才会想得出。秘鲁的穷人还有印第安人，他们就算再无知无识，他们也知道什么对他们有利，什么对他们不利。当世界进入到全球化经济的当代，秘鲁社会存在的这种让几乎一半的人仍处于原始生活状态的现实，这应是秘鲁后殖民时期文化精英们的耻辱。

略萨长期生活在国外，完全不了解秘鲁真正的国情是什么，用他自己的话来说，他对秘鲁下层社会的了解"几乎从零开始"。这一方面是因为他与秘鲁在时空上的隔绝，另一方面与他主观上的文化观念、思想感情取向有很大的关系。比如他曾直言不讳地说，对印加帝国毫无好感。其实这也是对印第安人奉为神明的东西的一种漠视，反过来也恰好说明为什么他总感到印第安人对他的冷漠。又如，他非常讨厌乡土文学。我恨"乡土"这个词，"因为那时有许多作家和评论家常常把这个词挂在嘴巴上，作为每个秘鲁作家的最大文学美德和责任。写'乡土'题材的意思就是写扎根大地深处、自然风光、风土人情，特别是安第斯山的风情，就是谴责山区、森林和海边的权贵政治和封建主义，运用白人强奸农妇、花天酒地的地方当局的偷盗行径、布道时让印第安人忍耐的狂热而堕落的神甫等可怕的故事。"①"我绝对不当'乡土'文学作家。"②由此可见，略萨在思想感情上非常排斥一切"乡土"气息的东西，因为这些东西完全不对他的胃口，如果他不是作为一个公众人物出现的话，个人的任何好恶都有他的自由。略萨自己很清楚在选

---

① 马里奥·巴尔加斯·略萨：《水中鱼》，赵德明译，长春：时代文艺出版社，1996 年，第 356 页。

② 同上书，第 497 页。

举中，秘鲁白人把他当做唯一一个集团加以支持。穷人对他的印象是：此人傲慢且脱离群众。① 为了改变这种形象，有时候他会特地到群众中去，但是下层老百姓跟他近距离的接触，又让他常常感到不舒服。他不得不掩饰被群众"推推扯扯、亲亲摸摸和半歇斯底里抚摸所造成的不快；即使这些友好的表示挤碎了我的骨头或者撕破了我的肌肉，我也要做微笑状"。② 他从内心对这一套感到厌烦。

客观地说，略萨在理论和观念上也是关心秘鲁老百姓疾苦的，主观上有想改变秘鲁贫穷落后现状的良好愿望。但是，他在理论上误入了歧途，和所有后殖民作家一样，难以摆脱西方文化对他的格式化，从思想方法到思维模式一律套用西方的话语体系，他的改革方针完全不符合秘鲁社会的实际；政治上，他个人缺乏职业政客的手腕和魄力；加上他的个人形象与气质完全不符合普通老百姓对公众人物的期望，所以他的竞选最后失败是必然的。这些都反映了他与秘鲁本土文化、社会、人群的隔膜与疏离。

周明燕（1950—　），女，湖北武汉人，深圳大学文学院中文系教授，主要从事当代欧美小说研究，当代诺贝尔文学与文化研究。

① 马里奥·巴尔加斯·略萨：《水中鱼》，赵德明译，长春：时代文艺出版社，1996 年，第 497 页。

② 同上。

流散研究:理论方法三题议

钱超英

“流散”并不神秘。在经验的层面上,它就是移民问题——无论是被迫、被动的离散还是主动外求的迁徙,在世界各地都有漫长的历史和多样的表现。以此意涵为主轴,在学术实践中,流散研究的对象有广狭之分。最狭义的就是对公元前犹太—希伯来特定时期(主要是“巴比伦之囚”时期)的历史研究,依此稍微扩展的是对相关族群(如犹太人等)长期文化特点的关注。而流散概念的折中义可能是现在使用得最普遍的,是指与当代越益广泛、大量的跨国移民现象有关的体验和后果。再广义,则包括了所谓“内部移民”——一国之内的人口迁移、区域关系和社会变迁。而其最广义,则除涵括上述所有要素之外,更包括与之伴随的精神领域的流变,重点在于文化哲学、文学艺术上的理解,故有流散文化、流散文学(流散作家)、“流散美学”①,乃至国内个别学者所使用的“流散诗学”②诸说。

流散研究自新世纪开始以来渐受我国学界重视,但其于 20 世纪

---

① Hall, S. ‘Cultural identity and diaspora’ in I. Rutherford (ed.) *Identity*, *community*, *culture*, *difference*, London, Lawrence and Wishart, 1990, pp, 222—37. 中译:斯图亚特·霍尔《族裔散居与文化身份》(陈永国译),见罗钢、刘象愚主编《文化研究读本》,北京:中国社会科学出版社,2000 年,第 221—222 页,附注:该译文之“族裔散居”即为 diaspora,现已通译为流散;其将 diaspora aesthetic 译作“移民社群美学”,也可作流散美学、移民美感或流散审美观。

② 生安锋:《后殖民主义“流散诗学”与知识分子》,《思想文综》2005 年第 9 辑,第 153—154 页;陈爱敏:《流散书写与民族认同——兼谈美国华裔流散文学中的民族认同》,《四川外语学院学报》2008 年第 2 期。

后期已在国外兴起。20 世纪作为一个“移民的世纪”,前有两次大战制造的数以千万计的跨国移民,以及非殖民运动中诞生的不少独立国家,因其欠发达状态,导致政治独裁与社会动乱分裂之间的循环,常有疆界漂移、人民离乱的情形;后则有柏林墙倒塌、冷战格局骤变、政治地图改写导致的人口运行,以及因新兴产业出现、跨国公司崛起所加速的全球化趋势,加上后现代思潮对人的恒常归属和固有身份所作的非本质主义解构,都使流散话语逐渐走上人文学术的前台。

在当今现实生活中,流散现象的社会效应即使对普通居民而言也并非是不可感的。例如,20 世纪后期以来的天空出现了一个日夜移行于各种航班的经理人阶层,以服务于跨国和跨地区的经营活动。商务的和消费的旅行、留学和跨国跨区家庭的聚散,都使得世界核心城市居住空间的发展无法再完全以常住居民的数量来预测——移民通常需要在世界的不同地方拥有住处(这也是他们财富分配转移的一种形式),这种需求变量,连同其他的变量(如对特色饮食、国际学校和文化设施等的需求),悄然注入并放大了相关城市地区的物价、房价波动和社会风貌的变化。这也是理解近期我国生活变动的指标,可惜的是相关的具体研究严重不足,或者是这些研究经常归属于“国民经济”的观察,而缺少结合流散研究的自觉。

而“流散”概念,较之日常用语的“移民”之更具有学术意义的生产潜力,乃是因为它便于古今经验互相参证、联结贯通为一种延展的视野,于其中,人们对今日世界的很多重要发展,如全球化问题、身份认同问题等,都增加了认知背景的纵深。又因移民问题牵动了身体与心灵、现实与理想、风险与选择、个体与族群、认同与差异、中心与边缘、西方与东方、原生与外求、偏见与包容、限制与自由、权威与抵抗、创获与代价、选择与规避、文化守成与革故通变、国家身份与文化身份等多种复杂关系的重审与思辨,因而日渐成为当代文化研究、文学艺术批评的一大论域。可以说,流散研究就是欲求把当代世界激变的人类文化生态纳入到长程历史时空和普遍性人文哲思的一种努力,也是对时代生活重大疑难的一种积极的正视和回应。

流散研究目前总体上还处在起步阶段,这一点在我国更是如此。本文基于笔者从事部分流散研究课题(主要是华人移民和华人文学)的有限体验,试对流散研究的若干观念、方法范畴提出讨论,以就教于同道。

一、内部和外部

内外之别,至今是我们理解和处理社会事务与学理问题的基本分际,也是影响许多学科划分的基准,如在文学研究中即有中国文学和外国文学的界划,其他人文分科也大致如此。这一点使得那些和流散问题联系紧密的领域长期难以定位,并遭受"学科化"的困难,例如,海外华人或华文文学尽管已然规模庞大并在国际交流中日渐重要,但它时而勉强算是中国现当代文学的一部分(因其主要是一种汉语现象),时而则被看做外国文学(或"国外文学")的次生现象(因其一般在境外发生),而"海外华人华文文学"之曰"海外",意味着研究者默认它是一个天然内核的自然萌发,一个固定中心的有限延伸,这实际上多少遮蔽了它的特性;至于近年来"世界华文(或华人)文学"之名,却在行内的研究操作中默认不包括中国大陆本土的"主流"文学,从而也就无法真正"世界"起来。这种分界操作惯性其实已经很难适应研究发展的内在需求。以笔者的观察所得,有关"海外"或"世界"的研讨会,经常要面对是否收编那些论述中国城市的农民工文学艺术研究("内部"移民问题)的研究论文的两难。

流散研究要求走出这样的困境,不仅是为了学科建设,也是为了更好地认识这个"世界"。

从世界近代史看,欧洲资本主义的发展和其海外经营即是同一回事,至多是同一个故事的不同版本。西方主导孕育和发展的民族国家格局,从一开始就和其海外探险、殖民活动相互伴随并深度依赖,不必总是看做两个分属于"内部""外部"的过程。按照本尼迪克特·安德森的说法,主导性的西方宗主国和殖民新领地在不同地理空间之间建立一种“并行的同时性”[1]:欧洲移居者把新领地看做是家园的一种复制,哪怕它们和作为宗主国的母国发生过争取相对独立的争斗,也具有“亲戚之间的战争”的意义,所以才能在战争、独立之后迅速发展相互之间紧密的政治、经济联系。这也是为什么新兴的西方世界充满了类似“新约克”(纽约)、“新南威尔士”这种格式的命名,在民族生成的“想象”运作中,这种“新XX”表明了新领地和母国故土之间的相互穿越和相互纳入,并改写了世界不同部分之间的内外关系。

这一点对理解我国近现代史和移民问题也是同样有启发的,因为中国现代民族主义的兴起就是在和西方民族内外互动中激发的。从总体上看,郑和时代以后至现代的中国海外移民并不是如同西方那样母体文化的主动外求,反而是在西方资本势力的拖曳、胁迫和影响之下,作为资本生产营运要素被“分配”、“弃置”到海外的结果。他们多数是深受西方资本压迫、剥削的对象,是作为西方新兴地区殖民势力的统治、役使和他者化的对象而构成其海外存在的意义的。又由于他们的出走有着母国社会在西方势力进侵下传统瓦解、生计破敝、产业不振的经济压力,我们可以这样理解:如果说现代中国本土最终没有被单一列强完全殖民化的话,那么近现代华人移民本质上就是作为中国人被置于本土以外承受殖民化命运的历史角色。他们这种在祖国以外的、“外在”地被“内在”了的属臣处境和生活命运,正反映了中国在西方势力全球建构的权力格局中的位置。我把这种情况定义为“微缩”和“复制”机制——国家方位微缩为个人遭际,权力关系在不同范围和不同境域之间复制再现,其内容意义则是无分内外的。

正是这一深层原因,使海外华人社区成为中国现代民族主义的策源地。

中国民族意识在海外移民问题上的生成,也许可以追溯到近代的

---

① 〔美〕本尼迪克特·安德森:《想象的共同体——民族主义的起源和散布》,吴叡人译,上海:上海世纪出版集团、上海人民出版社,2005年,第179—180页。

晚期王朝政治。明清两朝政府多番限制海外移民,以为其锁国政策的一部分,这也许不能简单解读为限制人民出境自由这样的当代意义,而是可以理解为王朝政府借华人身份权属控制向国外势力确认、彰显自己的管治权威和行政权能——恰恰是这种权威和权能的日渐衰弱使它有这样的需要。这样华人移民就事实上成为内外两种权力竞争的象征性中介。并且王朝政府也很容易成为王赓武所说的"移民的敌人"①。从理论上说,这种两面为"敌"的处境会华人移民发展出一种强大的自我身份(认同)。然而事实上并非如此。不仅中央王朝政府把他们视为臣民竭力加以管治,而且他们很多也选择了回归,或者虽然滞留在外仍自视为"汉人"、"番客"并倾向于聚居和族内婚配(较多的跨文化婚恋只是一种当代现象),这使我们注意他们发展其"海外自我"所受的文化特点的强大牵制。但我们并不能因此把海外华人看做是静态的、历史命运和处境的消极承受者。他们不仅在美国和澳大利亚的金矿地区发动过对白人竞争者的抗争性暴乱,而且数量众多的劳工之多番回流归国,也可视为一种对抗国际资本赋予的流散命运的生活选择。他们既不满本土王朝社会的专制、贫穷与不公,也不甘永远为海外资本所役。现代史早期的多轮社会革命和民族解放斗争的策动者、组织者都有或长或短的海外生活经历,而与海外华人世界建立了深广的联系,他们通常也把海外华人社区作为筹募革命经费的主要来源,而在其本土斗争挫折危难时每每获得了海外华人社区的庇护。其所以能够如此,除了海外社会制度提供了当时本土所缺乏的集会结社言论等相对自由的空间以外,也必须看到:海外华人在海外生活的处境和地位使他们产生了有关中国在世界地位的强烈而痛切的身份知觉,因而强烈期盼中国的现代化和强盛以便获取身份上的支撑以应对海外生活的挑战。因此孙中山有关"华侨为革命之母"的名言,并不仅仅是一种感激和表彰,也是历史的真实。

---

① 〔澳〕王赓武:《移民及其敌人》,见《王赓武自选集》,上海:上海教育出版社,2002年,第159—187页。

“海外中国”因而正是以这种意义，而不是西方新大陆式的“并行”“属地”的意义，而被纳入中国的现代发展的。另一方面，中国民族主义和民族革命的兴起，成为了海外华人文化身份现代建构的强大基础。“本土中国”也正是以这种意义，而非西方宗主国对于其海外领地的意义，而介入到海外华人的自我认知之中。非此则无以充分解释中国多个革命和建设高潮阶段海外华人活动家回归投身报国的浪潮——虽然有着某些海外社会迫害、排斥（如20世纪中期的印尼等东南亚国家）等具体成因；也无以充分解释我国大陆当代改革开放前期阶段海外资金（实际上是海外华资）对中国经济起飞的贡献——虽然也有着经济活动本身规律的作用。

至于大陆改革开放以来的新移民，则也是和中国社会的内部动向息息相关。虽然历史环境和移民心态已经发生了很大变化，但相应的外部国际格局和个体经历的内部体验之间的“微缩”和“复制”机制仍然发生作用。当然，我们也不能因此完全否认个体的作用——对我们来说，这种作用也在于它可以从局部对全局、从“内部”对“外部”，或从“外部”对“内部”发生深刻的影响。举例来说，严歌苓等新一代移民作家的“个人化”写作已然显著地影响了中国大陆文学的色彩、氛围和格局——人们或许永远也无法确定（无论从写作题材、题旨、个人身份还是其他），严歌苓式的艺术家及其产品究竟是中国的还是外国的。

笔者认为，为助成流散研究中对内外关系的动态理解，应重视全球化研究中提出的非领地化（deterritorialization）概念。它是指对地理疆域限定的超越性处理。从现有资料看，这个概念最先由人类学家阿君·阿帕杜莱提出和使用[①]，但其他论家也多有借用，或发展类似概念或描述，如美国学者阿里夫·德里克在评论全球化现象的时候，提到“新的政治经济权利中心的出现，对明显的文化群体中的文化多样性的肯定促使人们破除疆界四处流动，同时探讨超越民族和区域问题的

---

① 据〔美〕欧阳桢：《传统未来的来临：全球化的想象》，童建挺译，见王宁、薛晓源主编：《全球化与后殖民批评》，北京：中央编译出版社，1998年，第56—57页。

各种新的全球机构的形成"的问题①。查尔斯 · 洛克则注意到,区别于"民族国家将他们的臣民囿于疆界之内,并且注重地球土地疆域的分配","伴随全球化而来的是地理位置意义的失落";这位论者并且预测随着全球化的发展,少数不幸者将被置于"本土化"生产者的地位,而财富和富人则享受全球化的便利(如资金的自由流动和作为消费的旅行等),实现符合自己利益的"非定位性"②……要之,非领地化及其相关概念在描述全球化所凸显的流散问题方面,带来了一种有针对性和活跃开放的理解。

笔者认为,借用该概念或使用类似理解,还可以带来更多的人文研究启示。如在哲学思考方面,莱维纳斯强调自我朝他者方向的"位移",德里达提到主体向他者(包括作为不速之客,异质、危险的他者)开放的"无境域的境域";社会历史方面,全球化带来了相应的政治经济—文化动态的特色如"世界主义"、出国冲动等;移民文化研究方面,中国移民的文化特性和身份问题,在某些华人移民文化批评家如朱大可等的表述中,则被赋予"流氓"③(永远体验"获乡"与"失乡"二律背反的游走者)的概念而获得观照和分析;文学艺术与文化身份方面,当代某些精英文学代表提出了不以国家来源地为背景定义个人身份,而以美学追求、语言特性等"随身"因素来找寻"自我之乡"的意义方案……这样,"非领地化"就是当代身份思想和文化身份研究所不可忽视的一大主题。

也许,这样的打通内外之隔的"非领地化"思维,最好用一个澳大利亚著名作家亚历克斯 · 米勒一部小说的哲学主题来概括:"边界是为了跨越而设置的。"④

---

① 〔美〕阿里夫 · 德里克:《全球性的形成与激进政见》,王宁译,见王宁、薛晓源主编:《全球化与后殖民批评》,北京:中央编译出版社,1998 年,第 2 页。

② 〔英〕查尔斯 · 洛克:《全球化是帝国主义的变种》,徐燕红译,见王宁、薛晓源主编:《全球化与后殖民批评》,北京:中央编译出版社,1998 年,第 45 页。

③ 朱大可:《流氓的盛宴》,北京:新星出版社,2006 年。

④ 艾力克斯 · 米勒(Alex Miller):《祖先游戏》(*The Ancestor Game*),欧阳昱译,台湾:麦田出版社,1996 年。

二、时间与空间

时间和空间本是哲学研究的经典范畴,在流散研究中它们可以获得新的意义和活力,也有必要作出新的辩证综合。

综观目前的不少流散研究,或者较着意于梳理某一问题的历史根源及其生发演变过程(如对某些族群史迹的研究),这是着重于时间维度的进路;或者较执著于分析不同文化间影响的化合结果(如对某些跨文化作家特色的评论),这是着重于空间要素的集合。尽管在前一类型的研究中也不可避免地会涉及历史被外来影响所干预的“空间”因素,而后一类型的研究也不可避免地会涉及不同影响如何先后叠加的“时间”因素,但它们的主要模型还是或者基于过程、根源追溯的历史研究,或者是基于状态、特性、结构分析的现象评断,从而使流散研究归并于历史研究或其他已有领域的研究(当然我们也可以说,历史研究和其他已有领域的研究中本来就已经包孕了流散研究的萌芽),却不易彰显流散研究的鲜明特色。流散研究的发展可能应更多地把时间和空间的扭结和混合作为一种自觉的思想方法来实施。这恰巧也是目前通用的中文用词“流”(时间过程)“散”(空间分布)所可能激发的一种学理灵感。但不仅仅是这样。对西方思想传统的后现代批判已经提示了人们需要警惕各自成对的分立范畴(二元对立)可能造成的对有意义的问题出路的遮蔽和封堵,然而目下不少研究的范式仍难摆脱这样的传统。流散研究则正可在这一方面助成某种有效的超越,反过来也会带动文化思想叙写的重构。

举例来说——假若容许作一些粗浅的设想:借用流散研究的视角来回顾,18 世纪的法国思想家和作家卢梭(其实是一个日内瓦居民)一生浪迹,其旅行、移民体验,对形成他的观念和风格有什么意义,这就不仅是一个历史研究的课题,也不仅是一个跨国、跨地区的课题。再者,卢梭思想和其他重要思想家(例如精神分析创始人弗洛伊德——他被哈罗德·布鲁姆视做一个在莎士比亚面前的失败作家[①])——之间的相互交涉，无论被简化为一种“跨文化影响”还是“历史传承”都不够全面。时间和空间相区分的范畴在这样的观察中固然很难不被分别使用，却尤其值得综合起来。这一点就算是对他们思想内容的研判也同样适用。可以说，在卢梭那里体现为崇拜原始、抵抗文明的自由主义“历史”观念，演变成了弗洛伊德揭示无意识和原欲、限制理性意识虚妄权能的心理“结构”分析。而他们重自然、反文明的思想倾向则有着原则的一致和内在的深刻联系。只不过，从其学理想象的运作中，在卢梭那里展现为人和社会历程的“时间”线索，在弗洛伊德那里则呈示一种精神成分相互作用的“空间”分布。一种把它们扭结起来的思考方法可以实现两者间的跨越的理解，从而有助于达成对他们意义的新的综合评价。

笔者的意思并不是说流散研究就等同于类似这样的思想课题，而只是在探索一种流散研究特色的处理时间和空间问题的可能方法。笔者的研究实践发现，在当代华人的移民动机中，对一种较好、较先进的生活的向往一般指向作为西方发达社会的“外国”。而这种让华人向不同“空间”的转移，其实又导源于百年中国变革观念（进化论、进步论、革命论）的长期洗礼——这种变革观念相信生活的价值总要以在“时间”中不断提供的改善来保证，当这种保证因社会环境的限制而变被感觉不足和急不可耐时，个人和家庭单元的“身份革命”于是发生。直观地看，华人移民“脱出”了民族群体生活。然而，这样的“脱出”却不能仅仅看做是一种空间上的“离弃”，因为，原本这种群体就已经发展了一种现代的集体无意识：未来发展的目标模式需要放在“外面”来定位——如前所述，现代西方的强烈影响一直就是中国现当代发展的被内化了的驱力。那么，人们至多可以说，华人移民的生活选择只是要“先于”群体中其他成员的一种“进化”选择而已。于是，

---

① 哈罗德·布鲁姆：《西方正典——伟大作家和不朽作品》，江宁康译，北京：译林出版社，2005年，第291—309页。

在这里问题就可以被描述为:移民用空间的漂移来实现时间的跳跃。或者说,移民是这样一种个体可以操作的生活魔术,它把“历史”变成“地理”,时间的问题于是变成了空间的问题。[①]

这种处理策略也能使更大幅面的华人移民史呈现为时间和空间的有机交汇:近代规模化的华人移民现象首先见于中国东南沿海部分地区(港澳台)的殖民化所造成的“海外”地区,而作为大陆外沿近邻的东南亚(当时也是西方列强的殖民地或半殖民地)也很快成为世纪初华工、商贩移民的集中去向;继而是抗战和国共内战前后的移民潮奔赴于北美、澳大利亚、南非等20世纪上半叶的西方新兴地区;改革开放前后,则无论是港台移民还是大陆移民,主要是流向北美、日本、澳新、南非乃至欧洲等成熟、发达的西方社会。我国外沿近邻区间,特别是东南亚,已不复是移民潮的目标地。

这是一幅颇有意味的时空图景,标志了在中国本土和外部世界两端同步发生的,由现代初始到今日、由近而远、由浅入深的互动互变。这意味着:西方势力朝向中国本土社会内部的影响冲力越大、影响持续的时间越长,造成的社会变化越是深刻,华人移民朝向西方主要国家的倾向便越是明显,他们就越是明显地成为西方社会内部的权力空间的一部分——作为其边缘成分,与其中心统治结构(“主流社会”)紧密地相对而同在。反过来说也一样:华人移民越是走向西方主要社会,也就越是标志了其旅程另一端的母国(中国)社会被外部世界所影响、被国际政治经济及文化权力网络定位、再定位的性质及程度。我把这一模式概括为“双向运行的圈层动态”,或者说是“历史与地理的叠加效应”。

这显示,流散研究最关注的散在、散居问题,表面上是一个空间分布的问题(如上述的华人移民在世界上环绕其母国分布为一个地理上

---

① 参拙著《“诗人”之“死”:一个时代的隐喻》,北京:中国社会科学出版社,2000年,第55页:“当西方以历史的名义定义了‘进步’的前景时,对历史发展‘时间之维’的确认,便很容易转变为人身寄属的‘空间之维’的漂移:‘西方’于是在地理上体现为‘许诺之地’,正如它在第三世界发展的时间进度表上体现为‘历史的终点’一样。”

远近不同的“圈层结构”)。但它其实必须同时加以时间轴上的垂直扩展才能避免平面化的注解。这使我们看出,移民流散结构其实是中国社会史、中国和世界关系史的“年轮”式标记,它同时标记了现代以来中国社会被外部力量渗透和改变的程度。

一种超越了又结合着时空两维,以问题演变和生命格局为运转主轴的研究方法和分析策略,是流散研究所可能提供的一种贡献。

三、乐观与悲感

作为一个源出古犹太人离乱经验的概念,流散一词固有浓烈的苦难色彩。然而,放在华人经验的语境中,流散究竟应是悲剧性的概括,还是应以乐观视之?如果是前者,为什么它经常附着于中华文化走向世界的宏大叙事?如果是后者,则它为什么又常被充满华人文献的无奈的乡恋主题、苦难叙事和离愁别绪所浸透?

这或许不是严格的科学问题,然而却包含了从对世界、历史的认识向美学、艺术的理解跨越的桥梁。

针对不同时期、不同群体和个体经验的差异,人们不乏从不同角度作出的不同估价。考虑到改革开放以来我国社会经济的迅速发展,延至21世纪开端国际社会已普遍认识到中国崛起的态势,也考虑到海外华人过去多年来在经贸、文化交流中的显著作用,类似阮炜的这种宏观估价并非没有理由:

> 不难从文明发展的现象中归纳出这样一个规律:散居是文明扩张的一个重要方式,甚至是文明规模扩展的一种形式、文明能量提高的一个标志,一如20世纪后期以来,中国文明向海外移民的规模大于先前几个世纪,而这种较大规模的移民显然又是与中华世界的工业化进程带来的文明规模和能力的扩张密切联系在

一起的。[1]

然而,另一方面,如果不是把当代移民问题孤立出来,而是放在近现代历史的整体脉络下,特别是放在本文前述“双向运行的圈层动态”的理解下(即把移民看做是西方的外部影响、干涉和中国社会文化有机性、完整性流失的同步过程和结构),则可能会对华人散居的意义产生较为严峻的时空感知。当然,展望苦涩的历史之因有可能化育出未来的甘果是一回事,正视、品味、鉴评这种苦涩并给予有效的解释则是另一回事。

这里的悲剧性在于:近代以来的大部分经验中,华人移民问题是作为中国文化在与世界接触中体现的不幸命运的注解而提出的,如前所述,华人移民是在这种命运中作为中国—世界关系历史结构及其问题的承担者而出场的。

或许可以从有关“适应”的问题出发。笔者注意到,西方有关华人移民的一种基本话语是华人移民难以同化。那么华人移民之流散,是否较之其他文化背景的移民的流散确有自己的特殊之处?若有,构成这种特殊之处的历史文化、现实社会的基础如何?“刘绍铭先生在一篇随笔中感叹法国贵族格雷蒙伯爵可以心无顾忌地归化美国,并且还著书大肆张扬,不以为耻,而美籍华人却无法做到如此,因为有着文化上的‘心魔’,害怕数典忘祖。……融合与同化,常常沦于一种理论神话,一旦落实于具体的人事或时空,就显现出希望与现实之间的鸿沟。”[2]中国移民在海外的立足之难(比如前所转引的刘绍铭所着意的文化心理层面),究竟意味着什么?

我们相信,在今日的形势下,评估华人适应国外生活的困难程度依移民个体选择和机遇的不同应有所差异,但它是否仍具有比较普遍的文化依据?或者说,对民族身份的执著,虽然也同样见于其他文化

---

① 阮炜:《文明的表现——对5000年人类文明的评估》,北京:北京大学出版社,2001年,第182页。

② 饶芃子、费勇:《海外华文文学与文化认同》,《国外文学》(季刊)1997年第1期,第27页。

背景的国际移民，但这种执著在华人移民中间究竟有没有特别的意味？如果有，那又意味着什么？

笔者认为，很多华人移民的“怀旧”“乡恋”情结，不应该作单纯个体心智的解读它还是某种“集体无意识”的产物。

如上所述，从近代以来的历史看，华人移民在世界范围内去向和移居圈层的扩展过程，其实也就是在西方势力扰动、进逼、干预之下中国社会历史连续性断裂、中国传统文化根脉中断的过程（这是与西方移民问题的深刻区别）。中国传统生活体系在一个很短的时间内瓦解、社会激烈转型和人文价值脱序，都使海外移民很难从一个正被破坏的传统中获得支持其身份重建的足够而有效的文化——精神资源。这一问题所涉纷繁，此文无法完整讨论，但仍可粗略地指出一个精神背景上的问题：支持近代西方移民、殖民活动的是经过文艺复兴个体精神洗礼、又被宗教改革重新后激活的基督教文化，这种文化使个人体验的海外冒险很容易获得宗教心理（如马克斯·韦伯所谓新教伦理）的超越化解释，使移民意义被神圣化，如把开拓“文明”的生活疆土看做一种神圣的召唤。从一点看，毫不奇怪，基督教传教士的全球活动成了近代殖民的先驱和重要部分。而在华人的文化配备中，对乡土、家园、祖先和宗亲的传统关切是伦理生活的深厚基础，经过发展主义和民族主义的改造，华人精神生活的价值指标仍然具有强烈的世俗性。重要的是，假如说发展主义和民族主义无论有多少不足，仍在本土社会运动中产生了强大的群体整合作用和精神动能，那它们却并不足以为个体在本土之外的流散生存提供充分的超验价值上的安排。在这个意义上，民族主义是现代华人一种超验价值的代用品——其功能既不同于西式的超验价值体系（如西方宗教），也不同于为个体—家族—社群关系提供完整安顿的传统伦理。一个生活在“国外”——民族群体以外的文化成员，如要寻求一种化约其流散身世之得失的超越性意义，则很难从其所来自的背景国度的文化资源中获得深厚的滋养——西化既非易事，传统亦已破坏，民族主义除了反复提示其文化身份外，并不足为其供更有效也即更“主流”或更“普世”的世界观。

应该特别强调的是,这并非一个心智的问题,即并非中国移民的心理品质、适应性或意志力的问题,而是一个历史文化错位的问题:他们的出洋从世界大历史的背景看,并非民族文化的主动外求而是现代化后发民族文化脱序、历史断裂、社会有机性流失和“精神分裂”的后果,因而无由从其所来源的文化世界中获取足够有效的精神资源去支持其移民经历。

这应是华人流散问题的内在症结,也应可以大致解释为什么华人书写有着强烈而绵长的乡恋、寻根、失根、悲苦的主题和风格。一般地说,华人移民的书写,尤其是汉语的书写,无论其具体内容和特色如何,都常常具有一种哀悼式的情态。笔者认为,它们都在自觉不自觉地和这样的历史主题相遇:文化的创伤。对这一深埋于近现代历史的心灵机理的开掘,不能不使我们对华人流散产生一种悲剧性的历史感悟。

然而,这样的理解,却又不能简化为这样一种推断:华人移民无法克服困难,取得生活上的成功——经济、教育、政治权利等方面,这种推断显然和现实相矛盾。虽然他们的成功充满了重重险阻,而且也伴随重大的心理代价,如身份上的冲突,而克服或减缓这种冲突的精神文化资源却严重不足,这种不足又正是历史文化赋予的命运而非个体可以轻易克服。

同时,上述理解更不应导致另一种推断,华人流散与英雄主义无缘。尽管生活在我国大陆的人们不必认同于华人移民的所有选择,但认识到他们在海外如何勇敢地面对诸多世界性和历史性的疑难,如何展开种种现实的和精神的搏斗,哪怕是绝望的搏斗,哪怕其中有着多少错逆、谬误、捉襟见肘的尴尬和灰飞烟灭的徒劳,我们仍值得借用史景迁对中国知识分子革命奋斗的描述,来感应他们的流散体验——

> 这些人从整体上生动地表现出了中国人在面对时代危机时是多么灵活、多么勇敢、多么敏锐。……在我考察的这些中国人身上,可以反复看到,明知政治行动充满危险却义无返顾,明知没有希望结果却一如既往。生活在一个四分五裂、险象环生的世界

上,他们表现了非凡的生存能力和勇气。①

于是,就本节所提出的乐观与悲感的问题,笔者认为:一方面,华人流散的扩展与近现代中国社会文化的不幸境遇深度关联,这种关联提供一种严峻的、具有悲剧意味的观察方式和研究路向(把华人流散研究和我国的人文精神重建问题结合起来),这种关联同时也解释了华人流散书写中悲剧风格的历史文化意蕴。另一方面,我们不应把有关华人流散的悲情主题、苦难书写完全等同于现实状况,它经常是一种植根于历史文化疑难的感知程式、书写策略和美学风格而已(相应地,乡恋、寻根也未必是一种现实选择的指向,而更多是一种精神心理冲突的虚拟解决)。这就必须看到,华人流散同时带来了华人在世界广泛国家现实的社会生活中的显著成就,他们在经济、教育、政治参与和其他方面的进展累积,正将推助中华文化在与其他文化互动中的更新、衍变和对外对内影响的扩散。对我们来说,华人的流散经验,他们在一个充满风险的世界上冒险犯难的奋斗精神,提供了乐观主义的历史展望和英雄主义的精神教益。

而且,笔者进一步认为,这种乐观与悲情相杂的感悟,相较于逻辑分割的静态学理研判,更应是流散研究可能带给后现代的文化哲学和文艺美学的新启迪。

结　语

以上三题牵连甚广,完整细密的梳理非本文篇幅和笔者才具所可胜任,却也仅是流散研究的局部,其他如中心与边缘、自我与他者、多元文化与普世价值、甚至流散与"反流散(反离散)"②等关系,更联动于当代人文研究和后现代哲学的大量命题。本文的探讨尝试强调:流

① 史景迁:《天安门——知识分子与中国革命》,尹庆军等译,北京:中央编译出版社,1998年,"英文版前言"第5页。

② 〔美〕史书美:《反离散:华语语系作为文化生产的场域》,赵娟译,《华文文学》(双月刊)2011年第6期。

散研究如欲把当代人类经验的重大变化带进学术思维的世界并引发必要的变化,必须形成属于自己的理论方法的特色,而这种特色又要求在各种固有领域的边缘积极游走,并自觉地实施概念之间、命题之间、文本之间和话语之间疆界的超越。正是通过对各种分际的跨界综合和灵活处置,流散研究将开辟自己的、又是其他多学科都能共享前行的通衢大道。

钱超英(1958—),男,广东广州人,文学博士,深圳大学文学院中文系教授,主要从事西方文学与文论、比较诗学和海外华文文学等研究。

现代诗歌结构分析*

何志平

一、几 个 概 念

(一) 诗歌和诗歌作品

诗歌是用处理过的语言表现精神世界的活动。诗歌作品是精神世界活动的语言展开及其统一性的结构。诗歌是艺术哲学研究的对象,诗歌作品是文学批评、文学史研究的对象。诗歌和诗歌作品经常被不加分别地一起谈论,因为它们有着太密切的联系,就像艺术哲学、文学批评和文学史的联系一样。

诗歌作品曾经有过最为普通的提法:它是以韵文形成的文字。韵文是指以句子长短等控制语言的一系列技巧规则。人们对一系列语言技巧规则的掌握和运用,以及对这种运用所描绘的客体认识,是文艺创作和研究的基础。同时,人们进一步认识到,诗歌作品对语言技巧规则的运用比韵文更多、更好、更讲究音韵和修辞;对诗歌作品的研究需要人们更加注意到诗歌作品对语言技巧现则的运用,注意修辞、隐喻、暗示和象征,从而使对诗歌作品的认识更加深化、正确。因此,

---

* 本文部分发表于《外国文学研究》1995 年第 3 期。1999 年获广东外国文学学会第一届(1990—1999)优秀科研成果奖(共评 10 年内的 10 篇论文,不分等级)。现经修订,并增加第一部分以及所引诗歌原文(发表时因篇幅原因被删除)。

认识到研究诗歌作品如何运用语言技巧规则的重要性，是认识诗歌作品的前提，人们也通过对诗歌作品的认识来达到对待歌的认识。

（二）诗歌作品的结构

结构是事物各个组成部分的搭配和排列。诗歌作品的结构是语言的音、形、义之间本质的内在联系及由此而产生的容体认识的统一性。

诗歌作品是由语言构成的统一的整体，是各种可能性的汇集，它有一个自我创造的逻辑和顺序。文学批评就是要揭示出诗歌作品整体结构的逻辑性（语气、技巧、故事、隐喻等）和系统性（整体展开的过程、顺序），并结合读者阅读的知觉和经验，获得对作品的结构认识和价值认识。

（三）分析和分析批评

分析是把对象或现象分成较为简单的组成部分，找出它们的本质属性和彼此间的关系。这种本质属性和彼此间的关系代表了统一性整体的结构特点。分析批评强调将研究对象或现象作为一个结构进行分析，研究它们各个组成部分的结构地位及和整体的关系；分析批评的重要性不仅仅在于揭示对象或现象的本质特点，而且在于揭示本质特点是如何有效地被表现的，即揭示对象或现象的结构状态。

（四）诗歌作品的结构分析

按照威廉·燕卜逊（Wil1iam Empson, 1906—1984）的观点，分析的目的在于显示诗歌效果的行为模式。诗歌效果的行为模式是通过对语言效果的分析加以描述的，语言效果的行为模式成为诗歌作品结构分析的研究中心。罗曼·英伽登（Roman Ingarden, 1893—1970）认为："如果一部文学作品是具有肯定价值的艺术作品，那么它的每一个层次都具有特殊性质。它们是两种价值性质：具有艺术价值的性质和具有审美价值的性质。后者在艺术作品中以一种潜在状态呈现出来。”[①]按照英伽登的观点,艺术作品的审美价值是内在的,所谓“潜在状态”是指审美价值是通过审美活动(阅读)才能实现;就现象本身而言,独立存在于艺术作品的价值性质就是艺术价值的性质。

英伽登认为:“文学作品是一个多层次的构成。它包括(a)语词声音和语音构成,以及一个更高级现象的层次;(b)意群层次:句子意义和全都句群意义的层次;(c)图式化外观层次,作品描绘的各种对象通过这些外观呈现出来;(d)在句于投射的意向事态中描绘的客体层次。”[②]英伽登指出正是这些层次的内容产生了互相之间的联系,“并因此产生了整个作品的形式统一性”[③]。除此之外,“文学作品具有各部分——包括句子、句群、章节,等等——的有序联系。因此,作品从头到尾都包含着一种准时间的‘延伸’,以及由这种延伸而来的某些构造特性”。[④]

因此,他指出:“文学作品实际上拥有‘两个维度’:在一个维度中所有层次的总体贮存同时展开,在第二个维度中各部分相继展开。”[⑤]燕卜逊强调了通过语言效果的分析掌握诗歌效果;英伽登指出了文学作品结构的主要层次,实质上是根据语言本身音、形、义的要素及其组合来分析的。他们的共同特点是,要掌握文学作品的价值,就要了解作为语言艺术的文学作品的结构及其模式。

二、实用的分析批评

Шаганэ ты моя, Шаганэ!	莎甘奈呀,我的莎甘奈!
Потому что я с севера, что ли,	也许,因为我来自北国,

---

① 〔波兰〕罗曼·英伽登著,陈燕谷、晓未译《对文学的艺术作品的认识》,北京:中国文联出版公司,1988年,第10、11页。

② 同上。

③ 同上。

④ 同上。

⑤ 同上。

Я готов рассказать тебе поле,	我愿给你讲田野辽阔,
Про волнистую рожь при луне.	那月光下波动起伏的黑麦。
Шаганэ ты моя, Шаганэ.	莎甘奈呀,我的莎甘奈。
Потому что я с севера, что ли,	也许,因为我来自北国,
Что луна там огромней в сто раз,	因为那儿的月亮也大百倍,
Как бы ни был красив Шираз,	不论设拉子有多美。
Он не лучше рязанских раздолий,	也不如梁赞的平原辽阔,
Потому что я с севера, что ли.	也许,因为我来自北国。
Я готов рассказать тебе поле,	我愿给你讲田野辽阔,
Эти волосы взял я уржи,	我的卷发本就采自麦田,
Если хочешь, на палсц вяжи —	你喜欢,尽管往手指上缠——
Я нисколько не чувствую боли.	我毫无痛楚的感觉。
Я готов рассказать тебе поле.	我愿给你讲田野辽阔。
Про волнистую рожь при луне	那月光下波动起伏的黑麦,
По кудрям ты моим догадайся.	你从我的卷发就能想象。
Дорогая, шути, улыбайся,	亲爱的,笑吧,笑个酣畅,
Не бути только память во мне	但别触动心扉叫我萦怀
Про волнистую рожь при луне.	那月光下波动起伏的黑麦。
Шаганэ ты моя, Шаганэ!	莎甘奈呀,我的莎甘奈!
Там, на севере, девушка тоже,	在北国,也有一位姑娘,
На тебя она страшно похожа,	她和你长得一模一样,
Может, думает обо мне...	也许,正把我念在心怀……
Шаганэ ты моя, Шаганэ.	莎甘奈呀,我的莎甘奈。

上面这首题为《Шаганэ ты моя, Шаганэ》(莎甘奈呀,我的莎甘奈)的诗歌,系俄罗斯诗人谢尔盖·亚历山德罗维奇·叶赛宁(Сергей Александрович Есенин, 1895—1925)创作的抒情诗。我们主要以这首诗为例对诗歌作品的结构进行分析批评。

（一）历时性展开结构分析

1．外在的结构

《莎甘奈呀，我的莎甘奈》一诗分为5个诗节，每节5个诗行，每节第1行与第5行重复，第1节的第2、3、4、5行，分别与第2、3、4、5节的第1、5行重复——这是一种可以直观而得的外在结构。这个外在结构的展开过程，是由第1节诗作为中心，向第2、3、4、5节诗扩散、展开，整个外在结构呈辐射状。这个辐射状的外在结构向读者传达了一个信息：作为扩展的第2、3、4、5节诗与作为扩展原的第1节诗有着密切的联系，这种联系比第2、3、4、5节诗互相之间的联系更加直接；并且，由于第1节诗与第5节诗在扩展中表现的部分重要诗行的重复，使起始与结尾的诗节之间的联系比其他诗节之间的联系更为密切和直接，表现了整首持在外在的结构方面的完整性。

外在的结构向读者传递的信息是阅读诗歌作品首先获得的重要信息，它是诗歌作品的阅读和审美活动过程中的一个初步的、重要的组成部分。

2．声音的结构

声音的结构是诗歌作品的阅读和审美活动过程中的一个进一步的、重要的组成部分。韦勒克说："在许多艺术品中，当然也包括散文作品在内，声音的层面引起了人们的注意，构成了作品审美效果不可分割的一个部分。"①诗歌作品的声音结构在艺术整体中的地位尤其重要，"因为从定义上说，韵文就是语言声音系统的一种组织"。② 对诗歌作品声音的结构研究，韦勒克认为首先要遵循三条重要的原则才能进行。首先是要区别声音的表演和声音的模式前者是带有表演者个人色彩的对声音的模式的理解，它可能歪曲甚至完全无视声音的模式，它是表演艺术研究的对象；后者才是诗艺研究的对象，它包括节

---

① 〔美〕雷·韦勒克、奥·沃伦：《文学理论》，刘象愚、刑培明、陈圣生、李哲明译，北京：生活·读书·新知三联书店，1984年，第166、167页。

② 同上。

奏、格律等问题。其次,诗艺研究的声音有"两个极不相同的方面:声音的固有因素和关系因素。所谓固有因素,就是指声音的特殊的个性,……这种个性与量不发生关系,……这种音质的固有差别正是声音产生效果的基础,通常,我们称之为'音乐性'或者'谐音'。另一方面,关系因素的差别则可能成为节奏与格律的基础:音高、音的延续、重音及复现的频率等,这一切关系因素都有量的区别。"①最后,分析声音要结合声音的意义进行,声音的结构作为整个艺术作品结构的组成部分,它必然与重要的意义的结构有着极为密切的关联,它们是艺术作品整体结构的共同组成部分,声音的审美效果与意义的审美效果都与读者对艺术作品的审美心理活动有关,审美心理活动的过程是从分析走向综合,从繁复走向简洁;单纯的声音几乎不会有什么审美效果。

(1) 固有因素的声音结构研究。法国诗人兰波(Arthur Rimbaud, 1854—1891)有一首著名的诗歌《元音》,开始这样:"元音 A 是黑,E 白,I 红,U 绿,O 蓝,/有一天我要谈你们隐瞒着的来源。"随后这首十四行诗就"谈"了对五个元音的颜色的、感觉的审美心理反应。兰波的反应是否认真严肃不必去考究,因为发音与色彩的关系因人而异,从来就不稳定。语言并不是对声音的完全的模仿,就拟声词而言,拟同一声音,不同民族语言的发音就不完全一样,语言只是一种符号,是一种象征。兰波的十四行诗表现了浪漫主义之后的人们将声音赋予一种品质的努力。实际上这种努力早在几千年前就有过,柏拉图曾经将"mikros"(小)和"makros"(大)放在一起,将 i 和 a 的发音区别与意义区别联系起来,相似的情况如 major and mignon、maximum and minimum 等。人们发现了声音与意义之间的象征性联系。元音的发音响亮圆浑,给人明朗感受;清辅音的发音与元音的发音只在气息受阻方面有区别,它的发音轻低干脆,给人清晰柔和感受;浊辅音不仅声带振动而

① 〔美〕雷·韦勒克、奥·沃伦:《文学理论》,刘象愚、刑培明、陈圣生、李哲明译,北京:生活·读书·新知三联书店,1984 年,第 166、167 页。

且气息受阻,发音低沉拉长,给人沉闷厚重感受。

试以中国诗人李白的《静夜思》为例:

床前明月光,　　Chuáng qián míng yuè guāng,
疑是地上霜,　　Yí Shì dì shāng shuāng,
举头望明月,　　Jǔ tóu wàng míng yuè,
低头思故乡。　　Dī tóu sī gù xiāng。

这首诗有20个音节(汉字),押ang韵。全部70个音素中,辅音占53%(其中浊辅音占30%,清辅音占23%)。尾韵中的a声音响亮,起到表现韵脚力量的作用。ang是鼻韵母,在20个音节中有9个音节带(1个前、8个后)鼻韵母,占全部音节韵母中的45%。整首诗的发音,浊辅音、鼻韵母的作用是突出的,其发音深厚沉重,给人的感受与诗歌月夜怀人的形象、幽郁的主题情调相一致。

《莎甘奈呀,我的莎甘奈》的押韵很整齐,每一小节都按a b b a a方式押韵,变化不多。以第1小节为例,全部54个辅音音素中,清辅音占46%,浊辅音占54%,比例偏重浊音但基本相近。第1小节是全诗的"领队",以下各节的情况基本相似。《莎甘奈呀,我的莎甘奈》一诗固有的声音模式与诗的主题相配,诗歌虽然也是怀人,但没有伤感忧郁情调,而是非常冷静地以大月亮的北国、辽阔的田野、月光下的黑麦等"容观对应物"来强化怀人的主题,基本上是以整齐的意象叠合手法表现主题。这种整齐的诗法选择了合式的声音模式,这种固有的声音模式很自然地、受作者情感心声控制。

诗歌作品中声音固有因素的结构与意义的结构是不一样的;就其作为整个作品总体结构组成之一的作用而言,它是不稳定的,经常要与意义的结构相配合才能显见其效果。但是,声音的固有因素结构确实是存在的,其作用是不可忽视的,它是作品总体效果的组成之一,向读者传递着与声音的关系因素结构传递的信息相类似的信息。

(2) 关系因素的声音结构研究。声音的关系因素结构研究主要在声音的高低、轻重、长短上做文章。高低、轻重、长短只有在声音的互相比较中才显示出来，它们也能够传达出与诗歌作品作者的情感心声有关的信给读者。诗歌语言的格律化及其作用，是小说戏剧所不能比拟的。

诗歌作品研究中对声音的高低、轻重、长短的研究，主要集中在诗行和诗行之间、诗节之间。诗行方面，主要考察诗行的音步、抑扬格，它可以了解诗句的流畅与自由程度；诗行与诗行之间，主要考察诗行的押韵、停顿时间的长短，它可以了解诗句的关系、搭配；诗节之间，主要考察整首诗的节奏，它可以了解整首诗的层次关系。

《莎甘奈呀，我的莎甘奈》的 a b b a a 韵式贯串全部 5 个诗节，每个诗节内部诗句的搭配、关系都是一致的。节奏图式单纯而又重复：I I V V I I V V I I V V I I V V I I V V I，用数字来表示：I1 2 2 I 1 2 2 I 1 2 2 I 1 2 2 I 1 2 2 I（“1”代表 1 个诗行，“2”代表 2 个诗行）。单纯而重复的节奏图式主要从诗行与诗行、诗节与诗节之间声音停顿的长短来考察的，它的声音模式（节奏）配合了各部分之间地位平等地指向一个内在中心的意象叠合的诗歌创作手法，配合了作为意象主义诗歌作品的意义的结构。

善用英雄双韵体的英国古典主义诗人蒲柏（Alexander Pope，1688—1744）要求“声音须成为意义的回声”，我们通过“回声”了解了诗歌的“原音”。作为对诗歌作品的研究，声音的结构研究是必要的，而且对翻译诗歌有着重要的意义。

现代诗人许多都舍弃了押韵和节奏，提倡自由诗。受惠特曼、庞德影响的美国诗人威廉斯（William Garlos Wil1iams，1883—1963）有一首《红小车》：

这么多东西
要靠
红色的手推
小车
雨水淋漓，闪闪
发光

白色的鸡在旁边
走着。

该诗没有押韵、没有节奏,刻意表现诗人眼前物体的光和色。如果自由诗的概念仅仅指押韵和节奏特点,不包括对诗意表现的刻意追求,那么这首诗算得上是自由诗。艾略特(Thomas Stearns Eliot,1888—1965)把"自由诗"的说法戏称为另一意义上的用词不当,他说:"对想干好一件事的人来说,没有一首诗是自由的。"正如哲学中的"无"是作为"有"的范畴来规范的。

3. 意义的结构

历时性展开结构中的意义的层次与修辞有着密切的关联。诗歌的素材虽然不如小说那样有很强的时间性、事件的顺序性发展,但仍然是一个渐渐展开的统一过程。它的展开是按修辞的顺序,从外在的客观世界平面走向内在的主观世界平面,也就是形象化的过程。

《莎甘奈呀,我的莎甘奈》第1节与第2、3、4、5节的地位是不一样的。它的诗行是其他各节诗开始和结尾的诗行,其他各节诗行都是按第1节诗行而展开的充实的内容,并且反过来赋予第1节诗以丰富的内涵。所以作为展开原的第1节诗有双重作用,它既是展开原又是展开部分的所指;作为展开原它的内涵是单薄的,作为展开部分的所指它的内涵是丰富的、形象的。这就是展开的过程,同时又是形象化的过程。作为展开原的第1节在一定意义上处于外在的客观世界平面,作为展开部分的所指它的内涵包容了第2、3、4、5节的共同内涵,同时又不简单地是第2、3、4、5节的内涵相加,因为第2、3、4、5节各自仍处于外在的客观世界平面。审美活动进行当中,作品内涵是随着第2、3、4、5节各自对第1节内涵的加强、深化、渐渐地从五个小节的外在的客观世界平面走向了一个崭新的、不存在于各个小节中而存在于所有诗行、诗节中的内在的主观世界平面。

文学作品形象化的过程,就是文学作品意义的结构展开的过程;它是文学作品统一性结构展开的重要组成部分。

（二）共时性展开结构分析

1. 本体结构和客体结构

诗歌是语言的艺术。语言是一种符号和象征，隐喻了语言所指现象的事物的本质，隐喻了语言所表现的客体背后的主体。语言作为符号和象征，是对现象和客体不完全的模仿或暗示，这种不完全的模仿或暗示是以语言的三要素（音、形、义）作为标志的。诗歌作为语言艺术，以音、形、义的特点不完全地模仿或暗示了其所指的现象和所表现的客体，使现象和客体以音、形、义的结构状态出现，这就是诗歌的客体结构。由于诗歌的语言模仿或暗示具有不完全性，在语言哲学中人们对语言能否真正准确地表现事物的本质是感到怀疑的，歌德说过："如果高明人一旦窥见自然界活动和力量的秘密，用传统的语言来表达这种远离寻常人事的对象就不够了。他要有一种精神的语言才足以表达出他所特有的那种知觉。但是现在还找不到这种语言，所以他不得不用人们常用的表达手段来表达他所窥测到的那种不寻常的自然关系，这对他总是不完全称心如意的，他只得对他的对象'削足就履'，甚至歪曲或损毁了它。"[①]也许"削足就履"、"甚至歪曲或损毁"才是语言的真正本质，即不完全的模仿或暗示。这就是我们能够掌握诗歌作品的客体结构，却很难真正掌握诗歌作品的本体结构的原因。对本体结构的掌握只能以对客体结构的掌握来代替，以"统一性"这个词作为两者之间的桥梁。诗歌作品的本体结构是一个混乱、无序、不可知的状态，对它的掌握往往因人而异，因各种因素而异，呈现出不稳定的特点；而且这种掌握毫无意义。诗歌作品的客体结构是一个有序的、分层次的、可知的状态，通过对它的掌握可以表现诗歌作品统一性的结构特点。

---

① 〔德国〕爱克曼辑录：《歌德谈话录》，朱光潜译，北京：人民文学出版社，1978 年，第 245 页。

2. 客体结构共时性展开的特点

有的论著曾提出过“外在的和内在的结构”①的概念,从字面上初看会以为是谈本体结构和客体结构的关系,实则是谈客体结构在共时性展开时表现出的特点。

从客体结构展开的共时性比较分析中,我们发现客体结构的音、形、义三个层次有一致性的展开,也有非一致性的展开。

一致性的展开,我们以《莎甘奈呀,我的莎甘奈》为例。该诗无论从押韵到诗节的安排,还是声音与意义层次的布局,在音、形、义三个方面的结构展开都保持高度的一致性,表现出严谨整饬的艺术风格。

非一致性展开,举两例说明,跨节和破节。

跨节展开,我们以奥斯卡·王尔德(Oscar Wilde, 1854—1900)的《安魂曲》(REQUIES)为例分析。

Tread lightly, she is near	轻轻地走,她就在近旁,
Under the snow,	在雪的下面;
Peak gently, she can hear	轻轻地说,雏菊的生长
The daisies grow.	她能够听见,
All her blight golden hair	她的头发虽一片金黄,
Tarnishedwith rust,	已变得暗淡;
she that was young and fair	她呀,虽然年轻又漂亮,
Fallen to dust.	却一去不返。
Lily-lily, white as snow,	她像洁白如雪的百合,
She hardly knew,	甜美地成长;
She was a woman, so	她还不清楚她已是个
Swetlly she grew.	成年好姑娘
Goffin-board, heavy stone	石板沉重地压在她身上——

① 〔瑞士〕沃尔夫冈·凯塞尔:《语言的艺术作品》第五章“结构”,陈铨译,上海:上海译文出版社,1984年,第216页。

Lie on her breast,	还有那棺板;
I vex my heart alone,	我独自感到心里哀伤,
She is at rest.	她已经长眠。
Peace, Peace, she cannot hear	她已经安息,已听不到
Lyre or sonnet,	竖琴和诗句;
All my life's buried here,	我的一生已在此埋掉——
heap earth upon it.	请把土堆起。

这首诗的声音方面,用韵比较整齐,每一节诗都是隔行用韵,每节2个韵脚。外在结构方面,每节4行诗,共5节。意义结构方面,第1、2节叙述一个"一去不返"的姑娘埋葬在"雪的下面"。第3节是描写,是咏叹,是延宕,没有进一步向纵深发展,以比喻手法赞美姑娘的美丽,洁白如百合,"年轻又漂亮"的姑娘在"她还不清楚"的境界"像洁白如雪的百合",仍然"甜美地成长"。第4、5节描写了姑娘的"长眠"、"安息"对诗人"一生"的影响。声音的结构与外在的结构很一致,但是声音的结构与意义的结构有跨越之处。在第1、2节之间和第4、5节之间出现两处意义的结构对外在的结构的跨越。这种客体结构展开中的非一致性现象我们称为"跨节"。

破节展开,我们以阿诺德(Matthew Arnold, 1822—1888)的诗剧《Empedocles on Etna》(埃特纳火山上的恩培多克勒)的最后一部分《The song of Callicles on Etna》(喀利克勒斯的埃特纳火山歌)的三节诗为例分析。

Through the black, rushing smoke-bursts,	透过腾跃的滚滚黑烟,
Thick breaks the red flame,	映出火红的浓重烈焰,
All Etna heaves fiercely,	整个埃特纳在剧烈地呼吸,
Her forest-clothed frame.	满山的森林都在震颤。
Not here, O Apollo!	啊,别在这儿,阿波罗!
Are haunts meet for thee.	这不是您出没之地。
But, where Helicon breaks down	但在赫利孔断裂的地方

In cliff to the sea.	有一堵石壁浸入海里。
Where the moon-silver'd inlets	那儿,月色如银的海湾
Send far their light voice,	会把她们轻妙的声音,
UP the still vale of Thishe,	送进塞斯比的幽深山谷,
O speed, and rejoice!	啊,快吧,快带来欢欣!

这三节诗的声音方面,每节的第2、4行用韵,比较匀称;但第2节第1行有个呼喊:"O Apollo!"第3节的第4行也有个呼喊:"O speed, and rejoice!"这两个呼喊在声音方面有特殊作用,在诗歌作品里有特殊地位。外在结构方面,每节4行诗,共3节。意义结构方面,诗歌表现了两种埃特纳火山的景象,一是阿波罗不应出没的地方,有着阳刚之美;一是阿波罗应该出没的地方,有着阴柔之美,对两处风景的描绘,都是由呼喊做为结束的。意义的结构与声音结构中的元音O及其重读、重现具有一致性,使诗歌在第2节的第2行和第3行之间出现的间隙将诗歌分为两个部分。外在的结构与声音的结构、意义的结构出现了非一致性展开的关系,在一节诗中出现各属不同部分的破分现象。这种客体结构展开中的非一致性现象我们称为"破节"。

(三)结构分析小结

诗歌作品形象内涵的揭示,有赖于对作品结构的分析。只有揭示出作品结构的复杂性、统一性,才能揭示出作品形象内涵的复杂性、统一性。有些批评者研究作品时,能够凭直觉指出作品形象内涵的复杂性,但是具体分析后得出的结论却仍然是作品形象内涵的统一性;由于不能通过分析揭示作品结构的复杂性,也就不能真正地正确阐明作品结构的统一性,所揭示的诗歌作品的形象内涵也就缺乏说服力,甚至是谬误。

诗歌作品的结构是有机的、矛盾统一的过程。它由作为语言艺术的诗歌作品的外在形式、声音形式和意义形式共同构成。它既是外在形式、声音形式和意义形式自身的历时性展开过程,又是互相密切联系、互相作用的共时性展开过程。诗歌作品的结构是多层次、多方位展开的统一的过程。人们注意到,诗歌作品的外在形式、声音形式和意义形式在结构展开中的作用和地位是各不相同的，但是没有一个结构层次可以完全独立地存在，它们是互相制约、互相作用地构成作品结构的有机统一，共同地指向着诗歌作品的真正中心——抒情的过程及其完成。

何志平(1964—　)，男，上海人，文学学士，深圳大学文学院中文系讲师，主要从事西方大众文化理论与比较诗学研究。

全球化时代少数族裔的文化超越性

——论美国华裔作家汤亭亭《女勇士》的他者意识与世界主义

江玉琴

美国华裔作家汤亭亭的作品《女勇士》在美国华裔文学史上一直被看做是华裔文学20世纪七八十年代转折阶段发展的一个标志[①]，国内外针对《女勇士》的探讨非常多，其中具有代表性的是另一美国华裔作家赵健秀对汤亭亭的大力批判。赵健秀认为汤亭亭力图使美国华裔文学女性化，指责汤亭亭是陈腐的美国文学中华裔形象模式的"黄种代言人"，并认为汤亭亭与黄玉雪等几位杰出华人女作家是败坏美国华裔男性形象的既得利益者。她们对华人男子的刻画，使得华裔社会给人以厌女印象，从而成为白人眼中的劣等民族。[②] 另外也不乏有学者将《女勇士》看做是华裔作家的美国梦、中美文化冲突的表现、对于中国形象的呈现、美国女性自我成长之路，以及反映了对种族、性别、文化对立的消解等方面。本文认为，作为美国华裔作品的经典之作，《女勇士》既反映了中美文化的不同，更反映了生活在两种文化之间的移民的超越性选择，呈现了在文化间性推动下美国华裔作家的后帝国书写与世界主义情怀。

---

① 国内外美国华裔文学史研究学者们都有此论述，如程爱民、邵怡、卢俊著《20世纪美国华裔小说研究》，南京：南京大学出版社，2010年。

② 参阅尹晓煌：《美国华裔文学史》，天津：南开大学出版社，2006年，第272页。

《女勇士》由五个部分组成,“无名女人”、“白虎山学道”“乡村医生”“西宫门外”与“羌笛野曲”;这似乎互不关联却以作者叙述的家族史联系起来的五个故事以其文本间性构建了作者作为介于东西方之间的文化桥梁,因此,本文认为,《女勇士》不仅以西方的视野在审视东方(中国)和华裔文化,而且也以东方的视野在审视西方(美国)和美国文化,显然,东西方作为互指的他者,既在相互映照,也在相互批判与挑剔。因此可以说,汤亭亭在《女勇士》中的这般超越目的是指向全球主义与世界主义,她更倾向于去想象一个你中有我、我中有你而不是非此即彼的世界,在这个世界无论人们身在家园或是异域,能够自由的歌唱。

一、东西方的互为“他者”

所谓“他者”,往往是与自我的认同相联系,是自我在认同过程中的对立面与参照物。加拿大哲学家查尔斯·泰勒发现,自我的一个关键特征是:一个人只有在其他自我之中才是自我。这表明自我需要得到周围人的参照,否则自我是无法得到描述的。这也意味着“认同”概念在回答“我是谁?”这一问题时,“我”的自我定义是通过“我”从何处说话,根据家谱、社会空间、社会地位、我所爱的与我关系密切的人,还有在其中我最重要的规定关系得以出现的道德和精神方向感,来定义“我”是谁[①]。由此观之,文化的自我与他者意味着文化间的互相审视,是一种二元对立,涵盖了中心对于边缘的审视、边缘对中心的不满及其向中心的移动。

自萨义德1978年出版《东方主义》以来,西方文化帝国主义的本质似乎豁然开朗,东方的一切在西方的世界都带上了东方主义色彩,都是以西方的中心视角与参照体系在审度和理解这东方。因此,当

① 〔加〕查尔斯·泰勒著,韩震译:《自我的根源:现代认同的形成》,北京:译林出版社,2001年,第48页。

《女勇士》出版以来，人们也认为这部作品不过是华裔女作家为了迎合美国主流文化有意识构建出来的、满足美国社会对中国文化的好奇心，甚至丑化了美国华裔男性与中国文化形象[①]。中国学术界对于《女勇士》的东方主义解读也不乏其人[②]。本文认为，汤亭亭在描述、想象中国故事的时候，结合美国华裔的现实生活，并不仅仅是西方的东方主义，她不时以美国的观念在观察着自己的母亲和第一代移民的生活、行为和故事；可另一方面她也在以中国（华裔）的观念在观察着美国和美国人，因此，本文认为，她实际上是具有着将东西方互为“他者”的视角。

（一）“无名女人”、唐人街——西方的东方“他者”

“无名女人”这一章节、移居美国生活唐人街的生活似乎处处在彰显着萨义德东方主义的精神。萨义德在《东方学》中指出，“东方也有助于欧洲（或西方）将自己界定为与东方相对照的形象、观念、人性和经验。”[③]在《女勇士》中，中国大陆“无名女人”的故事与美国唐人街的华人故事就呈现了西方的中国想象。

首先，“无名女人”的悲惨遭遇显示出西方对于中国的理解：野蛮、落后与丧失人性。无名女人的失贞在身为美国人的作者想象下，或者是基于被迫的行为，或者是有意识的自主行为，甚至还可能是勇敢的女性主义行为，但折射的是乡村中国的愚昧与可怕。因为害怕女人的失贞和分娩会给存在带来厄运，全村人都集结来攻击我的姑妈与她的家族。“一个上了年纪的女相邻在空中挥舞着扫帚走了过来，把一个个晦气精赶到我们的头顶上……走的时候，他们拿了些糖和桔子去祈

---

① 详见美国华裔作家的赵健秀对汤亭亭的批判。尹晓煌著，徐颖果主译，《美国华裔文学史》，天津：南开大学出版社，2006 年，第 272 页。

② 陈爱敏在《认同与疏离：美国华裔流散文学批评的东方主义视野》（人民文学出版社，2007 年）中也这样指出，“作者一方面对中国的传统文化持贬低态度，将‘母亲’作为对立的‘他者’，‘东方化’‘母亲’和中国文化，自觉与不自觉地成为东方主义者的同谋；但是另一方面作者又通过创作《中国佬》，向西方人展示中国男性的威武、刚强、雄壮的男子汉形象，颠覆了东方主义者心目中的被‘阉割’的、女性化的、柔弱的华人形象。”（第 25 页）

③ 萨义德著：《东方学》，王宇根译，北京：生活·读书·新知三联书店，2000 年，第 2 页。

求菩萨保佑。”[①]这些都迎合并强化了西方认为中国落后、迷信的观点,中国是个群鬼出没的国度。

其次,作者以西方文化解释着这一中国文化中的悲剧,她想象了颇具有女性解放意识的乡村妇女。作者不时以女性主义的情怀构建着这个无名乡村女人的爱与恨。一会是个具有着强烈自我意识的新型女性,“渴望有个情人”,并犹如霍桑笔下的海斯特,到死都守护着情人的声誉,“从分娩到死,她一直把那个男人的名字埋在心里。她没有骂过他,说他应当为她受到惩罚。为了保全他的名声,她默默地分娩了”。[②] 但另一方面,这个无名女人又湿淋淋等待着将人拖下水做她的替身,以求投胎转世。因此在这种外部的阐述中,强化了西方惯有的东方意识,即只有西方才能解救东方。

而生活在唐人街的华人处处以迥异于美国白人的生活方式和思想方式展现了奇异的中国形象。他们或者重男轻女,或者烹调各种奇怪的食物,或者迷信狡猾。母亲会因为有人错将药物送到家里而非常生气,要女儿去向药剂师讨要糖果以避邪;唐人街的华人不诚实,谎报各种身份,每个家庭都有各种各样的秘密不能示人;每到节日都会进行供奉神灵,神秘地保持着传统的延承;还有不时出现的疯女人,疯邻居,疯玛丽。汤亭亭不时向美国人呈现怪诞、神秘的中国民族特性,难怪有人认为汤亭亭有以兜售中国的文化以获得美国主流社会的青睐的嫌疑[③]。

(二)“白虎山学道”“西宫门外”——东方的西方“他者”

1. 白虎山学道——东方/中国的西方想象

尹晓煌曾在《美国华裔文学史》中提到, 在中国古典神话中,白虎

---

① 汤亭亭:《女勇士》,李剑波、陆承毅译,桂林:漓江出版社,1998 年,第 3 页。

② 同上书,第 8—10 页。

③ 何雪在《“他者”与“反他者”解读〈女勇士〉中的“鬼”叙事》(《国外文学》2005 年第 4 期第 116 页)结尾时就指出,汤亭亭以“鬼”为《女勇士》的叙事角度,虽然是一种拥抱华裔美国人的边缘性地位的创造态势,但是“鬼”在某种程度上展现了中国的神秘、落后、愚昧和暴虐,满足了西方读者的猎奇感和优越感及其一贯的阅读期待,同时也表明了作者在创作过程的“态度与参照结构”中仍留有西方文化中心论的烙印。

象征来自西方的神力。在卜辞中,占卜者惯用“白虎”指代西方。因此他声称汤亭亭在本章题名定为“白虎”,是在暗示她所创作的花木兰故事并非完全来自中国的传说,而是一个美国华裔的语言,或者按汤亭亭的说法,是一个“被美国文化改造”了的中国神话故事[①]。但本文想进一步指出的是,白虎山不仅指向西方,而且指向东方的西方想象。

其实,关于东方(中国)的西方想象古已有之。人类学家王铭铭曾考察了《山海经》中的《穆天子传》,认为穆天子西行前往昆仑山不仅反映了西周的政治,而且还勾勒了一个以他者为上的世界图式。在这个结构的二元互补对立格局中,东为政治,西为神话,东为男人,西为女人,东为天子,西为帝女。王铭铭指出,从“传说”而言,穆天子治理天下,依靠的是一种他者观念。在这种观念看来,认识和结交远方之“陌生人”,认识和祭祀远方的“地理形态”,成为行动的唯一目的。穆天子征途上与种种族群的礼尚往来,他对神山和古迹的祭拜,及在“宾于西王母”时,与西王母互赠礼物与歌谣——这些行动的背景中,固然有一个文野之别,但在这个文野之别构成的二元世界里,历史的书写者,没有“以己为上”、“以外为上”的世界中,在一个犹如《列子》所描绘的梦幻世界中,迫使政治世界在神话世界面前低头,迫使它付出极大的“劳动”,去贴近一个控制着它对它的改良有重大意义的他者。他将这种世界图式看做是第一个中国的西方学,“对我而言,《穆天子》代表了第一个中国式的‘西方学’(或‘西方主义’),而这一‘西方学’与近代西方的‘东方学’一样,在浪漫化异域的同时,追求一种政治地理的知识,是‘幻想地理’与‘真实地理’的综合体。”[②]《穆天子传》为后世开拓了一个以居住于“西方”(昆仑)的他者(西王母)为上的世界观。在这个世界观之下,王与士和民形成了一个关系制度。王替天管

---

① 尹晓煌,徐颖果主译:《美国华裔文学史》,天津:南开大学出版社,2006 年,第 268 页。

② 王铭铭:《西方作为他者——论中国“西方学”的谱系与意义》,北京:世界图书出版公司,2007 年,第 45 页。

理民，为了达到“和洽诸夏”、“万民平均”之目的，他还需要暂时扮演祭司的角色，在“七萃之士”的引领与教导之下，先到远方去，与作为“他者的世界”的主人“帝女”神交，在此之后，才获得“天之命”而“归东土”。这是一种以超越政治的形式（祭祀）为高尚的政治的观念，它的理想世界，在关于西王母国度的叙事中得以展现①。

根据王铭铭的分析，中国的西方认识是作为一个高居于现实世界之上的梦想世界。因此在白虎山学道一章节中，西方是神仙居住的地方。“我”遇见的老头老太是不食人间烟火的修行者。他们除了吃桃子以外吃的很少、走路不留脚印，像所有武林高手那样睡在两树之间的绳索上。而老虎山就是离天最近的地方，“一个距离天顶三尺三寸的山峰”（《女勇士》，第 21—22 页），而在雪山之外的森林里，兔子会舍身献肉，在这里，“我”获得了一种超越式的体验，“我的眼前出现了一对金人儿，在那里跳着大地之舞。他俩旋舞得很美，简直就像地球旋转的轴心。他们是光，是融化的金子在流变——一忽儿是中国狮子舞，一忽儿又跳起非洲狮子舞。我似乎听到了清脆的爪哇钟声。金钟在我眼前离析为黄金丝缕，经风一吹，飘飘洒洒，编织成两件龙袍，龙袍旋即又淡化为狮子身上的猫。毛长长了，成了闪光的羽毛——成了光芒。随后，这对金人儿又跳起了预示未来的舞蹈——是未来的机器时代。我从未见过他们那种装束打扮。几个世纪在我的眼前转瞬而过，这是因为我猛然间已悟到了时间的真谛：时间犹如北极星，既在那里旋转，又是固定不动的。”（《女勇士》，第 24 页）

尽管对于上述这段，汤亭亭曾在访谈里说道：“事实上我是在混合运用东西方神话。例如，当花木兰进山时，我穿插了刘易斯·卡罗尔《艾丽丝奇遇记》的情节。她奔跑时发现一只白兔跳跃过来。红色公主使她跑得很快，白兔必须跟上，它迟了。中国神话传说中有兔子，佛教故事里也有兔子。菩萨作为兔子跳进火里，肉烧烂了，饥饿的人可

① 王铭铭：《西方作为他者——论中国“西方学”的谱系与意义》，北京：世界图书出版公司，2007 年，第 45 页。

以饱食。那时东方的传说。……我把东西方故事混淆了,因为我感到这种混淆现象常发生在小孩的头脑里,发生在美籍华裔小孩的头脑里。”[①]但汤亭亭在将中西神话混合的时候,她仍然将中国神话中自古以来长期传播的西方观念传承下来。因此,小说中呈现出一种中国人所熟悉的去高耸入云的山峰学艺、成仙并获得超能量的西方意识。这与王铭铭在解析中国的西方“他者”意义也是一致的。王铭铭指出:“既可以说秦汉帝国建立的‘仙岛’意境,与‘胡服骑射’的‘寓言’一脉相承,又可以说,在近代中西接触过程中欧洲意象与物品成为‘洋务派’的景仰之物,是古代致力于从外在之境寻找自强之力的传统之延伸。”[②]正是基于传统的西方意识的传承,花木兰回到家乡以其超能力领导众多的士兵征战沙场,战无不胜,直到取得最后的胜利,从国家到家庭获得了前所未有的成功。

2. 西宫门外——东方/中国的真实西方

如果说在《白虎山学道》中木兰前往白虎山反映了中国长久以来的对于西方的想象,那么在《西宫门外》则更显示地呈现了中国的“华夷之辨”。

中国的“华夷之辨”在先秦时代就已经出现,孔子曾非常明确地区分“诸夏”与“夷狄”,指出“夷狄之有君,不如诸夏之亡也”,后孟子进一步指出,“吾闻用夏变夷者,未闻变于夷者也”,[③]“华夷之辨”成为了中国历史上中心与边缘、文明与野蛮的表征。台湾的江宜桦博士在考察了“中国”概念,以及“夷蛮狄戎”观念之后,提出了关于“中国性”的“文化主义”和“地理主义”思考。文化主义以奉行中国文化和统治“九州”或“中原”作为王朝正统性的条件,对于王朝建立者是否为“夷狄”并不重视。地理主义则以“九州”这一象征性的地理界线为中国之人和“夷狄”的区别基础,这种思路特别重视王朝建立者是否为“夷

① 张子清:《东西方神话的移植和变形——美国当代著名华裔小说家汤亭亭谈创作》,《女勇士》,桂林:漓江出版社,1998年,第194页。

② 王铭铭:《西方作为他者——论中国“西方学”的谱系与意义》,北京:世界图书出版公司,2007年,第162页。

③ 《论语·八佾》《孟子·滕文公上》。

狄”,认为是王朝正统性的要件之一。地理主义在战国结合“地气”概念与“纲纪”道德规范,形成了一个和“夷狄”清除隔离的、孤立自闭的、以自身问题为政治首要关心的、有明确地理范围的、由同质之人与文化所构成的、绝不允许“夷狄”统治的中国①。

而作为遥远欧美的西方人,从中西文明接触以来,一直被看做是“蛮夷”。孟华教授曾细致梳理了中国文学中被套化了的西方人形象,即“洋鬼子”。她指出,中国人首先是从外貌体征来描绘西方人,认为他们“人长身高鼻,猫睛鹰嘴,拳发赤须”不似人类,因此在性格上“凶狠无状”“犷悍不道”,形成了为重义轻利的儒家传统所不齿的“鬼子”形象。而且在明代史书中往往周详地记载西人对“食小儿”的记载,在《殊域周咨录》中详细记载为:“其人好食小儿,然惟国主得食,置之镬上,蒸之出汗。汗尽,乃取出,乃铁刷刷去苦皮。其儿犹活,乃杀而剖其腹,去肠胃,蒸食之。”这种令人发指的行为也只有凶残的野蛮民族可以做出,所以进一步坐实西人的“洋鬼子”想象。对此,孟华也明确指出,在明朝至清朝的300年间,对西方人“鬼”或“鬼子”的语义场始终是在变化着的,有时相当狭窄,有时却又较为宽泛,包容性较大。她将其语义的生成归纳为三个阶段,即明正德至万历年间,西方商人、使者们抱着通商和扩张的目的,以探险的心态进入中国,基于他们的体貌及性格特征的怪异和在华行为的张狂,加之中国人自身传统的民族中心论和对外部世界的无知,西人被称为鬼子,其所指主要包含怪诞、鄙俗、可憎等;第二阶段为明万历年后至1840年,在集体无意识的作用下,中国人沿袭明朝的称谓,仍用“鬼”“番鬼”指称来华的西方人,但里面也不乏好奇、友好之情;第三阶段自1840年起,因帝国主义的侵华战争激怒了中国人,“鬼子”一词原本具有的一切“憎恨”的内涵骤然表面化,最终确立真正发展成为一个咒骂西人的词汇②。

---

① 江宜桦博士:《“中国”概念与“华夷”之辨的历史探讨》,博士论文,2009年7月,第3—4页。

② 参阅孟华:《中国文学中一个套话了的西方人形象——“洋鬼子”浅析》,孟华等,《中国文学中的西方人形象》,合肥:安徽教育出版社,2006年,第1—30页。

而观照《西宫门外》这一章节,“我”的姨妈月兰从香港移居到美国,她思想和视野仍然是以中国广东人的眼光来看待美国(西人),所以从她眼中所看到的一如既往的是令人憎恨和恐惧的鬼子形象。

首先,她以蛮夷观念看待着生长在美国的华裔下一代。“月兰总想让他们说点什么。他们是在野蛮的地方长大的,一定会有好多有趣的野蛮事好讲。他们举止粗鲁,说起话来也不太像美国人,而是像他们的母亲,像个从中国内地来的乡巴佬。她从未见女孩子们穿她给她们的旗袍。年纪最小的‘咆哮鬼’在梦中吼道‘滚开’。女孩子们看书或看电视的时候,她会悄悄走到她们的背后,用梳子给她们梳理头发,可是她们摇摇头,转过脸来又那么盯着她。她不知道她们那样盯着她的时候心里在想什么。她喜欢从她们身后接近她们,以避免被那样的目光盯住。那眼神儿简直像野兽。”(《女勇士》,第120页)在描述美国华裔孩子时,也使用着类似的描述:“她看到她们吃尚未完全煮熟的肉,闻到他们身上总有股牛奶味。起初她以为孩子们笨手笨脚的,把牛奶洒到身上了。可是过了不久她明白了,他们本身就有股牛奶味。他们高高的个子却乳臭未干,他们年纪轻轻,头发却是白的。”(《女勇士》,第121页)在月兰眼中,这些人因为生活成长在美国,尽管身上还是中国人的血统,却丝毫不见中国的礼仪文明,分明变成了野蛮的、充满野兽性的如同“洋鬼子”的人。

其次,真正的美国和美国人在月兰心中呈现为可怕的形象。月兰生活在群鬼之中,感到恐惧并因这种恐惧丧失了自己,她“丢了魂儿”。月兰原本是来美国找回丈夫的,却因丈夫已经变成了“美国鬼”,而使月兰最终找不到回归的路。这里反复呈现的是中国对西方(美国)的套话形象。“她丈夫看上去就像车外走过的洋鬼子,她看上去一定很像中国鬼子。他们确已来到鬼的地界,都已成鬼了。”(《女勇士》,第139页)

因此,从月兰的经历中,我们看到的不仅是文化差异带来的新移民从精神到身体的毁灭,我们更看到了当承载着中国陈旧的西方观念遭遇真实的西方时必然无法产生的谐和而呈现的悲剧。显然,在汤亭亭笔下,她作为美国的少数族裔,站在两种文化之间,以第三只眼审视和理解着中西方，因此呈现出来的是中西方互为他者的形象。当然，她的目的并非仅仅作为一种描述，她试图能融合两种文化，试图找到自己的精神立足点，那就是她的全球主义与世界主义。

二、走向世界主义

与全球化相应的词是世界化、世界主义。全球化从体制角度被看做是资本主义的全球化或全球资本主义的扩张，而从制度角度看，全球化则被看做是现代性的各项制度的全球扩张，从文化和文明角度看，全球化被看做是人类各种文化、文明发展要达到的目标，是未来的文明存在的状态，它不仅表明世界是统一的，而且表明这种统一不是简单的单质，而是异质或多样性共存①。本文更愿将这种未来的文明与文化形态的发展愿景看做是世界主义图景。

所谓“世界主义”，佛克马认为，作为古希腊文明的一个产物，世界主义在启蒙运动时期被重新被发现了。如果世界主义适合民族国家崛起之前的某一个时期的话，那么它在衰落之后就很可能卷土前来。然而，如果世界主义概念还有另一个机会的话，那么它就一定会抛弃其欧洲中心主义的内涵。因此他提出要界定一种新的世界主义概念。“它应当拥有全人类都生来具有的学习能力的基础。这种新世界主义也许将受制于一系列有限的与全球责任相关并尊重差异的成规。”②德国学者乌尔里希·贝克在《什么是世界主义?》一文中追溯了“世界主义”的古老内涵与未来意义，指出“世界主义的概念——其关键在于全球与地方、民族与国际的二元对立被扬弃——在空间上是不确定的，它并不同‘世界’或‘全球’相联系。世界主义的原则无处不在，无处不被实践、不被运用”。③ 世界主义将他者既作为与己相异又作为

---

① 杨雪冬:《全球化:西方理论前沿》,北京:社会科学文献出版社,2002年,第10—11页。

② 〔荷〕杜威·佛克马:《走向新世界主义》,王宁主编,《全球化与文化:西方与中国》,北京:北京大学出版社,2002年,第199页。

③ 〔德〕乌尔里希·贝克著,章国锋译:《什么是世界主义?》,《马克思主义与现实》2008年第2期,第54页。

完全平等的人来看待,因此突破了民族主义信奉的非此即彼的信条,也突破了多元文化主义只是适用于民族国家的框架,因此,“世界主义要求一种新的一体化方式,一种新的认同概念,这种新的方式和概念使一种跨越界线的共同生活变得可能并得到肯定,使他性和差异不必牺牲在人们假想的(民族)平等的祭坛前。”①

本文认为,汤亭亭在《女勇士》中的世界主义主要体现在对于家园与世界关系的理解,以及个体与世界的关系的理解上。

(一)家园与世界

费小平在《家园政治:后殖民小说与文化研究》中曾细致勾勒了家园的概念。在他看来,“‘家园’不是一个简单的自然客体,而是一个通过‘权力’,以及一系列‘表征’性符号为媒介通道所建构的‘主体想象物’。正是在这个意义上,所有的家园建构都是‘政治性的’。它涉及身份、地点之间的基本联系和流动、变迁、变化之间形成的更为复杂的关系。”②他梳理出了31种关于家园的解释,在第26个解释中,他指出,家园指建构差异之方式,与性别/性行为、种族、阶级一起,在意识形态层面上决定着主体—地位——“家园”与“自我”呈流动不已的协商的态度。“家—国”一体隐喻着归属的概念和与故土的远离。家园包含着血液、种族、阶级、性别、宗教在内的亲缘关系,同时,家园是人人为之奋斗但只被少数人建构为“排他性”领地的充满欲望的地方。所以,家园既要“接纳性”,又是“排他性”的③。

很显然,《女勇士》中的家园也是一个充满了矛盾与悖论的地方。父母始终将家园定位在已经移开的中国。“父母每当提到‘家’,总是忘了美国,忘了娱乐。”(《女勇士》,第91页)对于第一代移民来说,家园是自己出生、生长的但却再也回不去的故乡。当汤亭亭在沉思“华

---

① 〔德〕乌尔里希·贝克著,章国锋译:《什么是世界主义》,《马克思主义与现实》2008年第2期,第56页。

② 费小平:《家园政治:后殖民小说与文化研究》,北京:北京大学出版社,2010年,第1—2页。

③ 同上书,第25页。

裔美国人，当你试图理解你内心的什么是属于中国的时候，你是如何分辨什么是由于你童年的经历、穷困、疯狂、特殊的家庭背景、为你讲故事的母亲，等等对你的影响？你是怎么区分什么是中国的传统？什么是电影中获得的呢？"[①]时，汤亭亭并没有像父母辈那样迷茫。作为美国华裔的第二代，她已经在美国文化中生根发芽，发出自己的声音，因此当汤亭亭在《女勇士》中安慰母亲不要为失去在中国的故居而难过时，她的心声也道出了美国华裔文学的地位转变："现在我们属于整个地球了，妈妈。如果我们和某一块土地切断了联系，我们就只属于整个地球了，你明白我的意思吗？不管我们站在什么地方，这块地方也就属于我们，和属于其他任何人一样。"（《女勇士》，第98页）

本文认为，这里反映出汤亭亭的家园意识已经超越了民族与国族概念，而走向世界主义。一方面，汤亭亭始终在认同自己是美国的华裔，汤亭亭《论美国书评家的文化误读》一文被收录于讨论文化认同的专书——《亚洲与西方作家对话：新文化认同》。她在这篇文章中明确指出："因为我出生在加州的斯德顿（Stockton），所以我就是美国女人。我也是华裔美国女人……"这些在表明了汤亭亭自我认定所属的地域、族裔和国籍。她并多次强调自己所创作的就是美国小说和美国文学[②]。另一方面，汤亭亭又始终在寻求华裔美国特性的独特性。而这种独特性恰恰是超越美国文化和中国文化本身的一种模棱两可的既又特性。因此在讲述美国华裔自己的故事时，她既采用了中国说故事的模式，又以西方的经典文学模式呈现自我，形成了具有文化之间的混杂性。

（二）个体认同与世界

汤亭亭的《女勇士》不仅呈现出对家园的世界主义想象，而且建构

---

① 李贵苍：《文化的重量：解读当代华裔美国文学》，北京：人民文学出版社，2006年，第190页。

② 单德兴：《开疆与辟土：美国华裔文学与文化：作家访谈录于研究论文集》，天津：南开大学出版社，2006年，第17页。

了基于文化间性的主体认同上的世界主义。“我是谁?”“世界是什么?”在《女勇士》的五个章节中始终都萦绕着这两个问题。而这两个问题也笼罩在对立的事例中而呈现出汤亭亭对于建构自我的充满力量的诉求。姑姑无名女人和姨妈月兰作为旧中国的传统女性,在男权压制和文化专制下丧失了自我,丧失了整个世界;白虎山学道中的花木兰借助西方的力量认识了自我,建构了自己的力量;曾经是乡村医生的勇兰不仅在旧中国敢于走出家庭,凸现自我,在移居美国后仍然保持着旺盛的斗志,自立自强实现自我。因此在汤亭亭看来,认识自我就是认识世界,失去自我也就失去了世界。

但自我认同在双重文化语境中却显得格外困难。因为自我认同掩映在文化认同中。而文化认同性基本上指民族性,表现为其成员有着共同的历史或起源,以及一种特殊的历史遗产,尽管其历史或起源经常被神话化,其文化遗产从未是完全同质的[①]。生活在回忆和渴望回家的父母移民中,第二代移民往往会在文化认同上产生极大的矛盾。“小时候我对世界之大怀有恐惧,狗吠声、火车汽笛声听上去越远,我在被子底下蜷缩得越紧。火车驶入远方的黑暗,汽笛声越来越深沉了。我听不到了,可火车并未到达世界的边缘,火车的呻吟终于消失,似乎正向中国疾驶。世界一定很大,否则祖母来到我身边的时候怎么会只剩下一股甜味了呢?”(《女勇士》,第 91 页)从最初的游移、困惑到对于美国文化的选择,汤亭亭发出自己的声音,讲出自己的故事,与其说她归化美国文化,不如说她拥抱基于认同立场的世界主义。尽管世界主义是一个相当有争议的话语领域,但也可以理解为,世界主义的话语立场实际上已经成为一种现代的、全球分布的认同立场[②]。因为世界主义已经成为了全球化的文化政治,即文化的消费面临读者的选择。因此汤亭亭“以女性作家特有的‘集体的主角,多重的

---

① 萨利姆·阿布著,萧俊明译:《文化认同性的变形》,《第欧根尼》中文精选版,《文化认同性的变形》,北京:商务印书馆,2008 年,第 11 页。

② 〔英〕戴维·赫尔德,〔英〕安东尼·麦克格鲁主编:《全球化理论研究路径与理论论争》,北京:社会科学文献出版社,2009 年,第 187 页。

叙事观点，多重的故事'，以及弱势族裔女性作家的特色打破文类区分，替换居于中心的父权文本，写作、重写或黄燥口述传统，以重读过去、重塑未来，在强大文化团体、文学团体宰制的环境下，寻得自我认同及文化认同，于时代及社会运动中汲取力量并贡献力量，在文学典范及文学建制中取得相当的地位并发挥作用，在创始的同时，叩打、传扬了个人取自族群传统的养分，为说故事和弱势自我的建构作见证”。①

三、结语：想象的融合

汤亭亭以蔡琰的故事结束《女勇士》，其中也彰显了她的世界主义情怀，她希望世界是多元的、融合的，尽管其中有生活于多个民族之间的人们的苦难与辛酸，但她更愿意人们摒弃隔阂，收起彷徨的心，找到自我。所以“蔡琰唱的是中国和在中国的亲人。她的歌词似乎是汉语的，可野蛮人听得出里面的伤感和怨愤。有时她们觉得歌里有几句匈奴词句，唱的是她们永远漂泊不定的生活。她的孩子们没有笑，当她离开帐篷坐到围满蛮人的篝火旁的时候，她的孩子也随她唱了起来。在匈奴堆里生活了 12 年以后，蔡琰被赎了回来，再嫁董祀，这样她父亲便可有汉人之后了。她把歌从蛮人那里带了回来，其中三篇之一是《胡笳十八拍》，流传至今，中国人用自己的乐器伴奏，仍然演唱这首歌曲，歌词翻译得也不错。”（《女勇士》，第 192 页）可以说，这恰恰象征了汤亭亭的理想：在异族中歌唱故乡，在故乡歌唱异族，两者在文学与文化的领地获得和平和心灵的安慰。

综上所述，本文认为，汤亭亭以跨越的身份沟通着中美两种文化，在这两种文化中她并没有纯粹归化美国文化，也没有回归中国文化，而是以一种世界主义理想试图建构起居于两种文化之间的族群的特

① 单德兴：《开疆与辟土：美国华裔文学与文化：作家访谈录于研究论文集》，天津：南开大学出版社，2006 年，第 80 页。

性,超越族群民族性的普世精神为她开创了新的书写模式与书写意义,这才是汤亭亭作为华裔经典作家的价值所在。

江玉琴(1975—),女,江西星子人,文学博士,深圳大学文学院中文系副教授,主要从事后殖民理论与比较文学研究。

Self-contradiction of the Underground Man

柴 婕

The designation "underground man" has entered into the vocabulary of the modern educated consciousness, and this character has now begun—like Hamlet, Don Quixote, Don Juan and Faust—to take on the symbolic stature of one of the great archetypal literary creations. ①The underground man is a quite complex character. He is vain, nasty, petty, tyrannical, vicious, cowardly, and morbidly sensitive. He respects neither love, nor affection, nor friendship, nor principle. He is a sick and spiteful man. But the most conspicuous trait of the underground man is his self-contradiction, as he states, "I felt a terrible craving for conflicts and contrasts."②(Dostoevsky, 303) In this paper, I would like to analyze the self-contradictory character of the underground man. First, I would like to classify his contradiction into two types—the philosophical level and the psychological level—to show where his contradiction is situated. Second, how his contradiction is reflected in his action will be discussed. Third, I will give my explanation of the reason why he is so self-contradictory. I argue that the contradictions on the psychological level are to be evaluated by

---

① Joseph Frank, "Nihilism and Notes from Underground", *Sewance Review* (Winter, 1961), 1.

② Fyodor Dostoevsky, "Notes from Underground", *Great Short Works of Fyodor Dostoevsky*, New York: Harper & Row, 1968, 303

that on the philosophical level and his self-contradiction results not from his self-deception, but from his self-knowledge, his hyperconsciousness.

I

i. Psychological Level

The contradiction of psychological level lies in the difference between his idea and his behavior.

At the beginning of part one, his paradoxical and contradictory character is immediately brought before the reader's attention. He is ill, but will not consult a doctor (although he respects doctors). He is educated, but nonetheless superstitious. He continues to live in Petersburg although he knows that he cannot afford it financially and that the climate is unhealthy. These are the most direct articulation of the difference between his ideas and his behavior.

He thinks he is intellectually superior to everybody and he despises everybody, but he yearns for respect all the same. When he realizes that he cannot rest without their recognition of his superiority, he hates others for their indifference and falls into self-loathing at his own humiliating dependence. He says, "I am one, and they are all."①Why he cannot get the sense of belonging to others and society? On one hand, he cannot assert himself according to others' unreflective values, which he despises; on the other hand, if he asserts himself according to his own idealistic standard, he is misunderstood, ridiculed and banished from society. Participation in life appears impossible to him, yet he yearns for it. The only behavior patterns which he is able or willing to adopt in company are totally

① Fyodor Dostoevsky, "Notes from Underground", *Great Short Works of Fyodor Dostoevsky*, New York: Harper & Row, 1968, 300.

inappropriate to his goal of social integration. [1] In addition, such contradiction can be seen from the form of his confession. This is a monologue in which each sentence constitutes a dialogue. The narrator asserts that he is writing exclusively for himself; he does not need any reader. But meanwhile his every word is directed toward "the gentlemen", is calculated upon an impression. The narrator despises them, ridicules them, but at the same time curries their favor, exculpates himself, argues and tries to persuade them. "Cries of complete independence of author's opinion alternate with the most piteous efforts to win the enemy's regard." [2]

The underground man dreams of a useful and worthwhile life, yet the first thing he does after leaving school is to give up his position and break all ties with the past. He longs for "the sublime and the beautiful," but just when he is most conscious and capable of refinement, he behaves abjectly. [3] He finds that all this does not seem to happen by accident, but is his normal condition. "As though it was my normal condition, not in the least a disease or a vice, so that at last I no longer even attempted to fight against this vice." [4] There is nothing in daily life which attracts him and which he can respect, so he immerses himself in reading. The underground man is not without ideals. But they offer him no sanctuary, for, as he argues, Russian Romanticism is not like German and French transcendental romanticizing: Russian Romantics comprehend everything, see everything, and often see everything incomparably more clearly than more practical minds do. [5] They cherish within themselves "the sublime and the beautiful" but they are also rogues. Their "many-sidedness" is amazing

---

① These can be seen from the third and fourth chapter of part two.

② Konstantin Mochulsky, *Dostoevsky, His Life and Work*, translated by Michael A. Minihan, Princeton: Princeton University Press, 1967, 246.

③ Fyodor Dostoevsky, "Notes from Underground", 267.

④ Ibid., 267.

⑤ Ibid., 301.

and they combine within themselves the most opposite of qualities. Hence, according to the underground man, the Russian Romantic offers chronic vacillation and indecision. Books can soothe him, stimulate him, cause him pain, but he tires of them and yearns for reality again. Despairing of reconciling his ideal with reality he plunges into vice and debauchery. His dreams of "the sublime and the beautiful" become stronger after a bout of dissipation. Sometimes he yields to a sort of blind belief that one day, by some miracle, present reality will burst its fetters and before him will stretch a horizon of productive, congenial and rewarding activity, and that he will ride into the world crowned with laurels.[①] Sometimes after such dreaming, he feels impelled to embrace humanity in general. This obliges him to go forth and seek out at least one concrete human being who disabuses him of his dreams and strips him of his illusions.

Another contradiction in his psychology is that he finds great pleasure in suffering and humiliation. In chapter four of part one, the narrator introduces his famous metaphor of the educated man with toothache, which expresses perfectly his situation. A toothache is a reminder that one cannot beat the laws of nature: your teeth will hurt until the laws of nature decide to let them stop hurting. There is no reason for this pain, and there isn't anyone to blame for it, but it is still painful. The consciousness of being powerless to stop this pain and its absolute pointlessness is humiliating. The underground man sees this pain as an offence with no offender, and he finds pleasure in it. And he makes other people suffer too by his groans and thereby obtains some relief from his suffering. This pleasure is akin to the pleasure of despair that the underground man experiences, the pleasure which comes from "the so intensely awareness of my own degradation", from the feeling that you have "come up against a blank wall... that there

---

① Fyodor Dostoevsky, "Notes from Underground", 311.

is no escape."①

ii. Philosophical Level

The Contradictions of the philosophical level lie in the conflict between free will and determined behavior; conscience and consciousness, which makes man a superior being to the *animeaux domestiques* and yet in his superiority destroys him; the paradox of consciousness leading to inertia.

The underground man is caught up in the toils of conflicting ideologies, none of which succeeded in fructifying and transforming real life. In part one, we see very clearly the struggle between rational egoism and free will. He asserts that people will not necessarily choose what is best, even if they know their own self-interest. People are not merely "organ stops" or "piano keys" that can be manipulated at will; in other words, people are more than stimulus-response organisms that can be readily conditioned. Against the rationalism and determinism, the underground man poses the irrational will: "reason is only reason, and it can only satisfy the reasoning ability of man, whereas volition is a manifestation of the whole of life."② On the one hand, he opposes rationalism and determinism.③ On the other hand, he shows a belief in determinism: "that, in fact, is the basis of every sort of consciousness and analysis. That, too, therefore is a law of nature."④

In addition, the underground man's acceptance of determinism creates a moral vacuum. "There is no guilty man, the injury is no

---

① Fyodor Dostoevsky, "Notes from Underground", 268.

② Ibid., 285—86.

③ Here I use the word "rationalism" to refer to the notion that one makes choice according to his self-interest. The "determinism" refers to the notion that human behavior is determined by the laws of nature.

④ Fyodor Dostoevsky, "Notes from Underground", 276.

longer an injury but just fate, something in the nature of toothache for which no one can be blamed, and consequently there is only one solution left, namely, knocking your head against the wall as hard as you can."[①]Reason forces him to accept determinism. But it is impossible for him to live with its conclusions. As a result of the laws of intensified consciousness, he writes, "you are quite right in being a blackguard, as though it were any consolation to the blackguard that he actually is a blackguard."[②]This comment poses a total human reaction-a moral revulsion at being a blackguard-against the determinism that dissolves all human responsibility and thus all possibility of human response. Reason tells the underground man that guilt or indignation is irrational and unjustified, but conscience and a sense of dignity manage to assert themselves all the same. The man of action "goes straight to his goal, like a mad bull, with lowered horns, and only a stone wall perhaps will stop him."[③]He does not realize that what he thinks of as the basis for his action, is eliminated by the laws of nature. The plain man of action simply does not understand that scientific determinism does not allow them to be morally decisive about anything; and they accept its conclusions, while they go on behaving exactly as in the past. But the underground man knows that the idea of guilt, along with all other moral notions, has been abolished by the laws of nature; yet he persists in having moral responses just the same.

Against the rationalist's philosophical attack, against the threat of the doctrine of necessity, it is impossible to argue with the rationalists: reason

---

① Fyodor Dostoevsky, "Notes from Underground", 277.

② Ibid., 268.

③ Ibid., 269.

is on their side. The underground man only has one resource: he will rather sink back into inertia and impotent malice. "Whatever happened, happened in accordance with the normal and fundamental laws of intensified consciousness and by a sort of inertia which is a direct consequence of those laws, and that therefore you not only could not change yourself, but you simply could not make any attempt to."① He argues, in effect, that consciousness is a disease because those who have it recognize the baseness of their own actions and experience moral shame. The most important thing to note about this conception is that consciousness is seen as the cause of the problem of immorality. Because human behavior is determined by the laws of nature, one cannot be responsible for your choice. So immorality is grounded in natural law, but consciousness allows us to recognize the wrongness and immorality of our actions. So one cannot do anything except remain in a state of inertia.

The above is my summary and classification of his contradiction in philosophical and psychological level. But how are his contradictions manifested in his behaviors?

II

In this part, I want to summarize the form of the contradictions in the underground man's concrete behavior. I think that his action is characterized by the oscillation between self-effacing and compliant attitude toward people, the aggressive solution, and detached or resigned attitude.

> When the underground man is self-effacing, he becomes weak, humble, and dependent. He values goodness and love above all else. He is appeasing and conciliatory and tends to blame himself and to

---

① Fyodor Dostoevsky, "Notes from Underground", 268.

feel guilty whenever he quarrels with another, feels disappointed. He needs to lose his identity in something larger and more powerful than himself. (For example, after the party with his classmates, he writes a letter to Simonov to acknowledge himself to have been completely in the wrong.)①

When he is aggressive, he tries to be strong and exploitative. What appeals to him is not love, but mastery. He is ambitious, craves recognition, abhors helplessness, and is ashamed of defeat or suffering. He wants to be hard and tough and regards all manifestation of feeling as sloppy sentimentality. (For example, after he is humiliated by his classmates, his efforts to move Lisa with his compassionate discourse and his action of revenge to Lisa after Lisa has saw his situation, these all shows that the underground man craves for mastery over others.)

When he is detached, he worships freedom and strives to be independent. He pursues neither love nor mastery; he wants, rather, to be left alone, to have nothing expected of him and to be subject to no restrictions. He handles the threatening world by removing himself from its power and by shutting others out of his inner life. He disdains the pursuit of worldly success. He has a very strong need for superiority and usually looks down upon his fellows with condescension; but he realizes his ambition in imagination rather than through actual accomplishments. For example, he says, when he was in school, "I at once conceived a bitter hatred for them and withdrew from them all into my own shell of wounded, timid, and excessive pride."②Feeling alone and helpless in a hostile world, he tried to cope with his anxiety by withdrawing from others and nourishing a be-

① Fyodor Dostoevsky, "Notes from Underground", 357.

② Ibid., 320.

lief in his own superiority.

In his actual action, he will emphasize one attitude more than the others and will become predominantly self-effacing, aggressive, or detached. The other attitudes will continue to exist, but they will be suppressed. Their conflicts will not be solved.

It is not difficult to see that the underground man's predominant character is detachment. His values, character, and life style all display this character. He prizes freedom, will, caprice, individuality, peace, and intellectual superiority. He has a profound aversion toward anything suggesting coercion, conformity to law. When his privacy is invaded or emotional demands are made of him (as in the episode with Liza), he becomes hysterical. He defends himself against his feelings of shame and failure by protestations of indifference-"I don't care", "it doesn't matter"-and by escaping into dreams of glory: "I would give myself up entirely to dreaming. I would dream for three months on end, skulking in my corner... I suddenly became a hero."[①] He has the same "onlooker" attitude toward himself that he has toward life and is, as a result, an excellent observer of his own inner process. At the same time, the other trends also exist in him. I will choose and analyze several passages to show his tendencies toward detachment, compliance and aggression.

At the beginning of his "notes", when he is describing his life in the government service, the underground man tells us that he was

"A spiteful civil servant. I was rude and took pleasure in being rude... Whenever people used to come to my office on some business, I snarled at them and felt as pleased as when I succeeded in making one of them really unhappy. I nearly always did succeed.

---

① Fyodor Dostoevsky, "Notes from Underground", 310.

They were mostly a timid lot: what else can you expect people who come to a government office to be?"[①]

This behavior releases some of the underground man's hostility and gives him a feeling of power that is deeply satisfying. But then his compliant attitude appears:

> "Well, the whole point of it, I mean, the whole nasty, disgusting part of it was that all the time I was shamefully conscious-even at the moments of my greatest exasperation-that I was not at all a spiteful or even an exasperated man, but that I was merely frightening sparrows for no reason in the world, and being hugely amused by this pastime. I might foam at the mouth, but just present me with some little joy, give me a cup of tea with sugar in it, and I shouldn't be at all surprised if I calmed down completely, even be deeply touched, though afterwards I should most certainly snarl at myself and be overcome with shame and suffer from insomnia for months."[②]

His compliant trends prevent him from wholeheartedly enjoying his triumphs and lead him to a denial of his spitefulness. His awareness of his compliant tendencies makes him feel that his aggressive behavior does not reflect what he really is. But when he is appeased or touched, (his compliant tendency) his aggressive tendency would appear but is suppressed. So "I should most certainly snarl at myself and be overcome with shame and suffer from insomnia for months." And his detached tendency makes his behavior undetermined ("I was merely frightening sparrows for no reason in the world") and makes him very conscious of the purpose of his action. ("All I did,... was to indulge in a little innocent fun at the expense of the officer and the people who came to my office on business.") He

① Fyodor Dostoevsky, "Notes from Underground", 264.

② Ibid., 264—65.

knows that he has many elements within himself. None of these elements really defines his nature. None of his acts is an authentic expression of his real self; every one is subject to almost immediate repudiation by the conflicting components.

Let us look at his school years. The underground man moved not only away from, but also against and toward his fellows. He tried to insulate himself from his schoolfellow's contempt and from his own feelings of inadequacy by keeping aloof and by scorning their stupidity and their respect for success. But he could not detach himself sufficiently to become indifferent to their mockery, and he was consumed by hatred and a desire for vindictive triumph:

> I was no longer anxious for them to like me; on the contrary, I longed continually to humiliate them. To escape their ridicule, I purposely began to apply myself more diligently to my studies and was soon among the top boys in my form. This did make an impression on them. . . . Their jeering stopped, but their hostility remained, and henceforth our relations became strained and frigid. ①

However, he could not bear this estrangement, and he began to move toward his fellows, but with little success. When his relationships were not "strained" because of his aloofness and distrust, they were marred by his desire to "exercise complete authority" over the partner and his contempt for the weakness of anyone who would allow himself to be dominated. He craves intimacy so much that he frightens his friend with his "passionate friendship"; but his fear of closeness makes him aloof and distrustful. When he succeeds in establishing a relationship, he is driven by his need for mastery into becoming a tyrant and his aggressive values lead him to

---

① Fyodor Dostoevsky, "Notes from Underground", 321.

despise devoted souls, such as his friend at school.

In his relation with Lisa the underground man displays again the many-sidedness of his character. His initial impulse is aggressive; he restores his pride, after the humiliation of the dinner, through mastery and by successfully playing upon Lisa's feelings. He is motivated not only by a need for vindictive triumph, however, but also by the compliant attitude, a feeling of rapport with Lisa, a desire for human contact, and a long frustrated craving for self-expression. His impassioned speeches to Liza are to a certain extent made up for the occasion and carefully calculated to produce their effect, but much of their content is drawn from his own long-harbored fantasies and fears. When we examine his speeches we find that they are largely an expression of his self-effacing and detached attitudes: they celebrate love and family life and depict with horror the slavery of the harlot's life. The underground man hammers at Lisa until she responds; but when she responds, with despair and "an impulsive movement towards" him, he becomes panic-stricken, and makes haste to get away.[①] He gives her his address partly as a response to her need and partly to facilitate a quick escape. He is overwhelmed by the sight of her feelings and dreads the intimacy they imply, which shows his detached attitude. When he gets home, he is beset by fear, rage, remorse, and desire. His predominant feeling is anxiety at the thought of Lisa's invading his private solitude and finding him out. Yesterday he seems such a hero to her, but if she discovers his poverty and abjectness, his triumph will be lost; he will once again be humiliated. Lisa's arrival will bring reality into his retreat, his underground. She will bring with her, moreover, emotional demands to which he cannot

① Fyodor Dostoevsky, "Notes from Underground", 355—56.

possibly respond. When Lisa does arrive he is angry, blames her for everything, reveals his baseness, calls himself a scoundrel, and urges her to go. When Lisa understands his unhappiness and reacts with compassion, their roles are completely changed: "she was the heroine now, while I was exactly the same crushed and humiliated creature as she had appeared to me that night."[①] "A feeling of domination and possession" flames up in his heart, and he takes an act of vengeance. His pride restored, he becomes terribly impatient for her to leave. As she leaves, he degrades her further by thrusting a five-ruble note into her hand. After the aggressive tendency, he becomes detached again. The affair with Lisa leaves the underground man overwhelmed by remorse and tortured by self-hate. He longs desperately for love, and he realizes that he will always be cut off from it by his own nature. He has withdrawn from reality and is resigned to his cravings for true love in order to protect his pride, to preserve his identity. In this episode, there are three underground men here: one cynically plays a "game" (the "hero" testing his ego); another sympathizes with the agony of Lisa ("Look here, Lisa, I'll tell you about myself.")[②], and a third sits and watches the other two: "She most certainly did interest me. Besides, I was feeling rather exhausted and irritable, and guile accommodates itself so easily to true feeling."[③]

III

What is the relationship between his psychological level and philo-

① Fyodor Dostoevsky, "Notes from Underground", 372.

② Ibid., 344.

③ Ibid., 344.

sophical level? Why are there so many contradictions within the underground man? James Lethcoe argues that the theme of self-deception is central to an understanding of the work as a whole, and that the underground man is the miserable, self-contradictory, wretched, and spiteful being that he is because he exists in a state of self-deception. ①

In my opinion, his self-contradiction results from his self-knowledge and hyperconsciousness. The understanding of the relationship between the psychological and philosophical level will shed light on the interpretation of his self-contradiction. The problem might be formulated thus: Is the paradoxical character of the underground man to be evaluated in light of his philosophical theories about the nature of man; or are we to see such theories as the kind of theories of such a character as the underground man would naturally hold in order to rationalize his existence? Obviously, James Lethcoe chooses the latter. But I will choose the former.

Now let us look at the relationship between the two levels. I will analyze the psychological contradictions that I list in part one to show how they are to be evaluated in light of the philosophical level.

At the very beginning of the chapter the underground man states that he respects medicine and then continues to say that he is superstitious, or at least superstitious enough to respect medicine. This ironic statement mocks the pretensions of a society that places overly high values on science, reason, and professionalism, all of which are here symbolized by medicine. The implication is that superstition, the opposite of education and reason, is necessary to respect reason. The rational foundation upon which society is built, then, is simply another superstition rather than the absolute truth it is made out to be. In such a society, the underground

① James Lethcoe, "Self-deception in Dostoevskij's Notes from the Underground", *The Slavic and East European Journal*, 10.1 (Spring, 1966), 9—21.

man rationally accepts the reason and the truths, but he emotionally does not ask for the medical help.

He does not like Petersburg, but still lives there. He considers "living in Petersburg, the most abstract and premeditated city in the whole world"① as a big misfortune. St. Petersburg is highly cultured and well planned, both of which traits the underground man rails against. In addition, living there is not good for his health and his financial condition. But he still lives there. He consciously does something that does not conform to his self-interests to assert his own free will. He wants to live in a determined place to seek his undetermined identity.

He thinks he is superior to others, but he seeks their respect for him to prove his value and identity. He says,

> I hated my face. For instance, finding it odious to a degree and even suspecting that it had rather a mean expression, and so every time I arrived at the office I went through agonies in my efforts to assume as independent an air as possible so as to make sure that my colleagues did not suspect me of meanness and so as to give my face as noble an expression as possible.② "What do I care," I thought to myself, "whether my face is ugly of not, so long as it is also noble, expressive, and, above all, extremely intelligent." But I knew very well, I knew it agonizingly well, that it was quite impossible for my face to express such high qualities.③

He hates his own face, because in it he senses the power of another person over him, the power of that other's evaluation and opinions. But he himself looks on his own face with another's eyes, with eyes of the other.

---

① Fyodor Dostoevsky, "Notes from Underground", 266.

② The emphasis is mine.

③ Fyodor Dostoevsky, "Notes from Underground", 298.

So he makes efforts to give his face a noble expression to seek the respect from others. And this alien glance interruptedly merges with his own glance and creates in him a peculiar hatred toward his own face. The fundamental question is his identity. Each episode in part two is an experiment which aims at testing his ego, at seeking his identity, at recognition of the self by the other, and therefore at self-recognition, his undetermined and free self.

Why the underground man does vicious things while having the dreams of "the sublime and the beautiful"? This also can be evaluated by his philosophical thinking. If it were true man has no free will and this were to be appreciated by intelligent and sensitive beings, the kind of predicament which would result would be the following: people with high ideals who were convinced that to realize such ideals was an impossibility and that they were the victims of inescapable laws would be reduced to an emotionally exhausting sense of impotence, against which they could protest only by caprice and perversity. The underground man knows that the sublime and the beautiful are a lovely and unreal dream, a deception, and even more, a deadly weapon for the imposition of his will upon others. (For example, he moves Lisa with his compassionate discourse that describes "the sublime and the beautiful".) The underground man is also very sarcastic in chapter six of part one. His idea of a glutton who drinks to everything "beautiful and sublime" is a parody of romantic liberals in Russia, who he feels believed in ideals that they did not in any way apply to reality. This glutton might sit around finding the "beautiful and sublime" in the ugliest painting, and he will drink rather than do anything about the ugliness.[①] (Dostoevsky, 278) In addition, we should note that the underground man continues to place "beautiful and sublime" in quotation

① Fyodor Dostoevsky, "Notes from Underground", 278.

marks. At first, it may have seemed like the use of quotation marks simply meant to illustrate that the phrase is taken from elsewhere. At this point in the novel, however, it appears that he is using the quotation marks for another reason, especially since many ideals are put in quotation marks consistently throughout the novel. This lends the weighty ideals of the time a certain detachment from life, showing ironically that the ideals are not real, not applicable to reality, but simply something that one can believe in and drink to without ever having to act on those beliefs. So the underground man plunges into filth and debauchery, which are also examples of his equally fantastic attempts to escape the boredom and break through the rationalistic rhythms of his life.

The degradation of personality by constant humiliation and oppression, and the corresponding distension and deformation of ego in an effort to defend self is the characteristic psychological portrait of the underground man. He finds pleasure in being hurt, because it increases the self's consciousness of itself. What the will wants more than anything else is awareness of itself, and it will subvert every motive to gain this satisfaction. The underground man asserts,

> I am convinced that man will never renounce real suffering, that is to say, destruction and chaos. Suffering! Why, it's the sole cause of consciousness! And though at the beginning I did argue that consciousness was the great misfortune to man, yet I know that man loves it and will not exchange it for any satisfaction. Consciousness, for instance, is infinitely superior to twice-two. ①

"Suffering" is seen to be values within the underground man, out of a need to preserve his human identity, wished to suffer himself rather than to

---

① Fyodor Dostoevsky, "Notes from Underground", 291.

rationalize his conduct as an effect of the laws of nature. It signifies his refusal to abdicate his conscience and submit silently to determinism, even though his reason assures him that there is nothing he can really do to change for the better.

Through the above analysis, we find that all his self-contradictory acts may be explained by his attempt of assertion of his free will and his responsibility for his free choice versus rationalism and determinism. ①In *Notes from Underground* the "laws of nature", as a concept, form a bridge linking the personal rebellion of the underground man against ineluctable pain and humiliation with his philosophical rebellion against the rationalists and their doctrine of necessity. These laws symbolize for him the binding force of nature, pain and humiliation, the whole inescapable logic of his degradation against which he rebels with malice.

Whatever illusions he may have about acting in accordance with his ideal, or improving himself morally, these laws debar him from changing in any way. The man with an over-sensitive consciousness is tormented by ideals of "the sublime and the beautiful", yet he is lured into vice as well, and finally he knows that all this is completely beyond his control. Things will be as they will be. No one is to blame for anything. None of this stops him from feeling his degradation, from dreaming of revenge; but he can never make up his mind to do anything because he know that everything is subject to laws over which he has no control. He feels impotent, and he suffers all the humiliation and rancor of impotence. He does things solely to show himself and others that he is free to do what he likes, and the more absurd these things are, the more clearly he exhibit his freedom, which is the essence of his acts. He is knowingly irrational. He does nasty things

① The analysis of his toils of conflicting philosophical ideas can be seen in Joseph Frank's *Nihilism and Notes from Underground*, he thinks that the underground man is in the ideological grip of the Nihilism of the Sixties and the social Romanticism of the Forties.

despite the clamor of opposite elements in himself. The irrational yet conscious choice of greater suffering and humiliation is the foundation for the underground man's insistence upon completely free will.

His consciousness controls the conflicting trends of his acts. "I was always conscious of innumerable elements on me which were absolutely contrary to that. I felt them swarming in me all my life and asking to be allowed to come out, but I wouldn't let them. I would not let them! I would deliberately not let them."① His consciousness makes him inertia and detached. His detachment is in part an effort at resolving his conflicts by moving away from them, the attempts to substitute an intellectual awareness of his conflicting trends for the direct and painful experience.

His self-knowledge also makes him suspicious of himself and deprives him of the courage necessary to become a "man of action". In part one, the underground man argues that he was incapable of becoming anything. One explanation lies in the underground man's not wanting to become anything, because to become anything is to become something definable, something that ultimately will be entered like any rational number in those logarithmic tables of the future in which all human actions will be registered. The underground man craves to be something—every self craves identity—but he thinks that to become something means to lose the freedom and independence, and therefore fears it as much as he desires it. Again the underground man starts out from a rational premise and ends with an irrational conclusion. Deeply conscious of his personality, he is an astute logician in explaining its complex nature. So a morbid awareness of the contradictions in his character appears to be the whole history of the underground man, the entire substance of his searching intellect.

But the underground man is not afraid of his self-knowledge. He is

---

① Fyodor Dostoevsky, "Notes from Underground", 264—65.

brave enough to avow his selfishness and vanity. "For my part, I have merely carried to extremes in my life what you have not dared to carry even halfway, and, in addition, you have mistaken your cowardice for good sense and have found comfort in that, deceiving yourselves. So that, as a matter of fact, I seem to be much more alive than you."① He is bold enough to admit the truth about himself. An avowal of baseness brings man suffering, but this action is the bridge which leads him over his "flesh and lust"② to truth and reality. Though he hides in his underground like a mouse in its hole, far from reality and from "real life," he is more alive than the people around him. However wicked and selfish he may be, he cannot be identified with evil, because he has the courage to bear the burden of conscience. He does not seek to place responsibility for his action on someone else, nor does he try to justify his life by an appeal to some irreproachable authority.

But I think that he looks upon independence as an end in itself and ignores the fact that its value depends ultimately upon what he does with it. His independence has a negative orientation. It is aimed at not being influenced, coerced, tied, and obligated. The result is only a deeper awareness on the part of the underground man of his enslavement to the laws of nature, and therefore fresh suffering. At the end of the novel, the underground man asks himself a rhetorical question, "which is better: cheap happiness or exalted suffering? Well, which is better?"③

柴婕(1976—),女,湖北武汉人,文学博士,深圳大学文学院中文系讲师,主要从事海外汉学、外国文学和比较文学研究。

① Fyodor Dostoevsky, "Notes from Underground", 377.
② Ibid., 377.
③ Ibid., 376.

中国视野下的圣经宇宙起源论

——跨文本阅读的想象与实践*

林　艳

一、引　言

《创世记》1—3 反映了希伯来人通过话语和通过行为的创造观念，它们受美索不达米亚宇宙创造类型的影响①。汉籍创世神话表现出怎样的宇宙生成类型？《创世记》1—3 和汉籍创世神话的宇宙起源论，在相互跨越的过程中，会产生怎样的丰裕和转化？本文将使用跨文本阅读（Cross-Textual Reading），对这些问题做一探讨②。跨文本阅读对"文本"的理解和一般意义上的有所不同。人们通常理解的文本往往是以文字为依托并记录下来的人类思想结晶，比如宗教经典、文学著作、传记历史等。也就是说文本的形成是依靠一些知识精英的智慧，而阅读文本的活动也需要一定的知识水平才能完成。跨文本阅读打破了这样的规限，它将文本的范围扩大到不同时期的文化遗产、历史传统、宗教信念、民间习俗、社会处境、政治经济状况，以及非常私己

---

* 本文发表于《深圳大学学报》（人文社会科学版）2009 年 6 月刊，第 13—17 页。

① Anderson, Bernhard W. From Creation to New Creation: Old Testament Perspectives [M]. Minneapolis: Fortress Press, 1994, 44.

② Lee, Archie C. C. The Chinese Creation Myth of Nu Kua and the Biblical Narrative in Genesis 1—11 [J]. Biblical Interpretation, 1994, (2/3): 312—324.

的生命经验①。也就是说,凡是能够被人体会、认知和自觉的东西都可以称作文本。让两个文本相遇,具体的跨越可以这样表述:"Cross 一词有相交、相遇之意,犹如渡江皆从一岸过渡到彼岸,'跨文本阅读'除了将两个文本放在一起外,也有从一个文本的角度去照亮另一文本,从相遇(encounter)相交(interact)中发现新的意义,是阅读单一文本找不到的观点和意义。这个过程被称为'跨越',阅读不会停留在一次的跨越,可能是多次跨越,也不是单从同一文本出发。多次往返的作用,目的不在作比较研究,而是达到转化(transformation)及丰裕(enrichedness),是整个投入的生命提升,是自我发现的过程,结果是一个多姿彩的转化存在(enriched-transformed existence)。"②

本文将《创世记》1—3 反映的宇宙创造类型看成文本 A,汉籍创世神话里的宇宙生成类型看做文本 B。将文本 A 和文本 B 作跨文本阅读,探讨它们之间可能出现的丰富和转化。

二、בָּרָא/"创造"

古代以色列人的宇宙起源论以创造论为基础。希伯来语用בָּרָא(to create)表示创造③。这个词的基本意思还有"建造"(to build)和"生出"(to give birth to)④。在中文和合本圣经里,בָּרָא被翻译成"创造"。但是"创造"一词最初并没有宇宙起源上的意义。汉语大词典对"创造"的理解,主要有三层意思。第一个意思就是"发明",例如"后汉张衡始复创造"(《宋书·礼志五》)。第二层意思是"制造"、"建造",例如"诸葛延创造凶乱"(《三国志·曹髦传》)。第三种意思

① Lee, Archie C. C. The Chinese Creation Myth of Nu Kua and the Biblical Narrative in Genesis 1—11 [J]. Biblical Interpretation, 1994, (2/3): 312—324.

② 李炽昌:《亚洲处境与圣经诠释》,香港:基督教文艺出版社,1996 年,第 7 页。

③ Brown, Francis, S. R. Driver, and Charles A. Briggs. The Brown-Driver-Briggs Hebrew and English Lexicon [M]. Peabody: Hendrickson, 2003, 135. (= *BDB*)

④ Jenni, Ernst and Claus Westermann, trans. Mark E. Biddle. Theological Lexicon of the Old Testament [M]. Peabody, Mass.: Hendrickson Publishers, 1997, 253.

是“创作”，例如“其见《汉书》二十五……其二十七，臣所创造”（《三国志·应劭传》）①。

因此，“创造”一词在汉语里的最初意思，类似《创世记》2—3 里的עָשָׂה(to do, make)，或者יָצַר(to form, fashion)②。后来，中文和合本圣经却在宇宙起源意义上使用这个词，并使它成为בָּרָא的中文译名。也就是说，在翻译的过程中，希伯来语בָּרָא赋予了古代汉语“创造”一词新的内涵。从这个例子可以看出，文本之间的跨越和交流所带来的丰富和转化，早就有人实践着。

带着对汉语“创造”一词的理解，反观希伯来语בָּרָא，它绝无例外地指神圣的创造。在《创世记》1 里，בָּרָא被单独使用，而且只适用于上帝。作为一个特殊的神学词语，בָּרָא表达了上帝创造的工作和人类制作能力之间的失衡和冲突，这种张力在汉语“创造”的古代涵义里很难见到。

既然“创造”最初在汉文古籍里，并没有宇宙起源意义。那么汉文古籍里使用怎样的词语表现宇宙起源的主题？这个问题涉及汉籍创世神话里宇宙生成的方式。

三、希汉宇宙起源方式

几乎所有学者认为《创世记》1—3 可以分成两个来源，它们分别是《创世记》1：1—2：4a，祭司典的创造故事；另外一个就是《创世记》2：4b—3：24，雅威典的创造故事。祭司典的创造故事写自被掳巴比伦的祭司之手。虽然他被编排在圣经的开篇，但是成书时间较迟。一般认为雅威典的创造故事写于以色列的君主制时期。它们表现了不同的宇宙创造方式，前者是上帝通过话语的创造，后者是雅威采用具体行为的创造。

① 罗竹风：《汉语大词典简编》，上海：汉语大词典出版社，1998 年，第 253 页。
② *BDB*, 427, 793.

纵观汉文古籍里的宇宙起源神话，大致有以下四种类型①。第一种是蛋生型。

普遍为人所知的蛋生型宇宙起源神话当数三国时吴国徐整所编盘古神话："天地混沌如鸡子，盘古生其中，万八千岁，天地开辟，阳清为天，阴浊为地，盘古在其中，一日九变，神于天，圣于地。天日高一丈，地日厚一丈，盘古日长一丈。如此万八千岁，天教极高，地教极深，盘古极长，后乃有三皇。"②

这里把天地浑然一体的状态比喻成鸡蛋，盘古巨人是这枚鸡蛋里孕育的生命，他是天地的头生子。宇宙蛋的意象和《创世记》1 里的תֹהוּ וָבֹהוּ(上帝创造前的混沌状态)有参照理解的可能。

由于这个宇宙起源神话出现得太晚，有学者认为它不具有代表性③。那么在先秦时期，也就是盘古神话有明确记载之前，汉籍文本里有没有类似的蛋生宇宙的神话结构？这个问题牵涉到汉籍神话的第二种宇宙生成方式，即自生型宇宙起源论。

天地自生型，是说天地原本就存在，宇宙万物是自然形成的④。这样的观念在《淮南子》里表现得非常突出："古未有天地之时，惟象无形，窈窈冥冥，芒芠漠闵，鸿蒙鸿洞，莫知其门。有二神混生，经天营地。孔乎莫知其所终极，滔乎莫知其所止兮。于是乃别为阴阳，离为八极；刚柔相成，万物乃形；烦气为虫，精气为人。"⑤这是汉籍创世神话里对宇宙自生型的描述。"二神混生"，据高诱注，是阴阳混生之意⑥。阴阳总是互补的，缺一不可。它们不是固定不变的，而是相互转换成彼此的相应面，因此它们总是处于变动的过程。如果没有这样恒

---

① Eliade, Mircea. The Encyclopedia of Religion, 4th vol [M]. New York: Macmillan Publishing Company, 1987, 94.

② 欧阳询撰，汪绍楹校：《艺文类聚》，上海：中华书局，1965 年，第 2—3 页。

③ Forke, Alfred. The World Conception of the Chinese [M]. London: Probsthain, 1925, 34.

④ 陶阳、钟秀：《中国创世神话》，上海：上海人民出版社，1989 年，第 146—165 页。

⑤ 何宁：《淮南子集释》，北京：中华书局，1998 年，第 503—504 页。

⑥ 同上，第 504 页。

长的运动和交互转换的力，生命就不可能存在。宇宙就是阴阳交合而化育出来的，是自己生成的；宇宙有它自己的生机，生生不息地繁育而成。万物都有自己的生命力，生命的本质就是自我生长，而不是静止不动的死物[①]。

从这则阴阳生宇宙的汉籍创世神话看《创世记》1，上帝用六天的工夫创造了一个与自己对应的外在于他的宇宙世界，世界万物不过是他想象的产物。这样造物主和被造物从一开始就是分离的，宇宙的秩序也是上帝颁定的，如果上帝不干预，世界随时都有堕入混乱无序的可能。

再从《创世记》1 反观这则汉籍创世神话，宇宙及其万物既是造物者，又是被造者。它们之间没有绝对的区分。没必要追问是谁赋予了秩序，宇宙的秩序是自然生成的，不可能有一个外在于世界的创造主颁布。

在这种跨越理解的基础上，追溯汉籍创世神话阴阳化育天地万物的观念，早在道家创始人老子那里就有："道生一，一生二，二生三，三生万物。万物负阴而抱阳，冲气以为和。"[②]这段话的大意是说，"浑然一体的'道'禀赋着阴阳二气，阴阳二气的交汇产生出一种融合状态，这种融合状态就化生为天地万物；天地万物又在阴阳二气的激荡下繁衍周流，汇聚为浑一的宇宙。"在此可以清楚地看到，创造作为一种分开的行为，暗含了一个二元和增值的过程。这样解读创造，有助于理解《创世记》1 表现出来的创造观念，从一到二级再到多元：光/暗，天/地，陆地/海水，白昼/黑夜，以及各从其类。从汉籍创世神话对创造的理解看《创世记》1，这样的确带来许多诠释的亮光[③]。

无论是蛋生型还是自生型，其实都有一个关键词："生"。"生"的

---

① 成复旺：《"盈天地间只是一个大生"：重谈中国古代的宇宙观》，《东南学术》2001 年第 3 期，第 74 页。

② 沙少海、徐子宏：《老子全译》，贵阳：贵州人民出版社，1989 年，第 84 页。

③ Lee, C. C. Genesis 1 from the Perspective of A Chinese Creation Myth [A]. A. Graeme Auld. Understanding Poets and Prophets: Essays in Honour of George Wishart Anderson [C]. Sheffield: JSOT, 1993, 186—198.

基本前提是混沌的存在。混沌在汉籍宇宙起源神话里的作用，可以通过第三种开辟型创世神话体现出来。开辟型的宇宙起源论认为宇宙原是浑浑沌沌的，天地粘联在一起，像一团迷雾。后来有神祇将天地分开，才有了现在这样的世界和滋生万物的大地[①]。最著名的开辟神话要数盘古大神分开天地的事迹了（同蛋生型的引文）[②]。当盘古在混沌里面活动的时候，创造也就开始了。在 18000 年以后，混沌被撕开，盘古站立于阴阳之间，推开天地。如果说这里开辟主题还不十分明显，那么下面这一则神话就明白无误地表达了开辟（分开）的宇宙创造观念："盘古将身一伸，天即渐高，地便坠落。而天地更有相连者，左手执凿，右手执斧，或用斧劈，或以凿开。自是神力，久而天地乃分。二气升降，清者上为天，浊者下为地，自是而混沌开矣。"[③]

这一则神话里的盘古，较《三五历记》里那个盘古更加人性化，他的创造活动也更具体。"左手执凿，右手执斧"，想必也是后人在徐整的基础上所作的演绎。不过，它倒更加清楚地表达了宇宙由开辟而来的创造观念。

在盘古开天辟地神话的启发下，反观希伯来圣经，祭司表达创造观念就是以"分开"（בָּדַל）这样的动作实现的。创造通过一系列"分开"的行为：分开光暗（1：3），将水分为上下（1：6—7），旱地与水分开（1：9）。于是，导致空间（天和地）和时间（日与夜）的分开。在此基础上，仔细考察希伯来语"创造"（בָּרָא）一词，它不只是一般意义上的 create，还有"分开"（to cut，separate）的意思[④]。这样，在《创世记》1 里，话语的创造和"分开"的动作结合起来。因此，通过和盘古开天地神话的跨文本阅读，《创世记》1 并不只是一般学者认为的通过话语的创造方式，它清楚地表明创造就是通过"分开"这样的行为而来。这样，《创世记》1 和 2—3 的创造叙事，一方面显示了希伯来创世神话里

---

① 陶阳、钟秀：《中国创世神话》，上海：上海人民出版社，1989 年，第 146—165 页。

② 欧阳询撰，汪绍楹校：《艺文类聚》，上海：中华书局，1965 年，第 2—3 页。

③ 周游：《开辟衍绎通俗志传》，成都：巴蜀书社，1999 年，第 4—5 页。

④ *BDB*，135，361—362.

创造的多样性,另一方面又暗含着合一的精神。

另外,除了盘古开天地的神话和《创世记》1,这个主题在美索不达米亚神话里就有,可以追溯到古代近东创造传统[1]。巴比伦神话《埃纽玛·以利什》(*Enuma Elish*)里,玛杜克将提阿玛特的尸体撕成两半,天和地就是由女神被撕碎的尸体演化而成[2]。"分开"的行为成为创造的基础,它在各地创世神话里如此普遍,已然成为一种创世神话的母题[3]。单独分析《创世记》1 或者盘古开天地神话,无法得出这种认识。

但是《创世记》1 分开的是什么?祭司作者使用תֹהוּ וָבֹהוּ,描述上帝创造前的状态[4]。仅凭这里出现这样一个词语,看不出祭司作者有任何积极或者负面的情感在里面。不过考察"混沌七凿"的汉籍创世神话故事,然后反观תֹהוּ וָבֹהוּ,会发现其背后潜藏着深刻的神学关怀。道家著作《庄子》所说的混沌七凿的神话故事,虽然被归列在开辟类型里,却是联系以上各种类型的纽带。可以说,汉籍创世神话的基础,就在于对混沌的理解:"南海之帝为儵,北海之帝为忽,中央之帝为浑沌,儵和忽时相与遇于浑沌之地,待之甚善。儵和忽谋抱浑沌之德,曰:'人皆有七窍,以视听食息,此独无有,尝试凿之。'日凿一窍,而浑沌死。"[5]

庄子以拟人手法表明,创造的开始以凿开混沌为前提;混沌死后,一个有秩序的宇宙随之诞生。但是道家对混沌是怀有感情的,混沌象征了简约和自然的风格。在老子的《道德经》里,可以看到对混沌的礼赞:"敦兮,其若朴;……混(浑)兮,其若浊。"[6]

---

① Kramer, Samuel N. Sumerian Mythology: A Study of Spiritual and Literary Achievement in the Third Millennium B. C [M]. Philadelphia: University of Pennsylvania Press, 1972.

② Pritchard, James Bennet and W. F. Albright. Ancient Near Eastern Texts Relating to the Old Testament [M]. Princeton, N. J.: Princeton University Press, 1969, 67.

③ Long, C. H. Alpha: The Myths of Creation [M]. Chico, CA: Scholars Press, 1963, 64—88.

④ *BDB*, 96, 1062.

⑤ 庄子,张耿光译注:《庄子》,贵阳:贵州人民出版社,1991 年,第 137 页。

⑥ 沙少海、徐子宏:《老子全译》,贵阳:贵州人民出版社,1989 年,第 137 页。

庄子对“儵”和“忽”的所作所为多少有负面看法：当混沌受到肤浅的人为的破坏时，简约、自发、自由和创造力也就消失了，他呼吁要回归事物的原始自然状态。因此，秩序在道家那里并不是好东西[①]。

庄子对混沌的死表示惋惜，那么《创世记》1 对תֹהוּ וָבֹהוּ持怎样的看法？在《创世记》1 里，上帝从空海陆三个层次创造了生命，造出人类后要让其“生养众多，遍满地面”，并且管理其他生命。生命的出现就是对无生命状态תֹהוּ וָבֹהוּ的否定；上帝分开תֹהוּ וָבֹהוּ，创造万物，各从其类，他为事物颁定秩序，秩序的产生也是对תֹהוּ וָבֹהוּ的否定。因此，祭司作者对生命和秩序的渴望贯穿了《创世记》1—3，混沌被看成创造的对立面，是对创造的威胁。

混沌对创造的威胁，不仅存在于宇宙创造时，它还有现实的社会意义[②]。《以赛亚书》里的混沌之城就是一个道德上被污染的城市，一个已经失去存在理由的城市；变得无目的、混乱、无序：“地被其上的居民污秽，因为他们犯了律法，废了律例，背了永约。……荒凉的城拆毁(נִשְׁבְּרָה קִרְיַת־תֹהוּ)了[③]，各家关门闭户，使人都不得进去。”(《以赛亚书》24：5，10)先知以赛亚对以东的审判也威胁到这个地区恢复到创造时的样子：“耶和华必将空虚的准绳(קַו־תֹהוּ)、混沌的线砣(וְאַבְנֵי־בֹהוּ)[④]拉在其上。”(《以赛亚书》34：11)准绳和线砣通常用在建筑上。这里，它们却以相反的意义被使用，是为了还原到混沌的状态。届时，以东将没有国王，变成一片废墟，而这正是上帝不可能创造出的大地样貌，因为：“创造诸天的耶和华，制造成全大地的上帝，他创造坚定大地，并非使地荒凉(לֹא־תֹהוּ בְרָאָהּ)[⑤]，是要给人居住的。”(《以

---

① Lee, C. C. Genesis 1 from the Perspective of A Chinese Creation Myth [A]. A. Graeme Auld. Understanding Poets and Prophets: Essays in Honour of George Wishart Anderson [C]. Sheffield: JSOT, 1993, 186—198.

② Von Rad, G., trans. J. H. Marks. Genesis: A Commentary [M]. London: SCM Press, 1963, 48.

③ *BDB*, 900, 990, 1062.

④ *BDB*, 876.

⑤ *BDB*, 135.

赛亚书》45：18）一个有秩序的世界和适合人类居住的场所，才是创造主创造大地的目的。上帝和他的子民沟通的时候也不会在一个没有秩序的混沌环境里进行："我没有在隐秘黑暗之地说话，我没有对雅各的后裔说：'你们寻求我是徒然的'（תֹּהוּ בַקְּשׁוּנִי）[1]。我耶和华所讲的是公义，所说的是正直。"（《以赛亚书》45：19）

上帝的话语维持着创造（《创世记》1），使得宇宙从最初的混沌里被释放出来，上帝的话语又继续给历史以秩序和意义。因着道家思想对混沌的好感，反观《创世记》1，混沌不纯粹是客观的物理状态，它代表着创造的反面力量，不仅从宇宙论上讲，而且混沌也是威胁人间实施公义的邪恶因素。

无论是蛋生型、自生型，还是开辟型的宇宙生成模式，混沌都是它们的基础。因此，盘古大神成为混沌的头生子；阴阳是从混沌中自生出来的，然后宇宙从它们中间产生；混沌被开辟出来，就形成了宇宙及其秩序。这几种类型都因为混沌而发生关联。这样看来，混沌神话是汉籍创世神话的核心。《创世记》1 里，混沌的重要性已然降至上帝创造以下。

第四种宇宙起源类型是化身型。它是指某物通过神巨人的力量或神气变成世界万物的故事，其中最突出的是神巨人的身躯化身为万物[2]。在汉籍创世神话里，盘古的身躯化身为日月江河的神话最为出名："昔盘古氏之死也，头为五岳，目为日月，膏脂为江海，毛发为草木。秦汉间俗说：盘古氏头为东岳，腹为中岳，左臂为南岳，右臂为北岳，足为西岳。先儒说：盘古泣为江河，气为风，声为雷，目瞳为电。古说：盘古氏喜为晴，怒为阴。吴楚间说：盘古氏夫妻，阴阳之始也。"[3]

生育、分开和化身是盘古创世神话里的主题，这最后一个主题业已成为其他版本的盘古故事的主题[4]。也就是说，上面三种宇宙起源

---

① *BDB*, 134.

② 陶阳、钟秀：《中国创世神话》，上海：上海人民出版社，1989 年，第 162 页。

③ 任昉：《述异记》，成都：四川人民出版社，1997 年，第 876 页。

④ Lee, C. C. Genesis 1 from the Perspective of A Chinese Creation Myth [A]. A. Graeme Auld. Understanding Poets and Prophets: Essays in Honour of George Wishart Anderson [C]. Sheffield: JSOT, 1993, 186—198.

的方式通过混沌连接在一起,而盘古化身的宇宙起源方式和混沌神话是统一的。宇宙巨人盘古化身为宇宙和万千事物,在汉籍创世神话传统里,这是个基本的主题。从神学上来讲,盘古的死是自身的消亡、一种牺牲,它被理解成一种创造和建构的力量。世界上的每一个事物都来自他的躯体。因此,我们可以恰当地说,宇宙是盘古的身体,他的死亡使得一切生命的诞生成为可能,这样的牺牲成就了一个有序的创造。盘古被认为是宇宙的头生子,这个第一位死去的巨人使造物圆满了①。

从盘古化身的宇宙起源类型看《创世记》1—3,上帝用六天最终创造了一个和自己对应的,外在于他的宇宙世界,万有不过是他通过话语命令的结果。耶和华是天神,超越了生死(《创世记》3:22)。再从《创世记》1—3 回看盘古创世记,它是一次完成的,这之后的人类历史,并没有留下盘古的足迹。宇宙世界就是盘古的血肉生命,是他的人格化身。在此,可以深切体会到中国哲学"天人合一"的思想。盘古创造的世界,其实是华夏古国。盘古是神人同形同性的巨人,他不免一死。

同时反观《创世记》1—3,上帝通过话语和行为的创造,它们对汉籍创世神话的独特性,丝毫不亚于化身类型之于《创世记》1—3。《创世记》1 里,创造主的话语有权能:他命令,于是结果和他的命令有完美的一致。这样,话语即权能,话语即行动,《创世记》1 和《创世记》2—3 又一次达到统一②。

四、结　　论

综上所述,通过对两种不同文化的宇宙起源论进行跨文本阅读,

---

① Ding, W. D. 100 Chinese Myths and Fantasies [M]. Hong Kong: The Commercial Press, 1985, 5.

② Tambiah, S. J. The Magical Power of Words [A]. Stanley Jeyaraja Tambiah. Culture, Thought, and Social Action: An Anthropological Perspective [C]. Cambridge, Mass.: Harvard University Press, 1985, 17—59.

《创世记》1—3 反映的是一种创造论的宇宙起源模式，这种模式以动词בָּרָא和עָשָׂה等词语表达出来；追溯中文“创造”的涵义，它最初没有宇宙起源的涵义。因此，考察汉文古籍里的宇宙起源方式，就变得非常重要。考察汉籍创世神话里的蛋生型、自生型和开辟型的宇宙起源方式，它们都以混沌神话为基础。对《创世记》1 理解的混沌和汉籍创世神话的混沌进行跨文本阅读，发现对混沌的不同态度，暗含着不同的神学立场。将汉籍创世神话的化身型宇宙起源模式，和《创世记》1—3 里通过话语和行为的创造进行跨文本阅读，发现盘古神话将混沌和化身宇宙起源类型统一起来；因着这样的统一，反观《创世记》1—3，通过话语的创造和通过行为的创造也是统一的。话语即权力、话语即行动。在这种观念的支配下，祭司作者将通过话语的创造和通过行为的创造编辑在了一起。这样的跨文本阅读，使《创世记》1—3 两种不同的创造方式，达到统一，这才是《创世记》1 里通过话语创造的真正意义所在，而不是创造的难易与否。

林艳（1977—　），女，甘肃武山人，宗教学博士，深圳大学文学院中文系副教授。主要从事圣经文学和外国文学研究。

20世纪印度短篇英语小说探微

杨晓霞

印度英语文学是印度文学的重要一维，对印度文学文化的发展和繁荣起到了重要的推动作用，特别是印度短篇英语小说，短小精悍，更能迅速选取和描绘富有典型意义的生活片段，表现广阔、复杂的社会。印度短篇小说家们运用高超的叙事技巧和娴熟的艺术手法，从不同的角度表现了印度底层民众、普通人和一般知识分子的生活境遇和心路历程，反映了20世纪印度民族运动的发展，表达出他们对民族命运的关注，对传统文化的思考和对东西方关系的认识。

一、印度短篇英语小说的发展

19世纪后期，印度的英国殖民政府大力推广文化入侵，许多西方文学作品被介绍到印度，成为印度学校的正式课程。其中的现实主义和历史主义的英国小说引起了印度知识分子的浓厚兴趣，他们开始模仿并用英语写作，开始了印度英语小说的发展。一般认为，第一个用英语写小说的印度人是班吉姆·钱德拉·查特吉。1864年他的英语小说《拉贾莫汉之妻》在《印度园地》周刊上连载，讲述了一位妻子受到丈夫不公正对待的故事。而最早的印度短篇英语小说集是1885出版的S.C.杜德的《印度的现实生活》和S.C.杜德与S.M.塔古尔共同创作的《往昔岁月：印度历史故事集》。这一时期的印度英语作家将印度本土的历史、神话、传说、民间故事、现实生活作为素材创作文学作品。与同期的印度英语诗歌、散文等创作相比，英语小说的创作还处于比较幼稚的阶段。印度的高文盲率、多种语言并存、现代意义上的小说创作传统的缺失，以及普通民众缺乏阅读的习惯等使印度英语作家在自己的国家中处于比较孤立的境地，很多英语小说都是在英国出版发行。

在两次世界大战期间，随着印度民族独立运动的发展，以及对小说实用教育功用的强调，印度英语小说得到快速发展，涌现了叙说优秀的作家和小说：穆尔克·拉吉·安纳德的《不可接触的贱民》(1935)、R. K. 纳拉扬的《斯瓦米和他的朋友们》(1935)和拉贾·拉奥的《根特浦尔》(1938)。随着这些作品的出现，现代印度英语小说的根基真正确立。此后，小说家们运用自己丰富的想象力来表现当代问题，从不同的方面来寻找、探索和阐释印度。威廉姆·威尔士写道："就在 20 世纪 30 年代，印度人开始——现在这也得到了证明——对英语小说做出了重大的贡献，英语小说也非常适合于表现他们的才能。"[①]印度英语小说家开始带着冷静批判眼光来审视自己的家园、印度民族和本民族历史，印度英语小说中出现了许多描写社会现实问题的作品。

这一时期，印度短篇英语小说也得到发展和繁荣。最高产的被认为是摩恩杰利·伊斯沃恩，遗憾的是他的作品大部分已佚失，因此他的地位并没有得到人们的普遍承认，其短篇小说集有《裸露的屋顶》(1941)、《希娃·拉德丽》(1943)、《愤怒的尘土》(1944)、《沉没》(1951)和《马德拉斯元帅》(1959)等 9 部。在《马德拉斯元帅》的序言中，伊斯沃恩写到："一篇短篇小说可以是传说，也可以是寓言；可以是真实的，也可以是虚构的表现或模仿；它的风格可以是感伤的，也可以是讽刺的；可以有严肃的主题，也可以是轻松的调侃，它可以是任何一种形式。但是必须谨记的是它必须把握住偶然当中永恒的东西，赋予某个时刻以重大的意义。"[②]诚如斯言，许多印度短篇英语小说作家从

---

① R. S. Pathak, Modern Indian Novel in English, New Delhi: Creative Books, 1999, p. 51.

② M. K. Naik, A History of Indian English Literature, Delhi: Sahitya Akademi, 1982, p. 179.

印度“局内人”的眼光来审视印度，将一个真实的印度展现在读者面前。印度国内的政治风云变幻、人民的现实生活景象等都成为他们小说中描写的对象，作品中的主人公也不仅有王子、公主、达官贵人，还有知识分子、农民、工人、贱民等普通人。作家们想通过他们的作品为读者指明通往印度的“灵魂”之路，使印度形象真正还原其本来真实的面目，他们当中的一些杰出的作家做到了这一点，尤其是印度英语小说三大家：安纳德、R. K. 纳拉扬和拉贾·拉奥，他们不仅创作出优秀的长篇小说，在短篇小说方面也颇有建树。

二、安纳德的“小人物”形象

安纳德的短篇小说集有《迷路的孩子》(1934)、《理发师工会》(1944)、《拖拉机和谷物女神》(1987)、《金床上的回顾》(1954)等。

安纳德对劳动人民充满了热爱，劳动者的形象贯穿在整个创作中。他早期小说中的主人公是清扫夫、苦力和种植园工人。安纳德说：“在我开始描写我国的游民、农民和最下层的贱民，并使他们从村落和小镇的偏僻里巷活起来以前，在优雅的文学，在我们大陆种种语言里，一直很少谈到或写到过他们。班吉姆·钱德拉·查特吉的小说主要是司各特式的浪漫主义历史故事，倾向于叙事的体裁，而且还是在当代欧洲文学里通称为小说的形式之外的。泰戈尔的小说，主要是写孟加拉省的上层地主贵族和所谓‘小康之家’的加尔各答的中等阶层。在萨拉特·钱德拉的作品里，由职员、小商人和比较低贱的人所构成的下层阶层，开始以人的姿态出现了。而普列姆昌德则怀着深情，写到了北方省的破落的农民和一些小人物。我发现自己超出了这三位作家的作品范围，因为我最熟悉的世界是那块游民、农民、士兵和劳动人民的小天地。”[①]这些人物在印度文学史上是一种新的

① 安纳德：《〈两叶一芽〉印度版再版前记》，黄星圻、曹庸、石松译，北京：新文艺出版社，1955 年，II. 由于没有找到该小说的英文本，因此采用的是中文译本。但笔者将其中作家的名字的译法作了调整，采用了现在通用的译法。

形象。

安纳德的短篇小说创作受到了契诃夫的很大影响，刻画了许多类型的"小人物"，如洗衣工、佃户、小职员、农民、理发师等。这些"小人物"精神备受压抑，生活痛苦不堪。安纳德同情他们的不幸遭遇和悲惨生活，更以深入细致的笔触，剖析他们的弱点，描写他们的愚昧、落后、庸俗。如《户口簿上没有名字的人》、《巴波·菩拉基·兰姆》等。《户口簿上没有名字的人》中，赖摩吉老人家里来了调查户口的官员，要求他报告名字、职业等，但老人死活也不肯说，他不理解什么是查户口，害怕被抓走，官员束手无策，也就没有登记他的名字。赖摩吉自以为逃过了一劫，还为自己的聪明沾沾自喜。因为农民们倍受欺凌，他们非常惧怕与警察和政府打交道，认为肯定不会有什么好事情，只会给自己带来灾难。读了这篇小说，你或许会嘲笑他们的愚昧，但是更应深入思索造成这种状况的原因。《巴波·菩拉基·兰姆》则记述了军队主任书记印度人巴波·菩拉基·兰姆一天上午的工作情况。他对下属盛气凌人，在上司面前则谨小慎微，唯恐会出什么差错，连大气也不敢出。通过这篇小说，安纳德表现出底层小人物猥琐的心灵。

安纳德从日常生活的琐碎片断中反映出他们的面貌，揭示人物卑琐的性格，对他们进行无情的鞭挞。例如小说《忏悔》、《挑拨是非的人》和《站岗》等。《忏悔》中拉迪夫向小说中的"我""忏悔"当年的行为。为了能省下点零钱，拉迪夫与苦力吵架，他不仅没有认识到是自己的错误，反而直到现在还谩骂那个苦力，说他是"一个肮脏的、粗笨的人！叫我害怕……"[①]小说讥讽了拉迪夫的吝啬、蛮横和自以为是的高尚。《站岗》里的警察曼高尔为了躲避正午强烈的阳光离开岗位去乘凉，恰好被副探长看到并因此挨了打。曼高尔灰溜溜地回到岗位上。接着他就把怨气和怒火发到了赶驴子的人身上，在那个不幸的人

---

① 安纳德著：《安纳德短篇小说选》，侯浚吉、茅於美、顾化五、诸成译，北京：新文艺出版社，1958 年，第 142 页。

面前显得威风凛凛，架势十足，又打又骂。安纳德毫不留情地揭露了“小人物”身上的劣根性，对他们的同情是冷峻的，针砭是严酷的，鞭笞了人性中的愚劣。

在短篇小说中，安纳德不仅大胆暴露社会罪恶，而且执著地探索出路，致力于塑造那些不屈服于权势、不甘于受辱的真正具有人格尊严，追求自由精神的人物，发掘小人物身上的英雄潜质。《跟一个克什米尔人谈话》讲述了“我”在路上遇到运地毯的克什米尔人玛哈玛都，从他的口里“我”知道了他们家乡人民生活的悲惨境况。但是，即便如此，他还是对未来充满了希望。通过他，作者赞颂了印度人民身上那种坚韧不拔的品质。《理发师工会》则反映了小理发师钱都不甘心受到老爷们的剥削，率先成立了理发师工会，使自己和其他的理发师提高了待遇，赢得了尊严，并带动了其他行业工会的成立。在小理发师的身上，作者表现了人民的反抗意识的觉醒和团结的力量。《探监》歌颂了一位勇敢的印度女性，她不惧怕政府的高压政策，到监狱里探望政治犯阿吉特，坦然无畏，让“我”深受感动。

安纳德的短篇小说具有强烈的现实主义色彩，他关注普通人的生活，从小视角切入主题，以小视角来观照大世界，以轻灵的笔触涉猎印度生活的各个层面。安纳德把生活中看似平淡无奇的事件作为折射社会的镜子，从貌似生活旁观者的审美视角，叙述事件评价社会。他以近乎淡漠的客观态度和近乎冷酷的描写叙述，以小视角、小人物反映人间万象，他恪守现实主义原则，在场景描述和情节铺陈中，自然而然地流露出对人物的好恶和对事件的褒贬，最大限度地把自己隐藏在作品背后。小说表达出人们在平凡的生活内部发出的时代的呼声，从在困苦不幸境遇中挣扎的印度人身上，发现他们始终未丧失的人的尊严和向往、追求美好未来的闪光灵魂。

三、纳拉扬的“马尔古蒂”生活

纳拉扬共出版了六部短篇小说集，《劳莱伊路》、《一匹马与两只山羊》、《占星家的一天》、《马尔古蒂的日子》、《菩提树下》和《盐与木屑》等。纳拉扬的英语小说大多是以一个虚构的南印度小镇——马尔古蒂为背景，许多短篇小说的故事也是发生在这个小镇。

马尔古蒂的日常生活是悠闲宁静的，那里的一切变化都是缓慢的。可当你透过事物的表面去看本质时，就会发现一些并不寻常的东西。如《尼迪亚》(Nitya)中，尼迪亚两岁的时候得了一场重病，他的父母在庙里许愿说如果他安然无恙，就会给他剃光头，采用适当的仪式来献上头发。尼迪亚果真活了下来。18 年后，尼迪亚的父母打算去庙里还愿，尼迪亚被迫前去，可到最后，尼迪亚还是没同意剃头。"Nitya"一词梵语的意思是"永恒、常住"，但是，践行许愿这种传统还是没有得到"永恒"，传统被年轻人打破了，表明了年轻人对父辈的思想和传统仪式的反叛。

纳拉扬的小说里从没有深奥的讨论，简洁、自然的叙事传达了具有普遍性和哲理性的内涵，揭示事物深层的含义，让真相暴露无遗，激活我们内心最秘密、最深层的缺失。如《像太阳》中，学校教师塞格勒有一天决定试验一下全天都说真话会有什么样的效果。于是，早餐时，他说妻子做的饭不好吃，妻子很不高兴；到了学校，听到一位同事去世，别人都说那个同事人很好，塞格勒则照直说他是一个刻薄自私的人；后来他又对校长实话实说，建议校长不要继续练习唱歌，因为他的嗓音实在太糟糕。结果，晚上塞格勒回到家里，妻子阴沉着脸，对他不理不睬；第二天，校长告诉塞格勒，说接受了他的建议，同时又让他 24 小时之内把 100 份试卷批改出来——这实际上是校长对塞格勒讲真话的惩罚。原来讲真话是如此不容易，那么人们岂不是彼此之间都不能真诚相对，每天生活在谎言之中？不过，有时，善意的谎言也是美丽的。八岁男孩多杜一次听哥哥说写了字的棕榈树叶可以到图书馆卖钱，于是就自己在棕榈树叶上写了字，去了图书馆。多杜找到一位博士，拿出棕榈树叶。那位博士果真用他所有的铜币——四个安那买下了那些树叶(《多杜》)。小男孩的天真让人觉得好玩，博士的善良让人看到了人性之美。

马尔古蒂不是世外桃源,在赞美和歌颂那里淳厚的乡土人情的同时,纳拉扬也毫不留情地揭露了那里的丑恶现象。如《半个卢比的价值》里的米店老板苏比亚为富不仁,在饥荒的时候趁机抬高米价,不择手段地聚敛钱财。最终,饥民们发起暴动,强行打开苏比亚的粮仓,发现苏比亚被倒下来的米袋压死了。马尔古蒂的穷人生活也很不幸,为了四个卢比,冒着生命危险帮人从很深的井里捞水桶,水桶捞出来后谈好的价钱还会被克扣(《四个卢比》)。乞丐的悲惨生活更不用说了,聋乞儿萨米逮到一只猴子,他教猴子一些小把戏,以此谋生。一天,他们被叫到一户人家表演,可猴子去抢桌上的面包,吓哭了那家的小孩,萨米被粗暴地赶出来。丢了猴子,他只有回到老地方乞讨(《沉默的伙伴》)。1947 年 10 月的教派冲突让人们变得疯狂,报复行为引发了更多的流血事件(《另一个社区》)。

纳拉扬坚持认为小说应该像印度的神话和传说那样,只是讲故事:"小说家不是社会改革家,他是一个讲故事的人,重复着神灵们为了消遣、娱乐而做的工作"。[①] 要成为一名讲故事能手,小说家应该依靠直觉,直接地感受他要描写的事物。纳拉扬在一次演讲中提到:"我们今天的主人公不是头戴王冠、身佩宝剑的人物,而是不知名的普通人。他离开家门的时候顶多拿着一把旧伞,去面对生活中的问题。他人生中的希望、抱负、成功和失败等形成了文学的材料。我从窗户里看走过的每个人:他们带着自己的世界,处于某个语种的中心。发现并试图进入这个世界,通过他的眼睛看待生活是件开心的事情。对一个作家来说,这意味着,如果他本人不孤立于社会,材料是无限的。"[②] 纳拉扬相信,只要小说家用善于发现的眼睛去观察,印度的素材取之不尽。纳拉扬的机智幽默和善于思考的洞察力给人留下了深刻印象,他挖掘出现实的奇妙和客观的偶然,再加上幽默讽刺的评述,正是他作品的力量所在。

---

① Margaret Berry, "R. K. Narayan: Lila and Literature," The Journal of Indian Writing in English, 1976, p.3.

② Pousse, Michel R. K. Narayan A Painter of Modren India, 1995, p.1.

四、拉贾·拉奥的哲性之思

拉贾·拉奥创作的短篇小说数量不多,他的第一部短篇小说集是《路障上的母牛》共收录了九篇小说,它们是《贾弗妮》、《小食品店》、《卡那卡帕拉——黄金守护者的真实故事》、《阿凯雅》、《那辛加》、《一位门客》、《在坎大什》、《伙伴们》和《路障上的母牛》。这些故事通过不同阶层的印度人的生活展现了印度独立前真实多彩的生活图景。20 世纪 30 年代是印度政治运动中具有重要意义的时期,当代作家都不可避免地在他们的作品中对这段历史有所反映。年轻的拉贾·拉奥也曾投身于独立运动,他更通过小说创作,以艺术的手法抓住了时代精神。在这九篇小说中,《那辛加》和《路障上的母牛》描写基层的甘地主义运动。

《那辛加》用白描的现实主义手法客观地表达了孤儿那辛加对甘地主义运动的理解,表现了甘地在印度人中的巨大影响,甚至像那辛加这样的人也被他深深地感动。那辛加从主人的妻子那里知道甘地是一个伟大的人。他是神的化身,因此每个人都触摸他的脚,甚至连婆罗门也不例外。从教师那里,那辛加知道了作为一名公民的义务是爱他的祖国。教师告诉他:“红皮肤的人统治我们。他们夺走我们的所有财产,全部的食物。他们使农民忍饥挨饿,孩子们因没有牛奶而丧命,把我们的母亲投进监狱。”①

实际上,那辛加所做的仅仅是挥舞着长棍,向英国人的火车扔石头。不料那个晚上,那辛加发起高烧来,于是他向甘地忏悔,说自己将不再恨红皮肤的人了,反而会跪在地上吻他们的脚。那辛加感觉到圣雄好像将他抱过来,就像母亲那样轻轻地拍着他的胳膊。在他的心灵里,母亲的形象与甘地的形象成功地结合在一起。当获悉甘地被释放

---

① Raja Rao, *The Cow of the Barricades and the Other Stories*, Oxford University Press, 1947, p. 112.

时,那辛加欣喜若狂:

> 叔叔,萨姆巴纳叔叔!圣雄被释放了,放下地里的活来庆祝吧!圣雄,你知道吗,今天他将在空中飞过,就像悉多女神和罗摩从楞伽国回来时那样。他将乘着四匹白马拉着的绘有花儿的敞蓬双轮马车飞行。他将经过我们屋子的上空,萨姆巴纳,你知道吗?①

印度人民将甘地与罗摩相提并论,不仅是因为他们深受神话传说的影响,同时也委婉地表达了人民对甘地的爱戴和对罗摩盛世早日到来的期盼。

拉贾·拉奥的作品充分显示了他对东西方传统和文化的深刻理解,他将印度的传说和传统的叙事方式与当代的历史结合,将欧洲小说传统与印度文学的传统素材融合在一起。他的小说创作可以说是他在形而上学基础上对写作和世界的探险。如《伙伴们》中的"伙伴们"指的不仅仅是要蛇人与蛇,而且喻指伴随着人一生的所有高尚和卑鄙的念头,或者说是"小我"与"大我"。这是一个融合了伊斯兰教、印度教和基督教三大宗教意象的文本。故事的主人公是一个穆斯林,一天他遇上了一条自称命中注定要和他一起寻求解脱的蛇。此后,他被迫离开情人,四处流浪,寻找"神"和"蛇"的和解。在他最疲惫的时候,他的苦行感动了一个去世的先知,先知显灵,点化他应该通过虔信与顺其自然取得神与蛇、男人与女人、大我与小我的和解,使世界趋于和谐。拉奥通过高超的艺术技巧处理和怪诞的象征,使"蛇"实际成为同一自我的不同侧面的象征。蛇自我介绍时说自己是在拉克什米女神脚下修行的婆罗门,但由于贪心,对女神提出了要金钱和永生的过分要求,而被诅咒变成了蛇。只有当主人公找到神,它才能获得解脱。因此,蛇逼着主人公四处漂泊寻找神。蛇在自我介绍和日常行为上,

---

① Raja Rao, *The Cow of the Barricades and the Other Stories*, Oxford University Press, 1947, pp. 116—117.

活像一位诚心忏悔、一心寻找最高生存意义和解脱的修道士，也是鞭策主人公寻找不朽与上进的好伙伴，但是从主人公与它的对话和叙述中，读者可以看出无论蛇如何花言巧语，它始终是人“失乐园”的原罪。正如蛇所说：“是的，我是罪人，但是不仅是我，神和撒旦都可以是一体的。”“你的族类造成了亚当的堕落。”“我曾坐在拉克什米女神脚下修行，我是婆罗门。”“带上我，否则在今世和来生，生生世世我都会捕杀你。”[①]主人公被迫离开家人，踏上朝圣之途，在蛇的“帮助”下，一去不回头。即使疲倦到不想再往前走一步，他也没有办法停止。在先知显灵的时候，主人公呼号的不是如何使自己解脱，而是首先如何能够使“神”与“蛇”和解，获得平静。在拉奥看来，神或它所代表的人的不朽、生命的意义，实际上成为折磨人类并造成世界堕落的原因。在现代，失乐园之所以还会成为人类背负的罪孽，是因为人骄妄的还想要“得乐园”。最后先知让主人公和蛇都相信自己得到了解脱，主人公快乐地守着先知的墓地，娶妻生子。实际上，在一番扰攘后主人公只是又重新回到了他没有遇到蛇时的生活状态，颇有“静坐无所为，春来草自青”的意味。

《妮姆格》是拉贾·拉奥的第二部短篇小说集《警察和玫瑰》(1978)中最优秀的一篇，讲述了一个悲剧故事。妮姆格是个美丽的俄罗斯女孩，她与母亲一起住在巴黎。一位印度青年学生爱上了她，常常给她讲《罗摩衍那》和《摩诃婆罗多》里的插话和传说。那罗和达摩衍蒂流亡的故事深深地感动了她。在她的心里，她将俄国的斯莫尔尼宫与达摩衍蒂的宫殿联系起来。印度青年的朋友米歇尔也爱上了妮姆格，但她没有嫁给他们任何一个，因为他们之间的距离太远了，他们之间有太多不同。最终妮姆格嫁给了一位比她大二十多岁的俄国伯爵，后被伯爵抛弃。妮姆格为了儿子博里斯去当所谓的时装模特，但博里斯当兵去了以后再也没回来。虽然《妮姆格》是一个非常欧洲化

① Raja Rao, The Cow of the Barricades and the Other Stories, Oxford University Press, 1947, p. 166.

的故事,但是作者成功地采用了甘地的象征,以及《摩诃婆罗多》里那罗和达摩衍蒂的传说,又带有浓厚的印度色彩。这篇小说引起了评论家的注意,著名的批评家 C.D. 纳拉希姆赫耶说:"这个故事也许是印度作家写的最伟大的作品,至少在英语文学中,在欧洲主流作品中获得了一席之地,赢得了尊敬。拉贾·拉奥的小说是如此杰出,他大量运用源自欧洲的隐喻手法,把它们与他自己的印度传统结合起来,使小说成为具有世界视野的多种价值观的合成体,带有普遍的真实性。"①

写作对拉奥来说是精神修行的一种方式。"写作时,我毫不在乎读者,我只是对自己说这些东西,如果那对我来说有趣,那么对大众来说也有趣。我并没有太多地考虑到读者,因此,我写的书都很难读。……我对平常的东西——作者、出版者、版税、评论等没有兴趣——没有丝毫兴趣……交流对我而言是与我自己进行交流。……读者是我本人,而不是其他人。……我不认为读者能被满足。……作者所做的只是尽可能地完善他自身"。② 所以我们在他的小说中读到的是他的精神修行过程,哲学上的思考。

五、"印度性"的思考

陶乐丝·斯宾塞认为印度英语小说可以作为"以印度视域为中心,系统研究文化联系和文化挑战"的主要资源,这将有助于增加西方读者"文化涵化(acculturation)进程的知识"。③ C. 保罗·韦尔盖塞(C. Paul Verghese)认为印度英语作家的主要问题是"创造一种印度

① C. D. Simhaiah, The Swan and the Eagle: Essays on Indian English Literature, Shimla: Indian Institute of Advanced Study, 1968, p. 135.

② Ranavir Rangra, Interviews with Indian Writers, New Delhi: B. R. Publishing Corporation, 1992, p. 116.

③ Dorothy M. Spencer, Indian Fiction in English, Philadelahia: University of Pennsylvania Press, 1960, p. 11.

意识”,[1]而印度英语小说创作面临的最根本问题是印度英语小说真正的“印度性”体现在哪儿。

萨斯迪·布拉特说:“文化的分裂终究会导致民族的灭亡。我们应该保持印度人的品性,寻找我们的身份……但是一个印度人究竟是什么样的?说某一种语言、用手吃饭,用水洗下身而不是用卫生纸、不杀牛之类?他怎样思考?怎么生活?……作为一名真正的‘印度人’,我将盘腿坐在虎皮上向参观者诵读吠陀诗篇”。[2] 身份问题是一个复杂的问题,决不是像说一种语言和用手吃饭这样简单。印度英语小说家面临着固守还是抛弃,忠诚还是背叛自己民族文化的窘境。他们的小说中或多或少地反映了这样的一种状态。这也是后来的后殖民地(或曰第三世界)作家面临的问题之一,就是如何处理他们在情感、文化、语言和政治等方面的问题。

实际上,印度英语小说家在创作中永远无法摆脱印度民族的文化传统和其对他们的信仰的影响力。P. 拉尔在谈到神话传说和往世书对印度作家的重要性时说:“不管是印度英语作家还是其他方言作家,如果他没有花 10 年的时间在他成年后仔细研读印度经典、学习印度传统和吸收印度神话的营养,他就无法进行创作。”[3]印度的神话传说和往世书等构成了印度民族的集体无意识,它们既是印度民族属性的体现,又是取之不尽的文化素材,是印度英语小说创作的“武库”和“土壤”。

心理分析学家弗朗兹·范农认为选择了一种语言就是选择了一种文化(《黑皮肤,白面具》),但印度英语小说家对这此并不赞同。拉贾·拉奥在《根特普尔》的前言中,说到:“……作家得以不属于自己的语言,传达不属于自己的精神。他得传达某种看似被外来的语言所错误地处理的。思想活动的不同层面及省略我使用词语[外来],可是英语却并不真正于我们来说是外来的语言。这是我们理性装扮的语

① Dorothy M. Spencer, Indian Fiction in English, Philadelahia: University of Pennsylvania Press, 1960, pp. 18—19.

② R. S. Pathak, Modern Indian Novel in English, New Delhi: Creative Books, 1999, p. 55.

③ P. Lal, “Myth and Indian Writer in English: A Note,” in M. K. Naik, ed., Aspects of Indian Writing in English, New Delhi: Macmillan, 1979, p. 18.

言——如以前的梵文或波斯语般——但却并不是我们的感性装扮。我们皆是天性的双语的,很多人皆以我们自己的语言及英语来写作。我们不能像英国人般写作。我们也不应该。但我们亦不能仅以印度人的身份来写作。"①拉贾·拉奥更坦言:"我根据自己的需要来重塑英语这种语言。我拒绝像英国人或美国人那样使用英语。所以,正如人们所说的,我的英语很不寻常。对于我写的东西,我尽量真实。当我开始谈论法国时,我尽量用法语来思考;当我谈到迈索尔时,我用卡纳达语思考;当我谈到德里时,我喜欢用印地语思考,虽然我的印地语并不好。"②

印度英语作家用英语进行写作,同时又对英语进行"改造"和"征服",将印度的传统词汇、谚语俚语、双关语、宗教文本中的语录等杂糅进行文中,将英语变成他们自己的语言——渗透着自己民族精神的语言,通过它来寻求印度民族属性、文化身份。在安纳德的《黑水洋彼岸》的人物对话中,印度的俗语、歇后语等俯拾皆是,诙谐生动,妙不可言。印度英语小说家植根于本民族文化,运用适当的艺术语言和形象、采用不同的方法和策略来解释"印度性",来解决自我和民族文化身份的问题。

改良后的印度式英语"不能避免地影响着作品的风格与形式,却并不丝毫阻碍该作品在关注上作为深刻地印度式的,及潜质上作为丰富地复制印度社会及思想的方式。这是被其他后殖民文学的丰饶所证实的"。③

杨晓霞(1977—),女,山东泰安人,文学博士,深圳大学文学院中文系副教授,主要从事印度文学和比较文学等研究。

---

① 转引自《逆写帝国:后殖民文学的理论与实践》,刘自荃译,台湾:骆驼出版社,1988年,第66页。

② Ranavir Rangra, Interviews with Indian Writers, New Delhi: B. R. Publishing Corporation, 1992, p. 112.

③ 转引自《逆写帝国:后殖民文学的理论与实践》,刘自荃译,台湾:骆驼出版社,1988年,第133页。

由边缘到中心的变迁

——从百年诺贝尔文学奖看流散文学

张　霁

从资本主义兴起到世界进入全球化，科技、交通和通讯行业的迅猛发展，使得人们的生活方式发生了翻天覆地的变化，特别是近年来互联网的崛起，原有的人际交往模式完全被打破，人类又进入了一个新的转型期。生产工具的变革、生活方式的改变，带来了人类精神层面的巨大变迁，这在“人学”即文学里，体现得相当明显。号称世界文学最高权威的诺贝尔文学奖，尽管一直以来人们对其客观性有着诸种非议，但并不影响它依然是世界公认的权威文学奖项。考察百年诺贝尔文学奖的历程，无异于审视人类一个多世纪以来文学的走向乃至文化的变迁。在这其中，可以发现，20 世纪后半叶逐渐开始走向世界文学舞台的流散文学，自第一次世界大战之后，便与诺贝尔文学奖的名字联系在一起，随着时代政治、经济、文化等因素的发展，二者的关系越来越紧密，特别是近十几年来，诺奖的领奖台更几乎成了流散文学作家频频折桂之处，“流散”这一本来具有边缘意味的词汇，在严肃文学的经典诺贝尔文学奖这里，几乎成了中心的关键词之一。考察流散文学在诺奖的舞台上从开始至今的历程，可以窥见流散文学在世界文学舞台上地位的变化，它是怎样一步步从边缘提升到中心？这代表了怎样的一种文化乃至政治走向？诺贝尔文学奖的“理想主义”原则有了什么样的新诠释？这代表着世界文学发展进程中产生了哪些变化——这些是本文所试图解决的问题。

一、流散现象与流散文学

流散(Diaspora)这一词语在20世纪后半叶,特别是进入到21世纪之后,可以说"润物细无声"的成为了全球文化的热门词汇。考察这个词,最早应来自于古犹太人被迫离开巴勒斯坦地区而散居在世界各地的历史史实,它往往与流亡和迁徙紧密相连。人们发现,在世界其他民族中,也都有一些类似于犹太人流散的现象出现,如阿拉伯人、非洲人、印度人、墨西哥人、华人等,因此有了一些特定的如"非洲人流散"(African Diaspora)、"华人流散"(Chinese Diaspora)等专门的流散论题研究①。近年来,在全世界范围内,对流散人群、流散现象的研究日渐引人关注,主要原因是:第一,19世纪资本主义经历了急剧上升期后,资本的迅速扩张使得人群也随着资本的流动而在全世界加速了流动,资本到哪里,哪里便产生了流散现象和流散者;第二,20世纪的两次世界大战打乱了民族原有的格局,带来的移民潮汹涌澎湃,几乎遍布世界各大洲,移民带来诸多问题,其中文化的问题是重中之重;第三,进入到21世纪,科技的迅猛发展带动了政治经济的进步,整个世界的联系越发紧密,全球经济一体化的趋势非常明显。随着世界统一市场的形成和全球交往的日益增加,人口之间自发的流动和通婚也越发频繁,相对于以往来说,单一民族的壁垒越来越被松动,越来越多的人开始接触异文化并在异文化中生存;第四,随着后殖民批评(postcolonial criticism)和战后新殖民批评(neo-colonial criticism)等理论的崛起,少数族裔和非主流的文学、文化越来越引起世界性的关注,这势必波及到流散者和流散现象。综上,流散现象已经成为当今世界非常普遍而值得重视的问题,尽管在不同的政治、历史条件下形成的流散,从条件、原因、呈现的样貌,等等都不尽相同,但是从人类作为群居生物

① 刘洪一:《流散文学与比较文学:机理及联接》,载《中国比较文学》2002年第6期。

的总体性质来看，总有其内在深层次的规则可言，研究流散现象和因此产生的流散文化，对于研究人类这一整体的内在精神、文化走向都具有重要意义。

不管是因战乱、灾荒、政变而被迫进行的种群流亡，还是因个体的种种原因有意识的向异域移民，流散者都面临着一个共同的问题：与其生长的母体文化进行脐带的割裂，从而进入到完全陌生的另一个文化和生活环境中去，从生活习惯、语言、情感到宗教信仰等都面临了一个被“抛出”的状态，并且在异质文化里，他们作为少数群体，从对陌生环境的适应到将原有的生长痕迹与其杂糅，不知不觉成为了游移于两者之间的边缘个体。这样的边缘个体对母体依恋却不得不疏离，在异质文化环境中生存并由此引起了一系列文化冲突、身份认同、身份重塑，体现在文学上就是大量流散文学（Diaspora Literature）的出现和繁荣。

关于流散文学的定义，实际上目前为止很难有一个准确的概念，学界的说法并不尽相同，对其范围的界定也不够清晰。但有一点可以取得共识的是：它是伴随着流散现象而来，体现了流散文化，表现了流散者的生活境况、心理、处境乃至自我认同的一种文学样式。如果说最早带有流散特质的文学可以追溯到希伯来《圣经》的话，其后漫长的中世纪里，这类文学主题并不普遍，直到 18 世纪和 19 世纪之交，法国大革命爆发之后，各国也纷纷开始动荡不安，在腥风血雨之际，文人们往往要逃出国外才能继续从事文学创作，19 世纪的流亡文学就此诞生，这一时期著名的逃亡者如夏多布里昂、斯塔尔夫人、屠格涅夫等都创作了丰富的文学作品，地处异域的他们将本民族与异国的文学相结合，创作和自己以往在本土时有了一些不同。除了民族文学的融合，流散者的身份为他们的作品带来了沧桑凝重、孤独游移之感。苦难本来就是滋生文学的土壤，无家可归或有家不能归的流浪，流散在异乡的种种情愫，大大拓宽了流散作家的视野，加深了他们创作的底蕴，使 19 世纪的文学风格得以开拓。这一时期的流散者并没有和殖民的行为连接在一起（事实上，虽然流散现象伴随着殖民和被殖民而产生，但并不一定时刻与此相联系)。但要承认的一点是:白种人在欧洲内部的流散,毕竟在大范围内没有走出原有的欧洲文化圈,感受并不像后来的跨洲际、跨种族的流散者那么强烈。

到了20世纪,两次世界大战使得流散现象增多,一批批种族/文化身份难以界定的人群不停出现,和以往传统经典文学所塑造的人物不同的是,这批同时拥有多种种族/文化身份的人群,很难用传统的概念来解释,也难以用传统的文学表现手法来表现其特异的生存境遇和精神世界。特别是当这批"身份不定"的人们从原来的家乡出发,流动到异域,当他们发出自己的声音,进入到全球化的视野之中时,人们惊讶的发现,传统的价值体系和思维模式在他们那里似乎难以概括形容其生存状态,民族、阶级、种族和性别的身份认同在这些流散者这里都成其为难题。流散族裔的文学书写以不可忽视的态势登上了文学舞台,日渐多样化,他们对新世界的渴望与抗拒,对自身民族和文化身份的认同,在居住地文化与传统文化之间的困惑与迷惘,对故国家园的回忆与梦想以及痛恨,等等, 都成为流散文学的重要主题,并取得了极大的成就。其中,衡量这些成就的一个重要标尺便是诺贝尔文学奖。

二、诺贝尔文学奖的样本意义

毫无疑问,当今世界,最有公信力、知名度和权威度的文学奖项是瑞典皇家学院依照炸药大王诺贝尔先生的遗嘱颁发的诺贝尔文学奖,几乎世界各国的作家都以能获得这最高的文学奖项为荣。每年10月,全世界的目光都集聚在瑞典首都斯德哥尔摩,一个新的获奖作家总会立即引发全世界的关注,其所有作品马上会被翻出来,大量阅读、分析。之所以有这样的情况,除了高额的奖金和荣誉外,一个更重要的原因是,从1901年诺贝尔文学奖首次颁发开始,作为公认的世界最高文学奖项,大量优秀的诺奖获奖作家取得的成就辉煌灿烂,可以说,在一定程度上也代表了世界文学的最高成就,他们的作品本身也构成了文学史的一种框架。其很大程度上反映了人类文学乃至文化在这一个多世纪以来的境况和走向——这就意味着它不单是一个文学现象,而是已成为能够反应世界文化的一个重要样本。

纵观百年诺贝尔文学奖获奖的作家作品,可以发现一个明显的趋势,那就是:诺奖的思路越来越开放,视野越来越开阔,所关注的主题也日渐复杂多样,它的触角越伸越长,覆盖的人群也越来越广阔,总体上呈多元化态势发展。特别是20世纪后半叶,两次世界大战结束之后,诺奖发生了最强烈的变化:越来越多欧美以外的作家能够走进诺奖评选委员会委员们的视野中,各种文学流派竞相登上领奖台,“女性”、“有色人种”、“少数族裔”、“流亡者”……这些本来非常边缘的词语,近年来更是频繁出现在诺贝尔文学奖的官方语言中。而在这其中,有一个现象特别值得关注,那就是:流散者的文学创作从过去的偶尔登堂入室,到数度折桂,再到今天的备受瞩目,几乎是以不为人察觉到速度做到的,以至于文学评论家陈迈平甚至说:“近年来,瑞典文学院对所谓第三世界国家文学或者所谓边缘文学的注重是有目共睹的,欧美作家已经越来越难问津诺贝尔文学奖了。”[①]这种说法当然有些夸张,目的是极言诺奖近些年来对边缘文学和流散文学的重视。而考查百年诺奖中,流散文学从边界和边缘向中心逐渐提升的现象,无疑对全球的文化状态乃至政治格局都是一次巡礼,作为严肃文学标尺的诺贝尔文学奖对长期处于流放境况的流散文学的青睐有加,无论是从单纯的文学流派意义上,还是从这一人群代表的政治及文化涵义上,都是非常有意义的。其实,一个代表了这世界严肃文学主流最高水准的文学奖项,和原本处于这世界边缘地位的流散人群中发生的文学现象相联系,本身就是一个非常有意思且有意义的文化事件。

三、诺奖的趋势:从西方中心主义到多元与流散

在当年诺贝尔先生的遗嘱里,有关诺贝尔文学奖的部分是:“此奖

---

① 刘再复:《百年诺贝尔文学奖和中国作家的缺席》,载《北京文学》1999年第8期。

不论国籍,只要完全具备资格,无论是否是斯堪的纳维亚人,但求对全人类有伟大贡献,具有理想主义倾向的杰出文学作品和最杰出、仍健在的作家。"其中最关键的词便是"理想主义",一个多世纪以来,瑞典文学院在评选该奖项时,严格按照诺贝尔遗嘱里的"理想主义"标准去甄选优秀作家作品。而这个词恰恰是非常难以界定和统一的。究竟是否有一个放之四海而皆准的对"理想主义"的普遍认同?理想主义的内涵到底是道德的还是审美的?是面向历史的还是未来的?是什么人的理想……这些问题都困扰着评委们。20 世纪最初的 20 年里,早期的诺贝尔文学奖获得者大多都是那些符合主流道德倾向和主流思想观念的作家,如果不能符合其要求,即使列夫·托尔斯泰这样世界级的大文豪也被诺奖拒之门外①。但早在 1905 年,诺贝尔文学奖就曾颁给了出生在印度的英国作家鲁德亚德·吉卜林,他的代表作《基姆》描写了一个生活在印度的孤儿作为爱尔兰士兵,跟随一个西藏喇嘛去寻求圣河的故事,大抵可以看做诺贝尔文学奖最早将目光投向流散者的先例。

20 世纪 30 年代,评委会的立场开始发生一些微妙的转变,开始接受一些带有通俗性色彩的文学,"理想主义"的原则向大众的立场发生倾斜。这一阶段,有一个颇受争议的获奖者,那就是美国的赛珍珠(1938),赛珍珠的创作完全是以她童年和少年时代在中国的经历为原型,使她获得诺贝尔文学奖的理由也是"对中国农民生活的丰富和真正史诗气概的描述"。作为一个西方人,一方面,赛珍珠对中国的描绘将中国文化介绍给了世界,另一方面,她的创作也受到了中国文化和文学风格的很大影响。她的获奖,很显然说明诺贝尔文学奖开始重视倾听那些流散到"外面的世界"中去的作家的声音,并且开始对第三世界的文化生活感兴趣。20 世纪 40 到 50 年代,世界经历了第二次世界大战,欧洲文化和世界文学都进入到一个探索期,诺奖的"理想主义"

---

① 1901 年第一届诺贝尔文学奖评奖前,得奖呼声最高的便是公认文学成就最大的列夫·托尔斯泰,但是,瑞典文学院认为他"公然批评《圣经》",属亵渎宗教,不符合主流社会的道德标,因而把当年的诺贝尔文学奖授予了法国的普吕多姆。

更加倾向于文学本身的内在探索和对人性的挖掘。战后世界格局重新调整,政治冲突、冷战、对抗使一批作家再次走上逃亡流散之路,20世纪70年代获奖的索尔仁尼琴(1970)和聂鲁达(1971)是其中的代表,特别是在聂鲁达的诗歌里,表达了流散者对故土的深深依恋和流亡的痛苦,后半生他一直生活在欧洲,从他的诗歌里可以看到,被迫流亡的流散者对故土难舍难分,这种血肉分隔的切肤之痛催生了大量饱含情感的诗歌,作为流散者,聂鲁达带来的拉丁美洲文化强有力地冲击了整个欧洲,并使诺贝尔委员会乃至全世界都把目光伸向了他的故国。这一时期,1976年和1978年的诺贝尔文学奖还分别颁给了两位表现犹太人生活的犹太作家索尔·贝娄和巴尔维斯·辛格,作为世界上流散历史最悠久的民族,大量犹太人从始至终在异乡讨生活,贝娄和辛格的作品分别描写了犹太人作为少数族裔和流散人群在美国和波兰的生活,作为流散文学中的一部分,犹太文学再度受人关注。

到了20世纪90年代,流散文学可以说在诺奖这块领域发生了大爆炸,首先是黑人文学开始加入诺贝尔文学奖的大家族,这一阶段获奖的南非作家纳丁·戈迪默(1991)和美国女作家托尼·莫里森(1993)的作品以黑人的历史、当前境遇、命运和内在精神为关注点,关注了种族隔离和种族歧视政策,凸显了"种族"、"性别"、"殖民"等关键词。与此同时,流散者对于自身身份的认同也成为一个重要的课题。1992年获奖的德里克·沃尔科特是最能代表流散者身份认同迷茫的一个作家:他来自于西印度群岛,父亲是英国人,母亲是非洲人,祖母和外祖母则都是非洲黑奴的后裔,复杂的混血为他带来了复杂的文化,掌握几种语言的同时,他的文化取向、身份认同也显得暧昧不明,他在自己的诗歌中便这样困惑道:"我,被两种血液所毒害/将转向何方,分裂直至血脉的尽头?"(《星星苹果王国》)这里已经不是此前的流亡者离开故国思乡那样简单,而是面临一种"我是谁"的巨大困惑,而这也恰恰是20世纪末世界文学的一个重大话题,也是后殖民文化批评所侧重要探讨的——流散者身份的定位与认同。无论是对他们自身,还是对整个文学来说,都是一个值得重视的问题。诺贝尔文学奖没有回避这个重大话题。从20世纪90年代开始,一批流散作家登上了诺贝尔的领奖台,如1990年获奖的墨西哥作家帕斯,他是西班牙与印第安人的后代,他对玛雅文化进行了深入的考察和钻研,探讨墨西哥人混血文化的特点和形成过程。同时,他长期担任外交官,出任过多个国家的大使,又曾经在美国和欧洲的高校执教,这样一个复杂而多元文化背景的身份,使他对不同民族的历史文化都有着独特的见解,能够融会贯通地加以表达,这体现在他的诗集《回归》中。瑞典文学院在授奖予他时,给他的颁奖词是:"十分成功地将几种文化结合在一起。"我们看到,流散者不仅有对自己身份认同的迷茫,同时还可以有意识地将几种文化融合杂糅,从而形成一种新的文学风格贡献给世界。

当21世纪的脚步来临时,诺贝尔家族对于流散者已经不再陌生,2000年,新世纪的第一个诺贝尔奖被颁发给了法籍华裔作家高行健,此后,印度裔英国作家奈保尔(2001)、旅居澳大利亚的南非荷兰裔作家库切(2003)、德籍罗马尼亚裔的作家赫塔·米勒(2009)都是典型的流散者,其中,奈保尔和库切关注的是后殖民的重建问题,作为出生在特立尼达、在英国接受教育,也加入了英国国籍的印度后裔奈保尔对流散者身份的认同异常敏感,他曾经到印度去寻找梦想中的家园,然而印度的落后和黑暗的社会现实让他非常拒绝和排斥,于是,矛盾产生了,分裂也出现了。奈保尔获奖之后的答谢辞,标题就是"两个世界"。奈保尔的情况其实非常具有代表性,用萨义德的话说:"流亡者存在于一种中间状态,既非完全与新环境合一,也未完全与旧环境分离,而是处于若即若离的困境,一方面怀乡而感伤,一方面又是巧妙的模仿者或秘密的流浪人。"①很多流散者都和奈保尔一样,处于一种夹缝的状态里,赫塔·米勒逃离了极权统治下的罗马尼亚后,在《单腿旅行》中就写出了这份无可皈依感:罗马尼亚的德裔移民伊蕾妮费尽力气移民到了德国,却发现她根本无法融入西柏林的资本主义社会。不

① 萨义德:《知识分子论》,北京:生活·读书·新知三联书店,2002年,第45页。

只是在罗马尼亚,在柏林,她依然是个外来者。这份游离感如此真实,故乡和家乡成为了一个遥不可及的符号,无论走到哪里,他们都成为了流散者。

这个十年的诺贝尔文学奖居然把一半的奖项颁给了流亡者们:高行健的个体流亡,奈保尔的殖民主义历史背景下被奴役者的流亡,凯尔泰斯的民族的流亡,库切的殖民者的流亡,塔米勒的极权政治和异质文化双重的流亡。至此,我们可以看到,诺奖对于流散文学越来越给予特殊的关注,甚至可以说,流散文学已经成为当下世界文学发展潮流的主流之一,这也是与世界范围内的跨文化文学交流与研究的整体趋势相关的。再进一步说,诺贝尔文学奖对于人类个体命运和灵魂的关注延伸到了边缘人群和流散者群体中,这意味着诺贝尔文学奖的“理想主义”标准在当今时代的新含义:每个个体的被重视和“获救”,才是最高意义上的人道主义精神的体现。这种对人类个体的充分的爱与关注,恐怕也应该是诺贝尔先生当初设立这个奖项的初衷。那么,诺贝尔文学奖从西方中心主义走到今天的多元化,流散文学成为世界文学的主流之一,就不难理解了。

四、流散文学:从流散到“中心”

诺贝尔文学奖从高高居于庙堂之上,维护西方主流道德文化的形象,到开始关注流散人群这一边缘个体,再到接纳流散作家的创作,最后到将流散写作纳入自己的主流文学之中,大约经历了一个世纪的时间。这一个世纪恰好也是世界政治、经济、文化格局发生剧烈变化和重组的时期,流散文学记录并反映了由于这些剧变、重组所带来的流散者的生存状态及精神面貌。随着全球化的日益加深,主动离开故土而寻求生命延展的流散者会越来越多,多元化的文化格局日趋明显,文化的交流与融合已成为必然趋势。流散文学此刻已经不再是边缘的文学潮流,而是统一在多元化和带有世界主义倾向的文学潮流中。

其间,除了流散者本身的写作具有极高的文学水平之外,不能不说，流散文学和文化能够从边缘走入西方高等学府、研究机构，以致数次夺得诺贝尔文学奖这样的世界级文学大奖，与一些从事后殖民和流散文化研究的学者的努力不无关系。爱德华·赛义德(Edward Said)、霍米·巴巴(Homi Bhabha)、阿里夫·德里克(Arif Dirlik)等少数族裔的知识分子，以自身的亲身流散经历来关注流散现象及流散写作，并通过分析一些流散作家的文学文本介入了对流散写作的考察和研究。这使得流散文学和流散文化在西方乃至世界范围内得以引起更大的关注并取得了一系列成就。

值得注意的是：并不是所有流亡作家的流亡创作都会成为经典，如1933年获得诺贝尔文学奖的蒲宁，在离开俄罗斯的土地之后，就像希腊神话里的提坦离开了大地母亲一样，不再拥有神勇的力量，他的200多部流亡作品几乎都成为平庸之作。流散文学作为一种新兴的文学样式，无论运用什么文学批评理论和方法对其进行怎样的阐释，从中分析、提取出怎样的文化和政治经验，从根本上说，不能忘却它作为文学的本质：必须具有高超的语言水平和感动人心的文学力量——这也是时下对流散文学的研究所最应注意的。

张霁(1978—)，女，吉林长春人，文学博士，深圳大学文学院中文系讲师，主要从事比较文学与世界文学、当代西方文学和诺贝尔文学奖研究。